教養としての「会計」入門

ACCOUNTING

Tomoaki Kaneko

コンサルタント・公認会計士　金子智朗

日本実業出版社

はじめに――教養として知っておくべき会計とは？

ある時期から「上場企業たるものROE8％以上をコミットすべし」というようなことが言われるようになりました。企業のトップも今までにも増してROEを重視する発言をするようになっています。

よく見聞きする、このROE。何のことだかわかりますか？　どうすれば改善できるかわかりますか？

ROEのような小難しいものを持ち出さなくても、「売上高を上げろ！」「費用を下げろ！」「利益を出せ！」というようなことは日常的に言われていると思います。ROEも、そして、このように普通に使っている「売上高」「費用」「利益」もすべて会計の概念です。

会計は、ビジネスを語るための基本言語です。ガリレオ・ガリレイは「宇宙は数学という言語で書かれている」と言いましたが、「ビジネスは会計という言語で書かれている」のです。会計という言語を知らずしてビジネスは語れません。

私は、ビジネススクールでも教鞭を取っています。ビジネススクールでは会計科目は敬遠されがちです。数字と制度を扱う会計は難しそうで、つまらなさそうと感じるのでしょう。それに対して、人気がある科目は戦略やマーケティングです。これらは日本語がわかれば話についていけますし、話としても面白いものが多いからだと思います。しかし、戦略もマーケティングも、会計数値に対するインパクト抜きに語ったら、それは単なる「面白いエピソード」で終わります。

それは、業務改善も然りです。一般的に、無駄な仕事を削減し、同じ仕事を今までよりも短時間でできるようになると、人は「業務改善ができた」と言います。何か良いことをやった気にもなれます。ところが、それで売上がどれだけ上がったのか、費用がどれだけ下がったのかと言うと、全く何も変わっていないということが珍しくありません。私はそういう業務改善を「自己満足の業務改善」と言っていますが、そういう業務改善は世の中に山ほどあります。そうなるのも、仕事を会計数値に結びつけて考えていないからです。

だから、すべてのビジネスパーソンは、会計を教養として知っておく必要があるのです。

思い起こせば、私の社会人のスタートは会計とは無縁の仕事でした。筋金入りの理系人間だった私は、一般事業会社の情報システム部門で社会人のスタートを切りました。

社内にはいろいろなことを言う人がたくさんいて、たとえばシステム部門の上司曰《いわ》く、「減価償却が終わっていないからシステムの取り替えはできない」とか、組合の人曰く、「内部留保がこれだけあるんだから、もっと給料を上げろ」とか、そういうようなことを言う人がたくさんいました。

当時の私は、会計の「か」の字も知りません。社内でいろいろと言われていることの真偽はよくわかりません。その「よくわからない」という状態がとても嫌でした。「減価償却」や「内部留保」という専門用語を散りばめて話す先輩方はカッコ良く見えましたが、同時に怪しげでもあり、煙に巻かれているような感じがしました。

その後、たまたま社内研修で会計を学ぶ機会があり、初めて決算書というものに触れ、それがどういうプロセスで作成されるかを知り、会計というものに関心を持ちました。どうせだったら極めようと思い、働きながら公認会計士試験に挑み、今に至るのですが、私が会計を本格的に勉強しようと思った大きなきっかけは、専門用語で煙に巻かれた原体験にあります。煙に巻かれずに、自分の頭でちゃんと判断できるようになりたいと思ったのです。

会計が理解できると、いろいろと良いことがあります。

まず、仕事に直接的に役立ちます。上司や経営者が話している難しそうな会話が理解できるようになり、話されていることの真偽が判断できるようになります。専門用語で煙に巻かれることもなくなります。なにより、仕事上の判断が正しくできるようになります。これは大きいです。

仕事に直結しなくても、経済ニュースが正しく深く理解できるようになります。これは私が実感したことです。経済ニュースも会計という言語で語られますから、当然です。

ただし、新聞やニュース等のメディアの内容はかなり不正確です。財務指標の式は記事によってまちまちですし、そのことについて何の説明もありません。言葉遣いも間違っていることが少なくありません。

なぜそうなるかと言うと、記事を書いている人に会計という教養がないからです。私が寄稿したり取材を受けたりする中でいつも感じるのは、ライターや編集者、インタビュアーの方に会計という教養が非常に不足していることです。案の定、ライターさんから上がってきた原稿には数多くの修正を入れることになり、原形をとどめないほどになることもあります。これは、英語がよくわかっていない人がアメリカ人にインタビューしても、まともな記事が書けないのと同じです。

本書は、会計専門家ではない一般のビジネスパーソンを対象にしています。そういう方々にとって、教養としての会計とは何でしょうか。それは、細かい知識を身につけることではありません。重要なことは、会計というものを大局的に理解し、基本的な概念と考え方を学ぶことです。

会計を学ぶうえで最もやってはいけないことは、いきなり細かいところに入って行くことです。会計は非常に広く、しかも細かいルールが山のようにある分野です。その細かい部分にいきなり立ち入ったら、すぐに迷子になります。面白くもありません。それは、森を見ずして木も見ず、いきなり枝葉を見るようなものです。

木を見る前に森を見る。その大局観があれば、木や枝葉は自ずと見えてきます。逆に言えば、森の全体像から木や枝葉の様子の想像がつくという力こそが、ビジネスパーソンにとっての教養です。木や枝葉について事細かに覚えることでは決してありません。

会計を教養として学ぶうえでもう1つ重要なことは、言葉の正しい意味を学ぶことです。言葉は概念そのものです。教養のある人は言葉遣いが美しいものです。

実際には、会計に関する言葉はかなりいい加減に使われています。たとえば、「収益」の意味はわかりますか？　その正しい意味も含めて、言葉の本当の意味を本書で学んでいただければと思います。

誤った言葉遣いの責任の一端は、新聞やニュースなどのメディアにあります。そこでの言葉遣いがかなり間違っているからです。言葉の乱れはメディアによって助長されます。会計という言語の乱れは、ビジネスにおける誤解や混乱につながります。ですから、本書は経済記者やアナウンサーにも是非読んでもらいたいと思っています。

2023年3月

金子　智朗

教養としての「会計」入門◉目次

第1章 会計は何のために存在するのか？

第2章 決算書の基本構造

第3章 根底に流れる会計の原則

第4章 財務会計の個別論点

第5章 経営分析のための財務指標

第8章 経営判断に必須の管理会計

※本書の内容は基本的に、2023年1月現在の法令や情勢などに基づいています。
※本書に記載されている社名、商品名、サービス名などは各社の商標または登録商標です。本文中に©、®、TMは明記していません。

カバーデザイン　小口翔平＋阿部早紀子（tobufune）
本文DTP　一企画

第 1 章

会計は何のために存在するのか?

1-1 知りたいことは儲かったかどうか

■会計がやりたいことは単純明快

とかく難しいというイメージを持たれがちな会計ですが、会計がやりたいことは極めて単純明快です。それは、会社が儲かったかどうかを知りたいということです。

では、「儲かった」とは、どういうことでしょうか。そう聞くと、「それは利益が出たということでしょ」という答えが聞こえてきそうです。

では、「利益」とは何でしょうか。

「儲かる」というのは個人に関しても言いますが、個人の場合、「儲かったとは利益が出たこと」とはあまり言わないと思います。それは、個人にとっての利益とは何だかよくわからないからです。

個人であれば、どういうときに「儲かった」と思うでしょうか。たとえば、300円の宝くじを買って、それを上回る当たりが出たようなときに「儲かった」と思うのではないでしょうか。競馬などのギャンブルもそうですね。買った馬券の金額を上回る配当が得られれば、やはり儲かったと思うでしょう。

これが「儲かる」ということです。すなわち、元々持っていたお金を増やすことができたとき、人は「儲かった」と思うわけです。もう少し一般的な言い方をすれば、**持っている財産が増えた状態、それが儲かったということ**です。

会計が明らかにしたいことも結局はこれです。会社が儲かったかどうか、すなわち、会社の財産が増えたかどうかということを知りたいのです。

複雑に見える会計も、やりたいことは極めてシンプルです。

1-2 会社は人様のお金で仕事をやっている

■会社の目的と株式会社とは？

会計を理解するうえで明確にしておくべき大前提があります。それは、**会社は基本的に人様のお金でビジネスをやっている**ということです。

よく言われるように、**会社の目的は利潤の追求**です。要するに、お金儲けが目的ということです。

お金儲けをしようと思ったとき、最も単純な発想は、お金儲けをしようと思った人が元手資金をすべて用意し、全責任を自分で負って好きなように経営し、儲かったならそれは全部自分の懐に入れるということでしょう。

元手資金の出し手も、その資金の管理（＝経営）もすべて自分でやるという、この形態の会社は、合名会社や合資会社と呼ばれるものです。

合名会社や合資会社は、お金儲けの手段としては、実は最も素直な発想に基づく会社形態ですが、現在においてはこの形態の会社はほとんど見られません。創業者（＝お金儲けしたい人）やその関係者など、数人が出せる資金の額など高が知れているため、小規模なビジネスしかできないからです。

そこで考え出された仕組みが、**株式会社**という形態です。**株式会社では所有と経営を分離します**。すなわち、資金の出し手（＝所有者）と、そのお金の運営（＝経営）を分離するのです。こうすれば不特定多数の人から資金を集めることが可能になるので、極端な話、1人1円しか出さなくても、それを1億人から集めれば1億円の資金調達が可能になるわけです。ちりも積もれば山となる方式です。

それでも足りなければ銀行の出番です。

このように、現代の株式会社は、経営に直接関わらない多くの株主と銀行という、人様のお金でビジネスをやらせてもらっているのです。

このことは、会計の目的に深く関係します。先ほど、会計の目的は儲かったかどうかを知ることだと言いました。その「儲かった」とは誰の目線で言っているのかということです。

会社で働いている人の多くは、とかく一人称を自分や会社にして考えがちです。しかし、**株式会社のオーナーは株主**です。「儲かった」というのも、基本的に株主目線で見ているということはちょっと重要です。

1-3 2つの会計
——貴族のための会計と乗組員のための会計

■財務会計と管理会計

「会計」と一口で言っても、実は会計には大きく分けて2種類の会計があります。**財務会計**と**管理会計**です。この2つの会計の違いを理解しておくことは重要です。

財務会計は、制度に基づき決算書を作成するための会計です。会計と言えば「決算書」というイメージだと思いますので、財務会計とは、「会計」と言われて多くの人がイメージする会計、「ザ・会計」と言っていいでしょう。

管理会計は、元々「Managerial Accounting」と言います。managerial は management の形容詞ですので、「Management Accounting」とも言います。この management に「管理」という日本語を充てたので日本では昔から「管理会計」と呼ばれていますが、これは「**マネジメント（＝経営）のための会計**」ということです。

財務会計と管理会計を一言で言えばこうなりますが、これだけではちょっとピンと来ないかもしれませんので、もう少し違いを説明してみましょう。

世界初の株式会社は、1600年にイギリスが香辛料などの東方貿易のために設立した東インド会社です。ヨーロッパから東南アジアまでの長距離にわたる航海は、当時は非常にリスクが高く、無事帰って来られる可能性は決して高いものではありませんでした。一方で、航海に必要な資金は多額に上りますが、そんなリスクの高いビジネスに1人で多額の資金を出す人などいません。

そこで東インド会社では、それまで一致しているのが当たり前だった所有と経営を分離し、出資額を小口化し、経営に携わらない人が少額の出資をできるようにしました。そうすれば、仮に航海が失敗しても、個々の出資者が被る被害は最小限で済みますから、資金を出しやすくなります。1人の出資額は少額でも、多数の人から資金を調達できるので、多額の資金調達が可能です。こうして、東方貿易というリスクの高いビジネスにおいて多額の資金を調達することを可能にしたのです。まさに、現在の株式会社の原型です。

リスクは分散されたとはいえ、出資者となるのは貴族などのそれ相応の人たちが多かったと思います。お金を出した貴族たちは、乗組員たちが東方貿易を成功させ、出資額以上のお金を返してもらうことを期待していました。

しかし、港を出てしまえば乗組員たちは出資者である貴族の目の届かないところに行ってしまいます。長い航海です。もしかしたら、寄る港寄る港で酒を買いあさり、ギャンブルに明け暮れているかもしれません。

それでは困るので、貴族たちは乗組員たちに航海中のお金の出入りを記録させ、港に戻ってきたら貴族に報告させる仕組みをつくり、乗組員たちに課しました。

これが、財務会計です。

現在も、行われていることは基本的に全く同じです。現在の会社に置き換えれば、貴族が株主、船長が社長、乗組員が従業員、乗っている船が会社です。

会計期間は航海期間です。イギリスが設立した東インド会社は航海ごとに清算する方式を取っていましたので、実際に航海期間が会計期間になっていました。その後、オランダがイギリスに対抗して１６０２年に設立した東インド会社では、いちいち清算することをせず、企業は継続することを前提にしました。現在の**ゴーイング・コンサーン**の原型です。これによって、人為的な会計期間である年度という概念が誕生したわけです。

そして、港に戻ってきたときに貴族に対して行う報告が、現在の**定時株主総会**です。定時株主総会のメインイベントは、決算報告に加えて、**剰余金の分配**に関して株主の承認を得ることです。剰余金の分配とは、いわゆる**配当**です。配当とは、今までの航海で稼いだ利益を貴族間で山分けすることです。

このために使われる会計が、財務会計なのです。ということは、財務会計は誰のための会計かと言うと、港で待っている貴族のための会計なのです。

一方、乗組員たちは、そんな貴族たちとは置かれている立場がまるで違います。乗組員たちはヨーロッパから東アジアまでの長い道中、大海原で戦い続けている人たちです。たとえば嵐がやって来たら進路を変えるのか、航海そのものを止めるのか、判断しなければなりません。もしくは見知らぬ船が近寄ってきたら真っ向勝負で一戦交えるのか、逃げるのか、仲良くするのか、そういうことも判断しなければなりません。

嵐がやってくるというのはマクロ的外部環境の変化です。見知らぬ船が近寄ってくるというのは、思いもよらなかったライバル企業が出現したようなことです。

そういう変化に常にさらされていて、逐次判断をしなければならないのが乗組員の置かれている立場です。

そういう乗組員にとって有用な情報と、安全な港で結果だけを待っていればいい貴族にとっての情報が同じでいいわけがありません。乗組員には乗組員ならではの情報が必要なはずです。

それが、管理会計です。

ですから、管理会計は、乗組員のための会計です。乗組員にとって、海図や羅針盤となる会計なのです。

財務会計は「外部報告目的の会計」、**管理会計は「内部経営管理のための会計」**と言われることがあります。ここまでの説明で、言わんとしていることはよくわかると思います。

1-4 会計基準の種類と日本の立ち位置

財務会計に話を戻しましょう。

財務会計は株主と、「株を買って、その会社の株主になろうかなぁ」と思っている潜在的株主、すなわち**投資家**に対して有用な情報を提供するものです。

株主や投資家は、企業が開示する財務会計情報に基づき株式の購買・売却に関する意思決定をするわけですから、異なる複数の企業を同じ土俵で比較できないと困ります。ですから、財務会計は、皆が同じルールに従うという「一律性」が非常に重視されます。「売上高」や「営業利益」という文言が同じでも、その数字の意味が企業によって違っていたら、どこの企業の業績が良いのか判断がつかず、どこの企業の株を買ったら良いのかも判断できません。

だから、財務会計には会計制度というルールがあるのです。皆が同じルールに従って会計情報を作成することが一番重要なのです。

かつては、そのルールは国ごとに存在しました。国が変われば歴史的・文化的背景も違いますし、考え方も違いますので、他の多くの法律がそうであるように、会計制度も国ごとに存在することは自然なことです。

しかし、経済活動が国を越え、ボーダレス化が進んでくると、会計制度が国によって異なることの弊害のほうが大きくなってきました。企業以上に困るのは投資家です。投資家は、外国人投資家に対する規制でもない限り、国籍にかかわらず、どこの国の企業の株も買えます。そのとき、会計制度が国によって異なっていたら企業間比較ができません。

■加速する会計基準の世界統一の動き

1998年に、アメリカのクライスラーとドイツのダイムラー・ベンツが合併しました。「世紀の大合併」と言われた合併はその後再び袂《たもと》を分《わ》かつことになりますが、合併の際、会計基準に関して非常に象徴的なことが起きました。ダイムラー・ベンツはドイツの会計基準では立派な黒字でしたが、合併に際してアメリカの会計基準で決算し直したら大幅な赤字になったのです。

実態は何も変わっていないのに、会計基準が変われば会計情報はこうも変わるのです。これでは困りますので、その後、会計基準を世界で統一しようという動きが加速しました。

そして誕生したのが、**ＩＦＲＳ**（International Financial Reporting Standards）です。日本語での正式名称は**国際財務報告基準**ですが、**国際会計基準**という名称がむしろ一般的になっています。

ＩＦＲＳは、２００５年にＥＵ諸国に強制適用されたのを皮切りに、世界中で急速に採用が進み、ＥＵ諸国の他、カナダ、オセアニア、中国、インド、韓国、ＡＳＥＡＮ諸国、アフリカ諸国など、世界の主要国のほとんどがＩＦＲＳを採用するに至っています。逆に、**ＩＦＲＳを正式に採用していない主要国はアメリカと日本だけ**です。かくして、現在、世界に存在する３大会計基準は、ＩＦＲＳ、米国基準、日本基準ということになります。

アメリカはＩＦＲＳを正式に採用していないと言いましたが、実はアメリカはもっと大きな世界を見ています。アメリカは米国基準とＩＦＲＳの統合を狙っていて、具体的に作業も着々と進めています。

そういう意味では、日本だけが主要国の中で孤立しているというのが実情です。先ほど、日本基準を３大会計基準の１つに数えましたが、そういう言い方をするのはおそらく日本人だけです。日本基準は、今や、日本人にしか使われず日本国内でしか通用しない超マイナーな会計基準ですので、「３大会計基準の１つ」などという言い方は相当おこがましい気がします。

日本の状況を少し補足しておきましょう。実は、日本も「全上場企業にＩＦＲＳを強制適用する」と言っていた時代がありました。その通りに話が進んでいれば、２０１５年には日本もＩＦＲＳ採用国になっていたはずなのです。

なぜ、２０１５年だったかと言うと、アメリカが２０１４年に全上場企業に強制適用すると言い出したからです。ところが、その後しばらくしてアメリカが強制適用の方針を取り下げました。それを見た日本の当局は、アメリカの方針転換発表の翌月、日本も強制適用を見送ると発表しました。

要するに、日本は会計基準に関してアメリカの顔色ばかり見ていて、全く主体的に判断してこなかったのです。

■日本国内で認められる会計基準

一方で、**日本では2010年からＩＦＲＳの任意適用が認められています**。要は、「やりたい会社はどうぞ」ということです。

さらに金融庁は、ＩＦＲＳの中でどうしても気に入らない部分を修正した〝日本版ＩＦＲＳ〟とでも言うべき**修正国際基準**（Japan's Modified International Standards：**ＪＭＩＳ**）なるものをつくり上げました。日本が勝手に修正したものを「国際基準」と呼ぶのもすごい話ですが、当然のことながら、国際的には国際基準としては認められていません。

かくして日本は、２０２２年10月時点において、連結財務諸表に関しては日本基準、米国基準、ＩＦＲＳ、修正国際基準の４つの基準から好きな基準を選んでいいという世にも珍しい国になっています。

一律性が最も重要な財務会計において世界が会計基準の統一に向かう中、日本は国内において複数の会計基準を認めるということをやっているわけです。これは実務上も非常に不便で、財務分析による他社比較もまともにできない状況になっています。

本書では、特に断りがない限り、日本基準を前提としています。

ちなみに、日本国内においては大企業を中心にＩＦＲＳの任意適用が進んでいますが、社数的には上場企業の10％にも達していません。ただし、任意適用企業の時価総額比率は50％に迫る勢いです。**大企業は相当数が採用している**ということです。

また、修正国際基準を採用している企業は、まだ1社もありません。日本基準でもなく、国際基準としても認められていない会計基準を使う理由は、確かに見当たりません。おそらく、誰にも使われないまま消えていく可能性が高いと思います。

ちなみに、管理会計には強制力を持ったルールは存在しません。会計と言えばルールだらけというイメージが強いだけに、会計でありながらルールが存在しないというのは意外に感じるかもしれません。しかし、考えてみれば、これは当然のことです。

管理会計は、マネジメントのための会計です。マネジメントのためと言うからには、競争力に役立たなければ意味がありません。競争力の源泉は、他者と違うことをやることです。

これは、一律性とは対極にあります。ですから、管理会計は会社の数だけあっていいし、むしろ会社の数だけあるべきなのです。

コラム 金額を3桁ごとに区切るワケ

金額を書くときに、3桁ごとにカンマで区切ることは、会計の世界に身を置く者にとっては常識ですが、一般の人にとっては必ずしも常識ではないようです。実際、ビジネススクールや企業研修などで演習に取り組む受講者の方々を見ていると、カンマで区切らずに金額を書く人がかなりいます。

私はその都度、「金額は3桁ごとにカンマで区切りましょう」と言ってきたのですが、あるとき「数字を3桁ごとにカンマで区切ると何がうれしいんですか?」と質問されました。

この質問は、なかなか深いです。実は、金額を3桁ごとに区切っても、日本人にとっては、大してうれしいことはないのです。

アメリカ人にとっては、金額を3桁で区切ることには大きな意味があります。なぜならば、アメリカでは何事も3桁ごとに単位が変わるからです。

たとえばパソコンの容量を表すバイトも、キロ(K)、メガ(M)、ギガ(G)、テラ(T)と、3桁ごとに単位が変わります。長さもナノメートル(nm)、マイクロメートル(μm)、ミリメー

図表1－1(a) アメリカは3桁ごと、日本は4桁ごとに単位が変わる

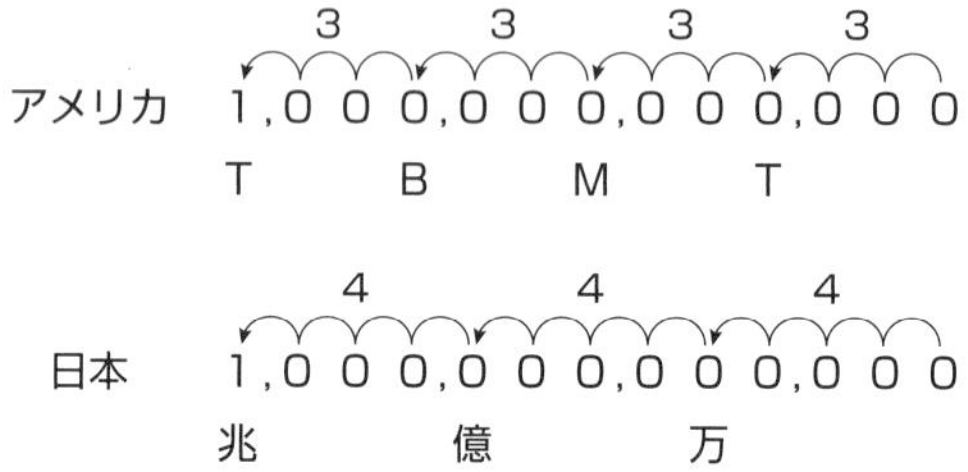

(b) カンマの左隣の変化

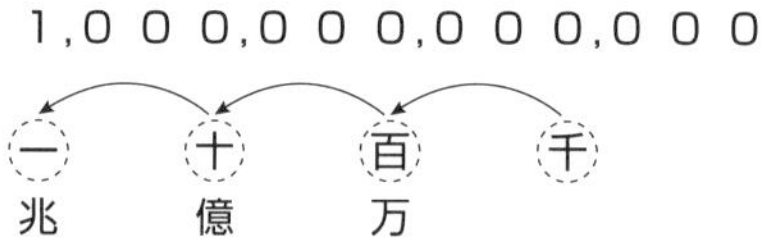

トル（㎜）、メートル（m）、キロメートル（㎞）と、やはり3桁ごとに単位が変わります。

金額も然りで、Thousand（T）、Million（M）、Billion（B）、Trillion（T）と、3桁ごとに単位が変わるのです（図表1－1(a)）。アメリカ人にとってはカンマの切れ目が単位の変わり目になっているので、3桁ごとにカンマで区切ることによって非常に読みやすくなるのです。

ところが、日本の金額は4桁ごとに万、億、兆と単位が変わります。ですから、アメリカ式にならって3桁ごとにカンマで区切ったところで、特に読みやすくなるわけではないのです。むしろ、読みにくくなっていると言ってもいいかもしれません。

それでも、何の区切りもない大きな桁数の金額を読むのは大変ですので、3桁ごとのカンマは拠り所にはなります。拠り所にするコツは、カンマの左隣の桁が何かを覚えておくことです。

カンマの左側の桁は小さい方から千、百万、十億、一兆になっています。これを覚えておけば、たとえば100,000,000円と書かれたときに、下から2つ目のカンマの左側が百万円であることを手掛かりに、「それより2桁大きいから1億円」とわかります。少なくとも、右から順に「イチ、ジュウ、ヒャク、セン、マン……」とやらずに済みます。

それぞれのカンマの左側の桁を機械的に覚えてもいいのですが、論理的な説明を少ししてみましょう。

日本の単位は4桁ごとに変わるのに、カンマは3桁ごとに打つということは、そこに1桁のズレが生じます。その結果、図表1−1(b)のように、カンマの左隣は千↓万↓億↓兆と単位が1つずつ上がっていくのと同時に、ズレの分だけその頭に付く数は千↓百↓十↓一と1つずつ下がっていくのです。このように考えると、少しは覚えやすくなるかもしれません。

ついでに言うと、「兆」のときはカンマの切れ目と単位の変わり目が一致します。それは、カンマ以下の桁数12が3と4の公倍数だからです（この説明は、数学好き以外の人にはウケがよくありません）。

第1章　会計は何のために存在するのか？

チェックポイント

☑　会計が明らかにしたいことは、会社が儲かったかどうか、すなわち、**会社の財産**が増えたかどうかである。

☑　**株式会社**は、経営に直接関わらない**株主と銀行という、人様のお金でビジネスをやっている。**

☑　**財務会計**とは**制度に基づき決算書を作成するための会計**（**＝外部報告目的の会計**）、**管理会計**とは**マネジメントのための会計**（**＝内部経営管理のための会計**）である。

☑　税務署や株主という外部の第三者に報告することを目的とする財務会計では、外部の第三者が複数の企業を比較分析できるようにするために**一律性**が重視される。そのため、**会計制度**（**会計基準**）というルールがある。

☑　会計基準を世界で統一するために誕生したのが、**IFRS**（**国際財務報告基準**または**国際会計基準**）である。

☑　**IFRSを正式に採用していない主要国はアメリカと日本だけ**だが、アメリカは**米国基準とIFRSの統合**を狙っているため、事実上、日本が孤立している状況と言える。

☑　日本国内においては**IFRSの任意適用**が認められており、相当数の大企業がIFRSを採用しているものの、全体としては上場企業の10％にも達していない。

☑　管理会計はマネジメントのための会計であるため、財務会計とは異なり、強制力を持ったルールは存在しない。

第2章

決算書の基本構造

2-1 なぜ、貸借対照表と損益計算書なのか？

■決算書とは？

会計、特に財務会計と言えば**決算書**です。

この「決算書」という言葉ですが、上場企業では**財務諸表**《ざいむしょひょう》と呼ばれることが多いと思います。財務諸表という言葉は、**金融商品取引法**に出てくる言葉です。

金融商品取引法の「金融商品」とは、簡単に言えば株式のことです。ですから、金融商品取引法とは、株式の円滑な取引のための法律ということです。株式が市場で円滑に取引される必要のある企業は上場企業です。したがって、**金融商品取引法の影響を受ける企業は基本的に上場企業**です。だから、財務諸表という言葉は上場企業でよく使われるわけです。

財務諸表とは、直訳すれば「財務の諸々の表」という意味です。つまり、財務諸表、すなわち決算書なるものは複数の表から構成されているのです。

メインとなるのは**貸借対照表**《たいしゃくたいしょうひょう》と**損益計算書**《そんえきけいさんしょ》という2つの表です。さらに、**キャッシュ・

フロー計算書というのも重要な表です。これら3つを称して**財務主要3表**《ざいむしゅようさんぴょう》と呼ぶ人もいます。

決算書の呼び名には、もう1つあります。それは、**計算書類**です。こちらはちょっと馴染みが薄いかもしれません。計算書類と言われても、何のことかピンとこない方も多いかもしれません。

しかし、実は計算書類のほうがはるかに汎用的な名称です。なぜならば、計算書類という言葉は**会社法**の用語だからです。

会社法とは、その名の通り、**すべての会社が遵守しなければならない法律**です。すべての会社にとってのルールブックです。すべての会社ですから、株式会社に限りません。合名会社、合資会社、合同会社という、およそ現在設立可能なすべて会社が遵守すべき法律です。それが、「はるかに汎用的な名称」と言った理由です。

「決算書」というのは制度的な名称ではないので俗称と言えますが、根拠法が何かはさておき、重要なことは「決算書」「財務諸表」「計算書類」は基本的にいずれも同じものを指しているということです。どこまでの表を含むかで少々違いはありますが、少なくとも貸借対照表と損益計算書はいずれにも含まれます。これらが同じだということを知っていれば、「株主総会の招集通知には計算書類の添付が必要」というような小難しい言われ方をしても、特に驚かなくて済むようになります。

■決算書を見てみよう

それでは、具体的な決算書を見てみましょう。図表2-1(a)(b)は、家電量販店を営む株式会社ノジマの貸借対照表と損益計算書です。この2つの表が決算書の中核をなす表です。

この後、この表の見方を順に説明していきますので、ここではあまり細かく見なくて結構です。この段階では、「実際の決算書はこんな感じなのか」ということがわかれば十分です。

ちなみに、同図表では「2022年3月期」と書かれていますが、これは「2022年3月で終了する事業年度」、すなわち「2021年4月から2022年3月までの事業年度」という意味です。日常的には「2021年度」と言うことが多いと思いますが、専門家は「2022年3月期」という言い方をすることのほうがむしろ多いと思います。それは、おそらく日本における事業年度の決め方に関係しています。

国によっては「企業の事業年度は1月から12月」と固定的に決められている国もありますが、少なくとも**日本において**

(b) 損益計算書

（単位：百万円）

売上高	269,349
売上原価	186,239
売上総利益	83,109
販売費及び一般管理費	
広告宣伝費	10,536
給料手当及び賞与	21,453
地代家賃	12,227
減価償却費	2,227
水道光熱費	1,620
その他	15,531
販売費及び一般管理費合計	63,594
営業利益	19,514
営業外収益	
受取利息	7
受取配当金	7,939
その他	2,981
営業外収益合計	10,927
営業外費用	
支払利息	78
その他	458
営業外費用合計	536
経常利益	29,906
特別利益	
関係会社株式売却益	6,694
新株予約権戻入益	171
固定資産売却益	13
特別利益合計	6,878
特別損失	
投資有価証券売却損	2,791
減損損失	316
特別損失合計	3,108
税引前当期純利益	33,676
法人税、住民税及び事業税	8,087
当期純利益	25,588

図表2-1　㈱ノジマの決算書（2022年3月期）

ⓐ 貸借対照表

（単位：百万円）

資産の部	
流動資産	
現金及び預金	7,705
売掛金	22,443
有価証券	19,997
商品及び製品	34,598
その他	8,550
貸倒引当金	△2
流動資産合計	93,291
固定資産	
有形固定資産	
建物	15,278
機械及び装置	270
車両運搬具	125
土地	12,208
その他	3,210
有形固定資産合計	31,091
無形固定資産	
ソフトウエア	951
その他	355
無形固定資産合計	1,306
投資その他の資産	
投資有価証券	1,023
関係会社株式	53,320
その他	18,368
投資その他の資産合計	72,711
固定資産合計	105,109
資産合計	198,401

（単位：百万円）

負債の部	
流動負債	
買掛金	25,708
短期借入金	500
未払金	4,735
未払法人税等	4,516
ポイント引当金	359
その他	28,647
流動負債合計	64,465
固定負債	
長期借入金	2,100
退職給付引当金	5,725
役員退職慰労引当金	177
その他	11,898
固定負債合計	19,900
負債合計	84,365
純資産の部	
株主資本	
資本金	6,330
資本剰余金	5,245
利益剰余金	104,916
自己株式	△5,221
株主資本合計	111,271
評価・換算差額等	
その他有価証券評価差額金	207
評価・換算差額等合計	207
新株予約権	2,557
純資産合計	114,035
負債純資産合計	198,401

は、決算月、すなわち事業年度の終了月をいつにするかは企業が任意に決められます。圧倒的多数の企業は3月決算ですが、12月決算の会社も結構あります。百貨店の高島屋は2月決算ですし、ユニクロでおなじみのファーストリテイリングは8月決算です。

このように、決算月は会社によってまちまちなので、単に「2021年度」と言われても、具体的な期間がわかりません。それで、「2022年3月期」という言い方がされるわけです。

■知りたいのは財産の増減

決算書の中核をなす貸借対照表と損益計算書で知りたいことは、会社が儲かったかどうかです。「儲かる」とは、第1

図表2−2　貸借対照表と損益計算書の関係

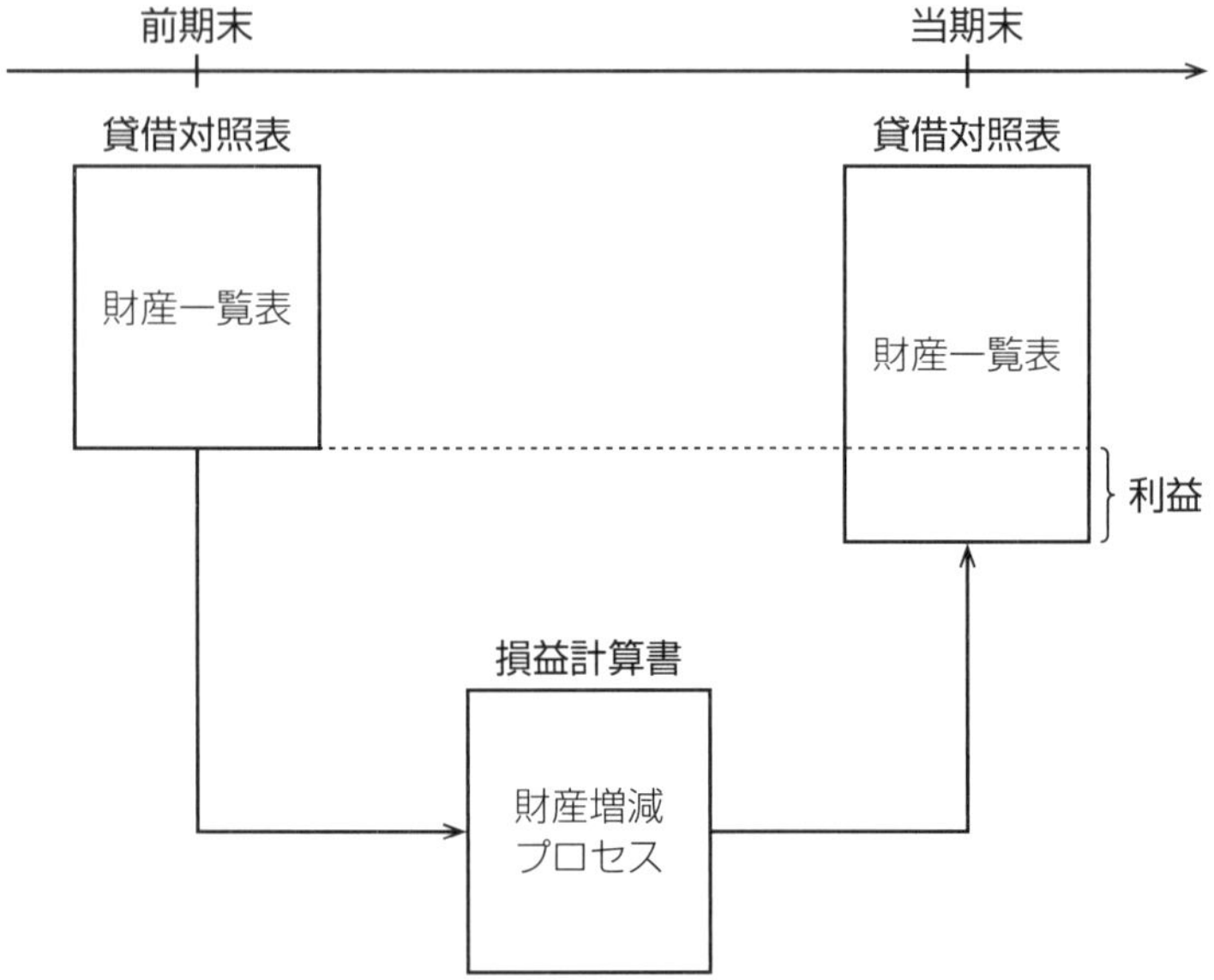

章の1−1節で説明したように、財産が増えることです。

財産の増減を知るためには財産一覧表をつくる必要があります。ある時点で財産一覧表をつくり、一定期間経過後にまた財産一覧表をつくってみる。その2つを比べれば、財産が増えたのか減ったのかがわかります。

この**財産一覧表が貸借対照表**です。そして、正味財産が増えた状態が「儲かった」状態です。**正味財産の増加分が利益**です。

これで利益がわかりますから、財産一覧表である貸借対照表さえあれば良さそうなものです。では、なぜ損益計算書というもう1つの表が必要なのでしょうか。

ある一時点で作成する財産一覧表は、人間で言えば身長や体重などの体格を表す情報です。ある子供が身体測定で身長を測ったところ100㎝だったとしましょう。その子が翌年の身体測定では身長が120㎝になっていたとします。この2つの情報から、この子の身長が20㎝伸びたことはわかります。その子は1年間でそれだけ成長したということであり、会社であれば、これが利益に相当します。

その子の身長が1年間で20㎝伸びたことはわかりますが、これだけだと、なぜそれだけ伸びたのかがわかりません。その理由を知るためには、どのような食事をどれだけして、どのような運動をどれだけしてきたのかという、1年間の生活記録が必要です。

この生活記録に相当する情報が損益計算書です。**損益計算書は、財産が増減するに至った一定期間のプロセスを記録したもの**なのです。

決算書は、貸借対照表と損益計算書という2つの表を組み合わせることによって、途中プロセスとその結果という両面から、財産の増減、すなわち利益を捉えられるようになっているのです（図表2-2）。

なお、株主からの追加出資などによる正味財産の増加分は利益とは言いません。利益とは、あくまでも会社が自らのビジネスで増加させた正味財産の増加分です。

■貸借対照表は静止画、損益計算書は動画

前項の説明から、1つ重要なことがわかります。それは、貸借対照表と損益計算書の情報の

図表2-3　ストックとフロー

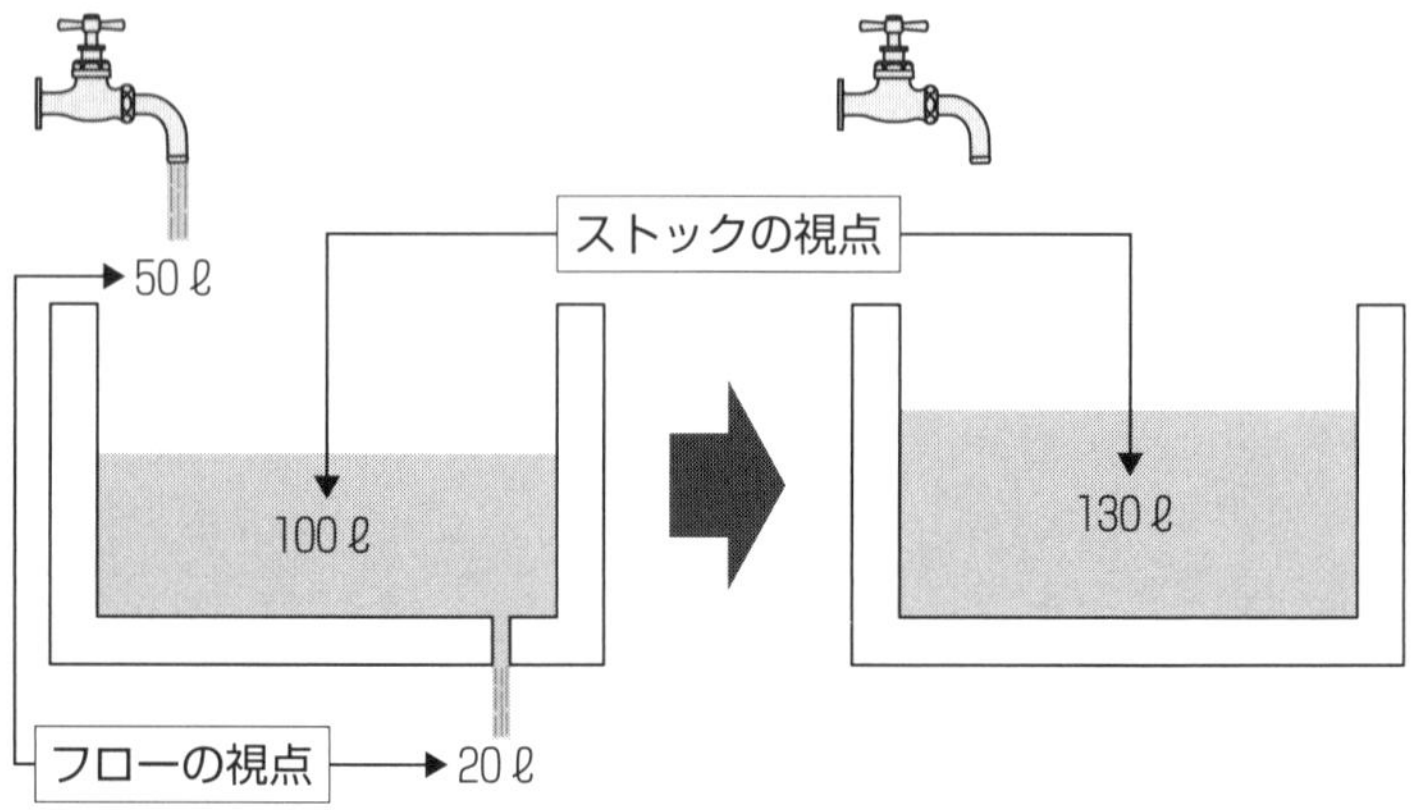

性質です。

図表2-1を見ると、貸借対照表も損益計算書も、いずれも数字が羅列された同じような表に見えますが、そこに収容されている情報の性質には違いがあります。財産一覧表である**貸借対照表の情報は、ある一時点の瞬間情報**を表しています。それはある瞬間に会社をカメラで撮影した、言わば**静止画情報**です。

それに対して、**損益計算書は一定期間の幅を持った情報**です。損益計算書は生活記録ですから、これは一定期間をビデオカメラで撮影した**動画情報**と言えます。

前者の静止画情報のことを**ストック情報**と言い、後者の動画情報のことを**フロー情報**と言います。

ストックとフローの関係は図表2-3で説明することができます。最初、水槽には１００ℓの水が溜まっています。そこに一定時間水を注ぎ込みますが、下の栓が抜けていて水が流れ出ていきます。一定時間経過後、栓をして水も止めます。この間に注ぎ込まれた水は50ℓで、流れ出た水は20ℓです。その結果、水槽の水は130ℓになりました。

このとき、水の増加量は2通りの方法で知ることができます。

1つの方法は、水槽に溜まっている最初の量100ℓと最後の量130ℓの差から30ℓ増えたことを知る方法です。これが、ストックの視点です。

もう1つの方法は、一定時間に注ぎ込んだ50ℓと流れ出た20ℓの差から30ℓ増えたことを知る方法です。これが、フローの視点です。

■キャッシュ・フロー計算書の位置づけ

「主要3表」と言われる財務諸表の最後の1つはキャッシュ・フロー計算書ですが、この「キャッシュ・フロー」とは何でしょうか。「キャッシュ」という言葉もありますが、なぜわざわざ「フロー」という言葉をつけているのでしょうか。

このフローは、先ほど説明したフロー概念のフローです。それに対して、「キャッシュ」はストック概念です。わかりやすく言えば、ある一時点における残高です。

キャッシュ・フロー計算書とは、キャッシュという特定財産の増減プロセスを見ているものということです。

ということは、財務諸表におけるキャッシュ・フロー計算書のポジションは、損益計算書と同じポジションになります（次ページの図表2-4）。損益計算書が全財産の増減プロセスを表

図表2-4　財務主要3表の位置関係

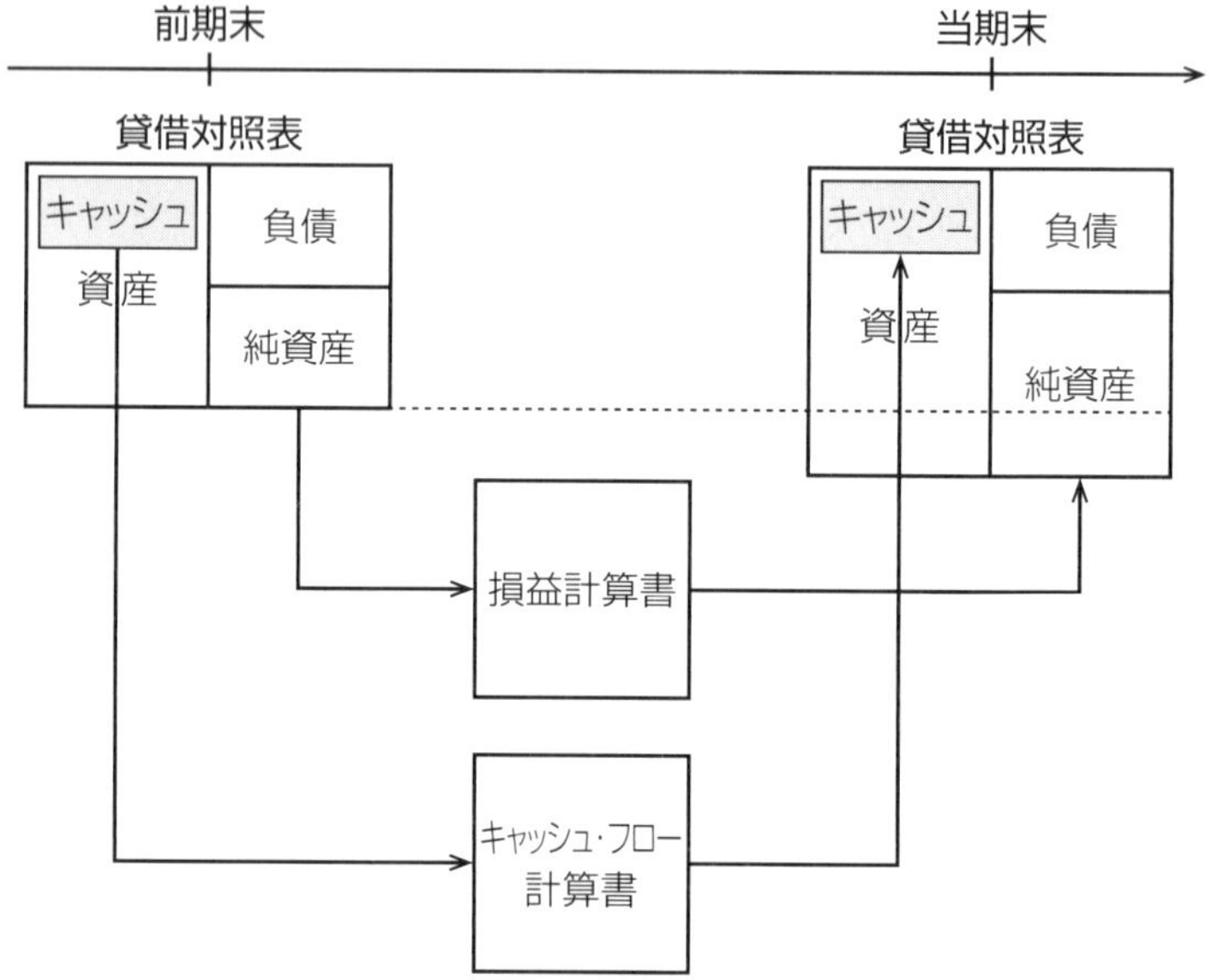

すものであるのに対して、キャッシュ・フロー計算書は、その中のキャッシュという特定の財産だけの増減プロセスを見ているという関係にあります。

これで「キャッシュ・フローがマイナス」の意味も明確になると思います。「キャッシュ・フローがマイナス」と言われると、「現金預金がなくなった」と思う人がいますが、そうではないということです。

「キャッシュがマイナス」ならば「現金預金がなくなった」という意味になります。たとえば、通帳残高がマイナスになった状態ですが、これは自動的に銀行から借りていることになります。

「キャッシュ・フローがマイナス」の意味は「キャッシュという残高が減った」という意味です。言葉を換えれば、「キャッ

シュが流出した」ということです。これは、「利益がマイナス」というのは「財産が減った」ことを意味するのであって、全財産がなくなったことを意味しないのと同じです。

たとえば、前期末のキャッシュ（=残高）が2000円で当期末のキャッシュが1500円のとき、キャッシュ・フローは△500円ということです。

コラム　価額と価格

会計の世界では「**価額**」という言葉をよく見聞きします。これは「かがく」と読みます。似たような言葉に「**価格**」という言葉もあります。こちらは言うまでもなく「かかく」と読みます。

おそらく一般の人にとっては、価格のほうが普通の言葉だと思います。逆に、価額はほとんど使わないのではないかと思います。ところが、会計においては価額のほうがはるかによく使われます。

価格と価額の違いは、英語で説明すれば明確です。

価格は「price」です。これは売買取引を前提にした言葉です。商品の値札に書かれている「値段」とほぼ同義です。ですから、**価格は売買取引に関連する場合にしか使えません**。

それに対して、価額は「value」です。すなわち、金銭的な「値」を意味する中立的な言葉です。「金額」とほぼ同義です。単に数値的な「額」と言っているだけの言葉です。**価額は中立的な言葉ですから、金額を表す言葉として基本的にどんな場合でも使えます**。

たとえば、「販売価格」という言い方はできます。売買取引時の金額だからです。また、「販売価額」とも言えます。

それに対して、「取得価額」とは言えますが「取得価格」とは言えません。取得価額とは資産等を取得したときの金額のことですが、その「取得」は売買とは限らないからです。自社でつくったのかもしれないし、誰かからもらったのかもしれません。

また、「帳簿価額」とは言えますが、「帳簿価格」とはやはり言えません。帳簿価額とは会計帳簿に計上される額のことです。たとえば、減価償却によって減額された後の資産の額などがそうです。減価償却によって減少した後の金額は、あるルールに基づいて計算された数値に過ぎません。

ですから、取得価額も帳簿価額も「価額」であって「価格」ではないのです。

価額は基本的にどのような場合にでも使える言葉であるため、会計においては価額のほうがよく見聞きされるわけです。

2-2 貸借対照表の構造

株式会社ノジマの貸借対照表を改めて見てみましょう。図表2-5に37ページの図表2-1(a)の貸借対照表を再掲します。これを見ると、2つの表が並んでいます。実際には2ページにわたる表になっていることが多いと思います。2ページにわたる表になっていると一続きの長い表のように見えますが、この2つの表は、実は**左右一対の表**になっています。さらに、**貸借対照表は、縦方向の並びにも意味があります。**

貸借対照表の構造を理解するポイントは、この左右の関係と縦方向の意味を理解することです。

■左右の関係

まず、左右の関係です（図表2-6）。

今、起業することを考えてみてください。ビジネスをするためには先立つものが必要ですから、まず元手資金を調達する必要があります。

図表2−5　㈱ノジマの貸借対照表（2022年３月期）

（単位：百万円）

資産の部	
流動資産	
現金及び預金	7,705
売掛金	22,443
有価証券	19,997
商品及び製品	34,598
その他	8,550
貸倒引当金	△2
流動資産合計	93,291
固定資産	
有形固定資産	
建物	15,278
機械及び装置	270
車両運搬具	125
土地	12,208
その他	3,210
有形固定資産合計	31,091
無形固定資産	
ソフトウエア	951
その他	355
無形固定資産合計	1,306
投資その他の資産	
投資有価証券	1,023
関係会社株式	53,320
その他	18,368
投資その他の資産合計	72,711
固定資産合計	105,109
資産合計	198,401

（単位：百万円）

負債の部	
流動負債	
買掛金	25,708
短期借入金	500
未払金	4,735
未払法人税等	4,516
ポイント引当金	359
その他	28,647
流動負債合計	64,465
固定負債	
長期借入金	2,100
退職給付引当金	5,725
役員退職慰労引当金	177
その他	11,898
固定負債合計	19,900
負債合計	84,365
純資産の部	
株主資本	
資本金	6,330
資本剰余金	5,245
利益剰余金	104,916
自己株式	△5,221
株主資本合計	111,271
評価・換算差額等	
その他有価証券評価差額金	207
評価・換算差額等合計	207
新株予約権	2,557
純資産合計	114,035
負債純資産合計	198,401

図表2−6　貸借対照表の左右の関係

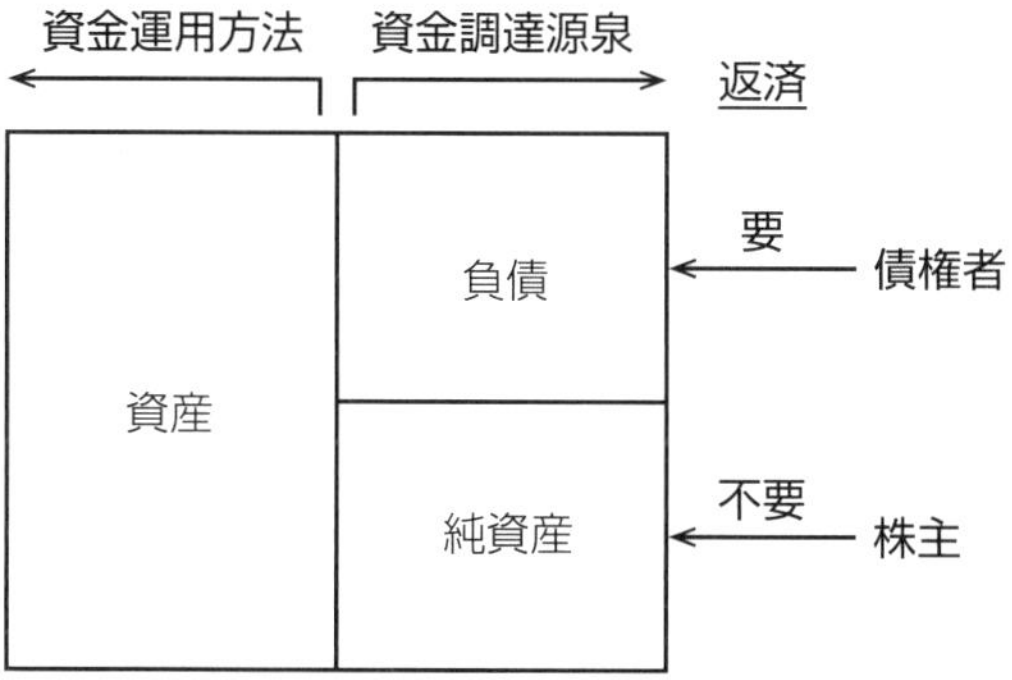

自分で起業するわけですから、おそらく、まずは自分の貯金を会社に出資するでしょう。それ以外にも近しい人が出資してくれるかもしれません。それでも足りなければ銀行で借りることになるでしょう。

会社の資金調達先は、このように会社に出資してくれる人とお金を貸してくれる人に大きく分けられます。出資してくれた人が**株主**です。お金を貸してくれた人は一般的に**債権者**と言います。

債権者と株主のそれぞれから調達した資金の大きな違いは、会社から見て返済義務があるかないかです。債権者から調達した資金には返済義務があります。これを総称して、**負債**と言います。一方、株主から調達した資金には返済義務がありません。これを総称して、**純資産**と言います。

これらが、貸借対照表の右側の情報です。貸借対照表の右側は、会社が元手資金をどこから調達したかという**資金の調達源泉**を表しています。それを返済義務の有無に応じて負債と純資産とに上下に分けています。

起業の話の続きをしましょう。資金調達が終わると、会社は調達した資金を使ってビジネスに必要なものを買い揃えます。たとえば製造業ならば、土地、工場、設備、原材料などが必要でしょう。

これらが、貸借対照表の左側の情報です。貸借対照表の左側を総称して**資産**と言います。言わば、ビジネスに必要な〝仕組み〟です。貸借対照表の左側は、調達した資金を何に使っているかという、**資金の運用方法**を表しています。簡単に言えば、「調達資金の使途」ということです。

■なぜ、左右一対の形をしているのか?

貸借対照表の本質は財産一覧表です。実際、図表2-5の左側を見ると、現金及び預金から始まって、いろいろな財産が計上されています。「財産一覧表」と言ったら、普通は貸借対照表のうち、この左側のイメージだと思います。貸借対照表は、それに加えて、「どこから資金を集めたのか?」という資金調達の源泉の情報を右側につけ加えた形になっているわけです。

これには、少し深い意味があります。

現在の企業、特に上場企業が数多くの株主から資金を調達し、さらに銀行という債権者からも資金を調達するのは、特定の人の資金力に頼っていては到底できないビッグビジネスを可能にするためです。要するに、人様のお金を使ってビジネスをやっているということです。

株主と銀行から資金を出してもらううえでの約束は次の通りです。

- **銀行に対して**:期日になったら借りた資金は返済する。また、所定の利息を支払う
- **株主に対して**:調達資金は基本的に返済しない代わりに、正味財産が出資額を上回ったら配当として分配する

図表2-7　正味財産と株主からの出資額の比較

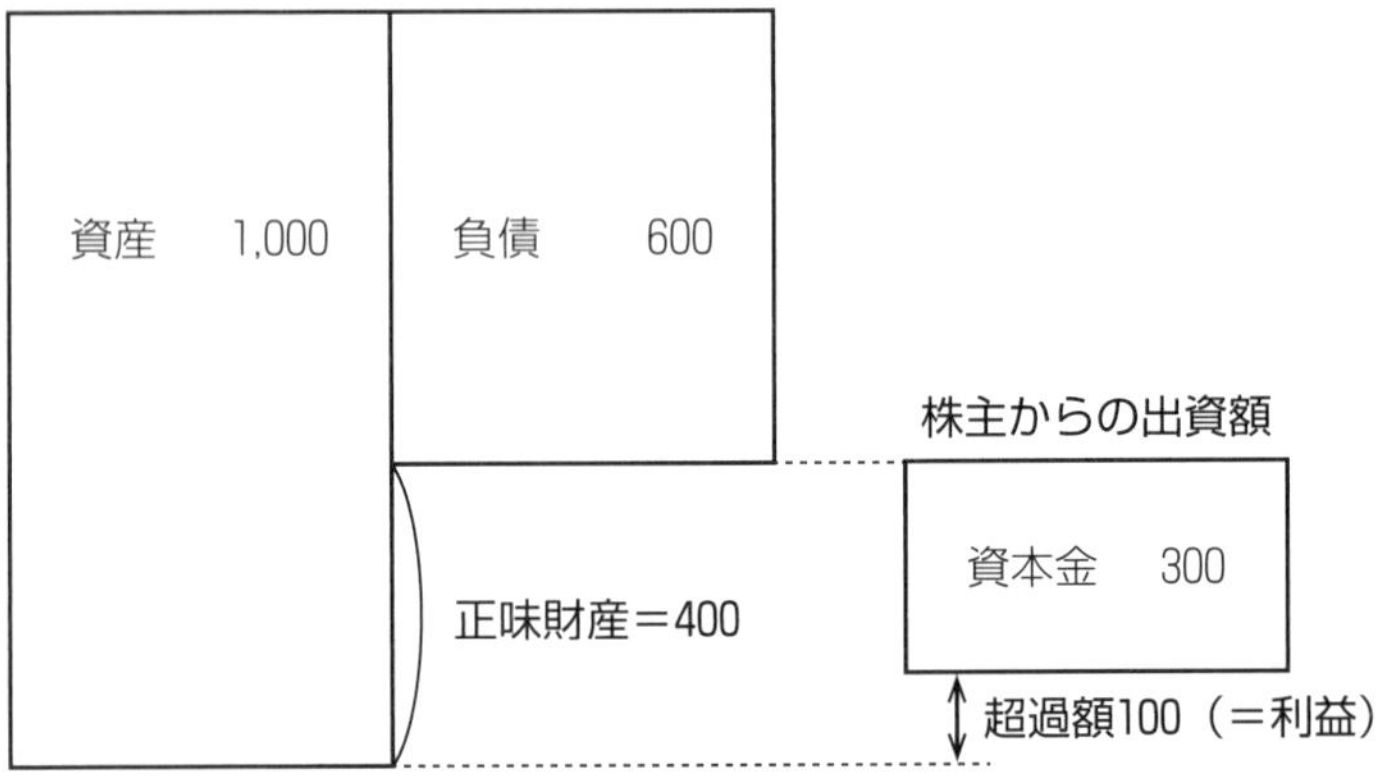

右記の**「正味財産が出資額を上回った分」が利益**です。

つまり、利益とはあくまでも株主にとってのものであり、それは債権者に返済すべき分を控除した後の正味財産が、株主の出資額を上回った分だということです。それが明確にわかるようにするために、貸借対照表は左右一対の形をしているのです。

図表2-7の例を使って具体的に説明しましょう。

株主からの出資額（資本金）が300、銀行からの借り入れ（負債）が600に対して、ある事業年度終了時に資産が1000だったとしましょう。

資産という会社の保有財産の額だけを見ると、株主からの出資額を大きく上回っているように見えます。しかし、銀行に対して600の返済義務がありますから、資産1000のうちの600は銀行のものです。したがって、資産の1000から負債の600を引いた400が会社の正味財産です。

ものすごく単純化して資産の全額が現金だとすれば、

手元に１０００の現金があっても、そのうち６００は銀行に返すべきものですから、差額の４００だけが会社のものということです。

これは株主からの出資額３００を１００上回っています。この１００が利益であり、株主に配当として還元されるものです。

会社経営者というのは、株主から預かったお金を自社のビジネス（＝貸借対照表の左側）で“運用”している“ファンド・マネージャー”のようなものです。運用した結果の利回りが利益です。だから、貸借対照表の左側を「資金の運用方法」と言うのです。

■なぜ、「貸借対照表」と言うのか？

貸借対照表がそうであるように、会計は左右一対で情報を整理するのが好きです。左右はそれぞれ「左側」、「右側」と言えば十分なのですが、会計では左側のことを**借方**《かりかた》、右側のことを**貸方**《かしかた》と言います。

この不思議な日本語は、福沢諭吉によるものです。これは、資金提供者目線の言い方です。福沢諭吉の時代、資金を提供する主役は銀行でした。ですから、決算書を主に利用するのも銀行でした。銀行からすれば、貸借対照表の右側は自分たちのお金を「貸している方《ほう》」です。

それに対して、貸借対照表の左側は「そのお金を借りてビジネスをやっている方《ほう》」です。

これが、借方・貸方の由来です。そして、だから「貸借対照表」と言うのです。

貸借対照表の本質は財産一覧表ですが、その構造が「借方」と「貸方」を対比できる形をしているので、「貸」「借」を音読みして「貸借対照表《たいしゃくたいしょうひょう》」と言うのです。

英語で言えば、左右が常にバランスしていることから「**バランス・シート**（Balance Sheet)」と呼ばれるわけです。頭文字を取ってB《ビー》／S《エス》とも言われます。

貸借対照表という言葉もバランス・シートという言葉も、その構造上の特徴に由来しているのです。

■イマドキの資産と負債の意味

ここまで、「資産はビジネスに必要な仕組み」、「負債は返済義務のある資金調達源」というような説明をしてきましたが、何をもって「資産」、「負債」と言うのか、改めてその定義をしておきましょう。

最もイマドキの定義をわかりやすく意訳すれば、次のようになります。

資産：将来、企業の経済的価値を増加させるポテンシャル
負債：将来、企業の経済的価値を減少させるポテンシャル

ここでの「経済的価値」は必ずしもキャッシュとは限りませんが、細かいことを抜きにすれ

ば、ほぼキャッシュと読み替えて差し支えないでしょう。ということは、ざっくり言えば、**資産とは、将来においてキャッシュを増加させる〝正のポテンシャル〟**であり、**負債はその逆の〝負のポテンシャル〟**ということです。

たとえば設備を有していると、製品がつくれ、販売でき、対価としてキャッシュを獲得できます。このように、将来においてキャッシュを増加させるポテンシャルになっているので、設備は資産に計上されるわけです。

一方、借入金は、返済期日になったらお金を返さなければならない義務ですから、これを有していると、将来においてキャッシュが減少します。また、借入金を有していると、利息を支払わなければなりませんから、それによっても将来のキャッシュが減少します。このように、将来においてキャッシュを減少させるポテンシャルになっているので、借入金は負債に計上されるわけです。

■債権と債務

債権と、その対義語である**債務**についても、改めて説明しておきましょう。

債権の「権」は権利、債務の「務」は義務を意味します。したがって、「債権」・「債務」の基本的な意味は「権利」とそれに対する「義務」です。

権利のうち、債権というのは人（法的に人格を与えられた法人を含む）に対する「請求権」

を意味します。これは、物に対する「支配権」を意味する物権《ぶっけん》に対する概念です。

債権者の典型例は銀行です。銀行は貸したお金の返済請求権という権利を有しているからです。返済義務を負っている企業は債務者になります。

銀行が債権者の典型例であり、文脈によっては「銀行」の意味で「債権者」という言葉が使われることもありますが、他にも債権者はいます。

たとえば、商品や材料の仕入先です。商品や材料を仕入れたときは、通常、その場で代金を支払うということはせず、後でまとめて支払います。購入した企業が代金を支払うまでの間、仕入先は企業に対して代金請求権を有しているので債権者であり、企業は代金の支払義務を負っているので債務者になります。代金の請求権が売掛金であり、代金の支払義務が買掛金です。

「債務」と似た言葉に「負債」があります。両者は日常用語においては混同されて使われることも少なくありませんが、本来の意味は次の通りです。

「負債」は、既に説明した通り、将来においてキャッシュを減少させるポテンシャルです。そのうち、義務が確定しているものが「債務」です。逆に言えば、「負債」は義務の有無にかかわらず、将来キャッシュが減少する可能性を広く指す言葉です。包含関係で言えば、負債のほうが広い概念です（図表2-8）。

負債の多くは債務であることが多いので、そんなに神経質になる必要はありません。たとえば、借入金は銀行に対して返済義務が確定していますから、負債であり債務でもあります。

図表2-8　負債と債務

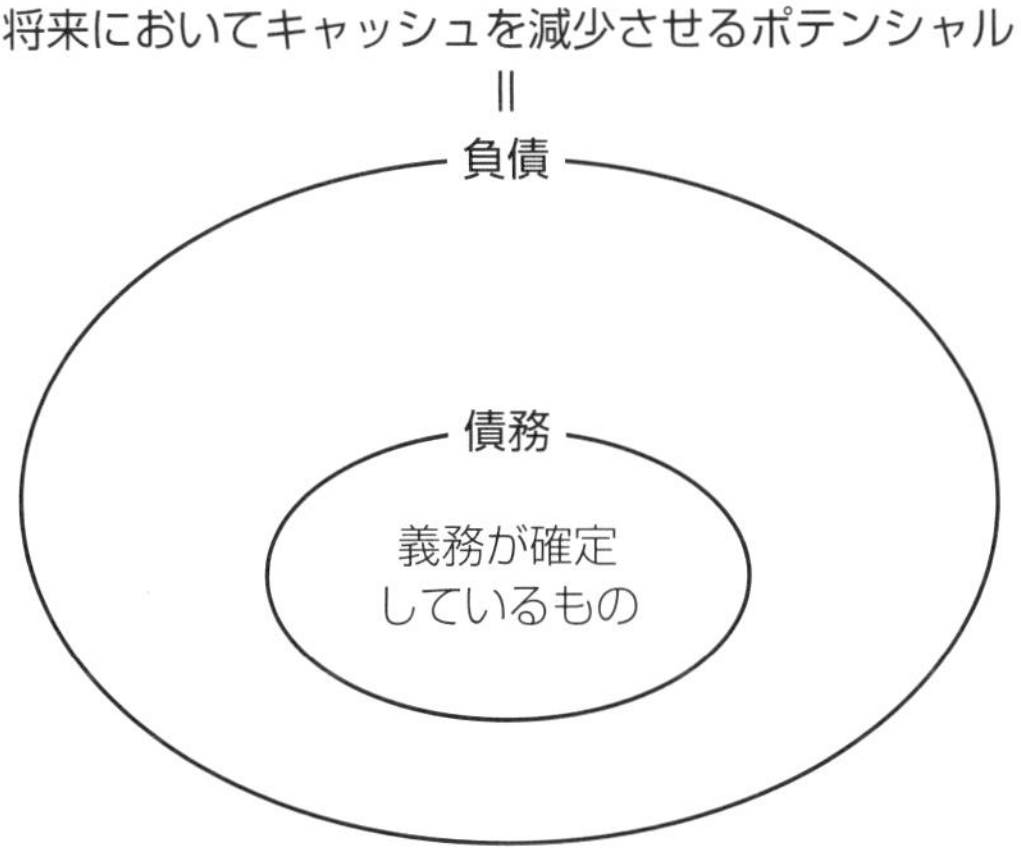

債務ではないのに負債になるものの例は、第4章の4-5節で後述する引当金です。引当金は、将来においてキャッシュが減少する可能性に対して計上されますが、その多くは単なる可能性であって、義務として確定したものではありません。

■縦方向は流動性の順番で並んでいる

次に、貸借対照表の縦方向を見てみましょう。

図表2-5の株式会社ノジマの貸借対照表を見てください。左側の資産は**流動資産**と**固定資産**の2つに大きく分かれています。右側上段の負債も**流動負債**と**固定負債**の2つに大きく分かれています。**貸借対照表は左右とも、上から下に向かって流動性の順番で並んでいる**のです（次ページの図表2-9）。

流動性とは、換金性ということです。すなわち、どれだけ容易にキャッシュとして企業に入ってくるか、または出て行くかということです。

図表2-9　貸借対照表の縦方向は流動性の順番で並んでいる

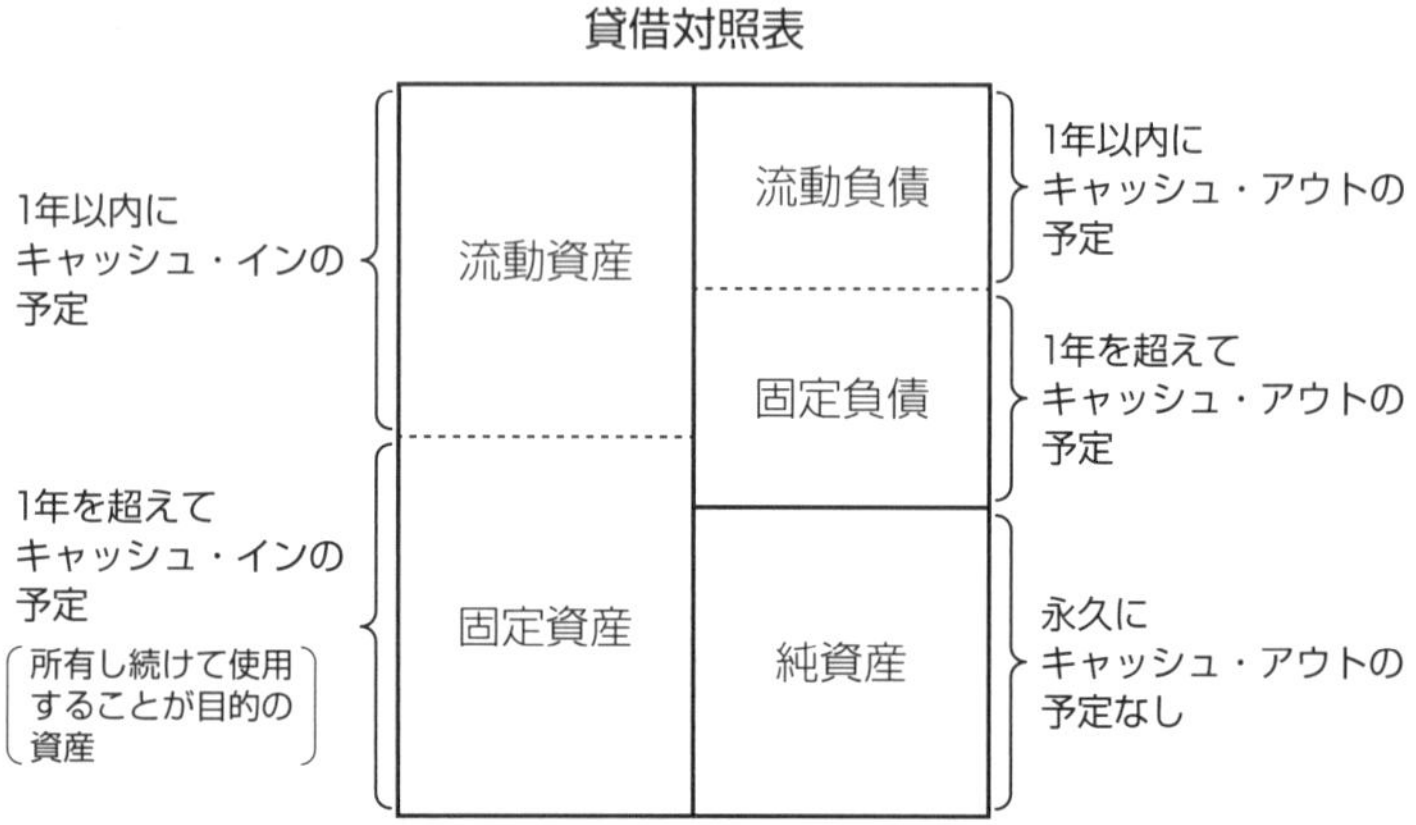

では、何をもって「容易」と言うのでしょうか。最も基本となる判断基準は、**1年基準**です。**ワン・イヤー・ルール**とも言います。すなわち、**1年以内にキャッシュとして流出入が起こるものを「流動」、1年を超えてキャッシュとして流出入が起こるものを「固定」**と言うのです。

最もわかりやすい例は、図表2-5の負債に計上されている短期借入金と長期借入金です。

この「短期」「長期」という言葉は、期間の長短を何となく言っているわけではありません。明確な定義があります。**短期とは「1年以内」、長期とは「1年超」**という意味です。

したがって、短期借入金とは返済期限が1年以内に到来する借入金であり、長期借入金とは返済期限が1年を超えて到来する借入金ということです。ですから、短期借入金は流動負債に、長期借入金は固定負債に計上するのです。

これが、ワン・イヤー・ルールの典型例です。

すべてが厳密にそうなっているわけではありませんが、流動負債とは概ね1年以内にキャッシュとなって出ていくもの、固定負債はそれが1年より後ということです。

同様に、流動資産は1年以内に換金されてキャッシュとして入ってくるもの、固定資産はそれが1年より後ということです。

固定資産について補足すると、「1年より後に換金される」ということは、「そもそも手放して換金するつもりがない」ということです。では、何が目的かと言うと、自ら所有し、自ら使うことが目的だということです。言わば、企業（ビジネス）の「仕組み」です。

固定資産はさらに、**有形固定資産**、**無形固定資産**、**投資その他の資産**に分けられます。

有形固定資産とは、文字通り、形のある固定資産です。「触れることのできる固定資産」と言ってもいいでしょう。

47ページの図表2-5のノジマの有形固定資産には、建物、機械及び装置、車両運搬具、土地などが計上されています。

無形固定資産は、これも文字通り、形のない固定資産です。これは「触れることのできない固定資産」とも言えます。

ノジマの無形固定資産には、**ソフトウエア**が計上されています。これは、会計システム、販売管理システム、顧客管理システムなど、企業の情報システムで稼働するソフトウエアです。

一般的に、金額的に最も大きい無形固定資産はソフトウエアです。イマドキの企業において、情報システムは最も重要な仕組みと言っても過言ではないでしょうから、金額的に最も大きくなるのも理解できると思います。ちなみに、ハードウエアは有形固定資産です。

それ以外の無形固定資産としてよく見るのは、特許権や意匠権などの知的財産権です。これらの権利を有していれば、長期にわたって将来のキャッシュを増加させることになるでしょうから、無形固定資産になるわけです。

投資その他の資産には、他社の株式などの金融資産などが計上されます。

■「純資産」か？「資本」か？

貸借対照表の右下は、現在の日本制度では**純資産**と言いますが、2005年以前は**資本**と言っていました。また、現在でも、IFRS（国際会計基準）を採用している日本企業の多くは「資本」としています。

このように、貸借対照表の右下を指す言葉として「純資産」と「資本」が混在している状態ですが、これはどういうことなのでしょうか。単に同じところを指す言葉が2つあって、好きなほうを使っていいということなのでしょうか。

実は、この2つの言葉は、意味が根本的に異なります。

「資本」という言葉は、「本」という字からわかるように、「元手」という意味です。「カラダ

図表2-10　資本と純資産

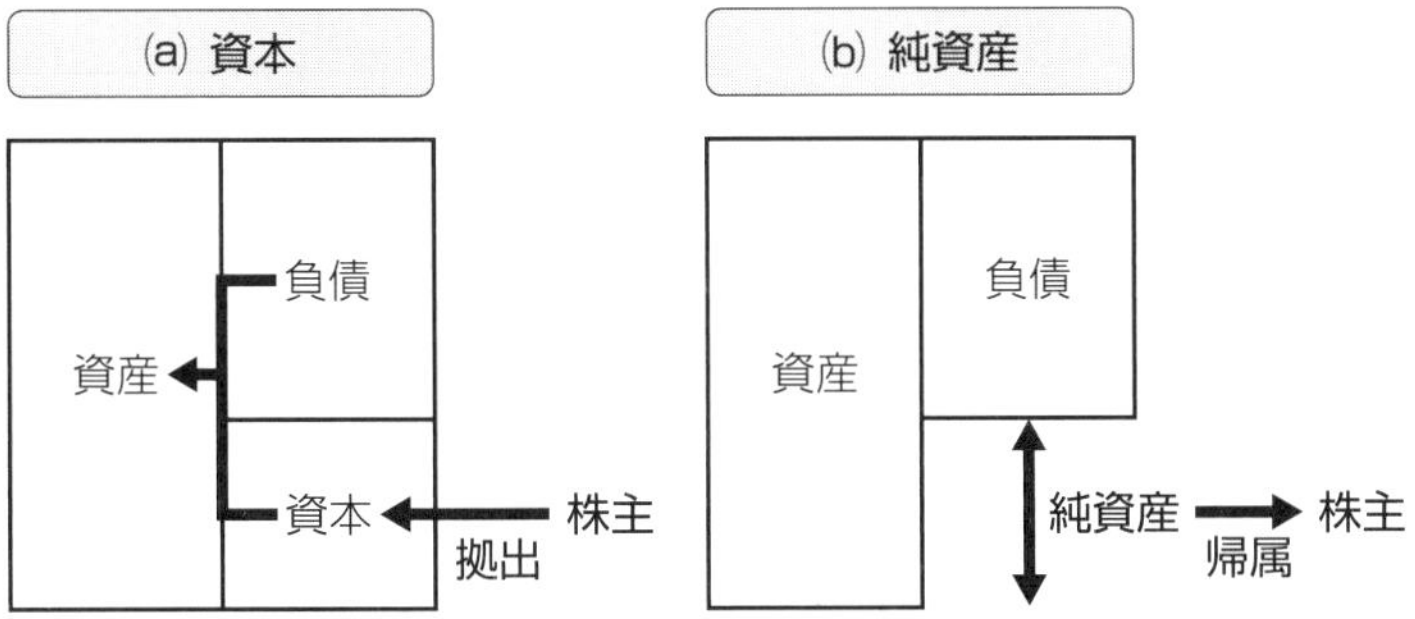

が資本」という言い方は、まさに「何事においても健康な身体が元手」という意味です。

ですから、「資本」という言葉を使った場合は、「**株主が拠出した元手資金**」という見方をしているのです。式で書けば、次のような〝足し算〟で捉えていることになります。

資産＝負債＋資本

これは、「**貸借対照表の左側である資産は、債権者が拠出した負債と株主が拠出した資本によってできている**」という捉え方です（図表2-10(a)）。

一方、「純資産」の「純」とは、「正味の（net）」という意味です。「純資産」を英語で言えば「net asset」です。つまり、「純資産」とは「**プラスの財産である資産からマイナスの財産である負債を控除した残り**」という意味です（図表2-10(b)）。式で書けば、次のような〝引き算〟で捉えているということです。

会社を設立したときや増資をしたときは、株主が拠出した資金によって資産が形成されますから、このような場合は「資本」という言葉を使ったほうが実態に即しています。

一方、事業が回り始めた後は、知りたいのは資産から負債を控除した正味財産がどれだけになったかということですから、事業が回り始めた後は「純資産」という言葉を使ったほうが実態に即しています。

ただ、数々の制度改正を経て、日本基準で言うところの現在の「純資産の部」にはさまざまなものが計上されるようになっており、資産と負債の差額としか言えないものがいくつか計上されていますので、現行制度においては「純資産」という言葉を使うのが適当だと思います。

なお、ＩＦＲＳ（国際会計基準）の英語版の原本では、貸借対照表の右下の部分には equity という言葉が充てられています。そして、それは「資産と負債の差額」と定義されています。これは明らかに「純資産」です。ところが、日本語版の基準書ではなぜか「資本」という言葉が充てられています。私は、これは誤訳だと思っています。

■純資産の構成要素は本質的に2つ

ここで、改めて純資産の部を見てみましょう。

47ページの図表2-5を見ると、純資産の部には何やら難しい言葉ばかりが並んでいます。純資産の部は、会社法をはじめとする法制度の影響を非常に受ける部分なので、それらの理解がないとこの部分をきちんと理解することはできません。

ただし、この純資産の部は、本質的には2つの要素から成っています。純資産とは返済不要の資金源のことですから、それが何かということです。

1つ目は、**株主からの拠出**です。具体的には、**資本金**と**資本剰余金**です。資本剰余金は日常業務にはほとんど関係しないので馴染みがないと思いますが、「資本金に準ずるもの」と思えばいいでしょう。言葉のニュアンスも「資本金に入れなかった余り」ということです。たとえば、株主から出資があったとき、その半分を資本剰余金に入れるというような使い方をされます。

2つ目は、**利益の内部留保**です。具体的には、**利益剰余金**です。

利益の内部留保とは、会社が生み出した利益の一部を翌年度以降に繰り越すものです。それは、翌年度以降の新たな事業資金にするためです。これは会社自ら稼ぎ出したものですから、誰に返済する義務もありません。ですから、返済不要の資金源である純資産に組み入れるのです。

純資産の部は、言わば燃料タンクのようなものです。最初は空っぽなので、株主に資金という燃料を入れてもらいます。その後は、それを貸借対照表の左側の資産に変えて、それを動かすることによって資金という燃料を会社自ら再生産し、それを自分の燃料タンクに入れながら走り続けるようなイメージです。

■資本金には重要な意味はほとんどない

資本金は、その会社の何かを表す重要な情報だと思っている人がかなりいるようです。たとえば、就活中の学生なら、資本金の額を見て、その会社の規模を見ようとするかもしれません。

しかし、現行制度においては、資本金には重要な意味はほとんどありません。専門家としての感覚では、資本金は「単なる数字」でしかありません。

基本的な誤解は、資本金に100億円が計上されていると、その会社に現預金が100億円あると思ってしまうことです。確かに、株主から出資されたその瞬間には100億円の現預金があったでしょうけれども、それは設備投資や人の採用、その他の支払に使われていますから、今現在において手元に100億円あるわけでは全くありません。「資本金100億円」という情報は、「あるときに、それだけの出資があった」という過去の履歴情報に過ぎません。

また、株主からの出資額の全額が、資本金の額になるという意味ではありません。前で説明したように、株主からの出資額の半分までは資本剰余金に計上でき、また、そのように処理することが多いからです。そうなると、そもそも資本金の額はその会社の規模を表す指標になっていないということです。

さらに、現在の法制度では、資本金の額を事後的に減額することもできます。これを**資本減少**、略して**減資**と言います。株主総会決議を要するので、それほど簡単にできるわけではありませんが、極めて例外的な場合しか減資を認めていなかったかつてに比べれば、随分と柔軟に減資ができるようになったと言えます。事後的に資本金の額を減額できるとなると、もはやそれは単なる数字以外の何物でもありません。

それでも、今でも資本金の額に基づいて企業規模を判断する制度がいくつか残っています。これらは、減資が柔軟にできなかった頃の制度がそのまま残っているものです。

代表的なものは以下の2つです。2つに共通した考えは、「それなりの規模の会社には、それ相応の義務を課します」ということです。

1つ目は、**資本金が5億円以上、または、負債が200億円以上になると、会社法上の大会社《だいがいしゃ》になります。**

会社法上の大会社になると、たとえば監査法人による監査を受けなければならなくなります。このような**法定監査義務**があるのは上場会社だと思っている人が多いかもしれません。確かに、上場会社は規模に関係なく法定監査義務があります。一方で、**上場していなくても会社法上の大会社になると、法定監査義務が発生します。**ある程度の大きな会社は法定監査義務が生じるということです。

資本金が規模の尺度になっている2つ目の例は、**資本金が1億円以下だと、税務上の中小企**

業になることです。

税務上の中小企業になると、いろいろな税務上の優遇措置が受けられます。要するに、税金を低く抑えられるということです。逆に言えば、資本金が1億円を超えたら一人前の会社とみなされて、そのような優遇は受けられません。

現行制度では減資が柔軟にできるようになっている一方で、資本金の額に基づくこれらの規制がいまだに残っているというのは制度の歪みです。その歪みを象徴する出来事が、新型コロナウイルス感染症流行の影響で業績が悪化した企業のいくつかが、減資によって資本金を1億円にしたことです。狙いは、当然、税負担を軽減させて、キャッシュの目減りを少しでも抑えることです。

制度が歪んでいようとも、合法的である以上、業績が厳しい企業としては当然の選択だと思います。

コラム 「金持ち父さん」は真の資産にお金を使う

2000年に初版が出版され、ベストセラーになった『金持ち父さん 貧乏父さん』（ロバート・キヨサキ、シャロン・レクター著、白根美保子訳、筑摩書房）という本があります。タイトルから想像がつくように、お金持ちになるにはどうしたらいいかについて書かれた本です。

お金持ちになる方法と言えば、いかにお金を稼ぐかという「お金を得る方法」について語られるのが普通です。世の中にある多くの「金持ちになるための本」にも、大体そういうことが書かれています。

それに対して、この本の特徴的なところは、「お金の使い方」について書かれているところです。

著者のロバート・キヨサキ氏のキー・メッセージの1つは、「本当の資産」にお金を使え、ということです。ところが、多くの人は「負債を手に入れ、資産だと思い込んでいる」と言っています。

ロバート・キヨサキ氏が言う資産とは「私のポケットにお金を入れてくれるもの」であり、

負債とは「私のポケットからお金を取っていくもの」です。これは、本書で説明した「資産は将来のキャッシュを増やすポテンシャル」、「負債は将来のキャッシュを減らすポテンシャル」という定義と本質的に同じです。

たとえば、多くの人が「資産」と言っている持ち家は負債だと言っています。なぜならば、家を持つと、ローンの金利、固定資産税、修繕など、キャッシュが出て行く一方からです。

ちなみに、ロバート・キヨサキ氏が「本当の資産」として例に挙げているのは、次のようなものです。

① 自分がその場にいなくても収入を生み出すビジネス（＝ビジネスのオーナー）
② 株、債券、投資信託
③ 収入を生む不動産
④ 手形、借用証書
⑤ 音楽、書籍などの著作権、特許権

ハワイ生まれのロバート・キヨサキ氏自身は、サーファー向けの財布を考案してビジネス・オーナーとして成功した後、不動産投資でさらに財を成していますので、①と③でお金持ちになったということになります。彼の考え方は、最初に買うべき家は収入を生む不動産で、自分が住む家は最後ということです。

彼は、「金持ちは自分のためにお金を働かせる」が、普通の人は「お金のために働く」と言っています。お金のためにあくせく働き続ける様子を、永遠に抜け出せない「ラットレース」（図表2－11）と言っています。そして、学校はラットレースで回り続ける優秀なハツカネズミになるための教育しかしていないという批判もしています。なかなか一理あります。

同書の内容には賛否両論あると思いますが、少なくともお金持ちになりたい人にとっては非常に示唆に富む内容だと思います。

ちなみに、同書の中に以下の一節があります。

「『会計学』が世界で最も退屈な科目だと思っている人は多いだろう。おまけにわかりにくさも天下一品だ。だが、金持ちになりたいと思ったら、長い目で見てこれほど役に立つ学問はない。問題はこの退屈でわかりにくい学問をどうやって教えるかだ」

本書が、この退屈でわかりにくい学問をわかりやすく学ぶ一助になればと思っています。

図表2－11　ラットレース

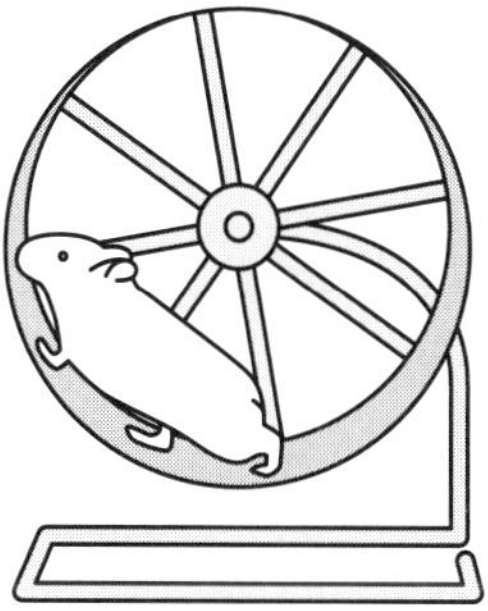

2-3 損益計算書の構造

■段階的に利益を計算する

図表2-12　㈱ノジマの損益計算書（2022年３月期）

（単位：百万円）

売上高	269,349
売上原価	186,239
売上総利益	83,109
販売費及び一般管理費	
広告宣伝費	10,536
給料手当及び賞与	21,453
地代家賃	12,227
減価償却費	2,227
水道光熱費	1,620
その他	15,531
販売費及び一般管理費合計	63,594
営業利益	19,514
営業外収益	
受取利息	7
受取配当金	7,939
その他	2,981
営業外収益合計	10,927
営業外費用	
支払利息	78
その他	458
営業外費用合計	536
経常利益	29,906
特別利益	
関係会社株式売却益	6,694
新株予約権戻入益	171
固定資産売却益	13
特別利益合計	6,878
特別損失	
投資有価証券売却損	2,791
減損損失	316
特別損失合計	3,108
税引前当期純利益	33,676
法人税、住民税及び事業税	8,087
当期純利益	25,588

次に、**損益計算書**を見てみましょう。図表2-12に図表2-1(b)で見た株式会社ノジマの損益計算書を再掲します。

損益計算書は会社の財産増減の内訳書です。会社の財産を増加させた要因から会社の財産を減少させた要因を差し引いて一定期間の利益を計算しているだけです。やっていることは非常にシンプルであり、構造的にも特に難しいことはありません。

ただし、**最終的な利益を一発で計算しないで、段階的に計算する**という構造になっています。ですから、途中に出てくるいくつかの利益の意味を理解することが、損益計算書の構造を理解する最大のポイントです。

それでは、どういう利益が登場するのか、順に説明していきましょう。

■売上総利益は粗削りの利益

たとえば、ある企業が商品を70円で仕入れ、100円で販売したとします。100円がこの企業にとっての**売上高**であり、仕入の70円が**売上原価**です。その差額である30円が最初に出てくる利益です。この利益を**売上総利益**と言います。俗に、**粗利**《あらり》とも言われます。

「粗利」は「そり」と読まないように気をつけてください。また、「あらり」という音に引きずられて「荒利」と書かないようにも注意してください。「荒っぽい利益」ではなく、まだすべての費用を引いていない「粗削りな利益」という意味です。

■営業利益は本業の利益

売上総利益の後に続くのが**販売費及び一般管理費**です。略して**販管費**《はんかんひ》とも言われます。

これは、文字通り、販売と一般管理に係る費用ということです。それは要するに、本業において日常的に発生する費用ということです。

68ページの図表2-12を見ると、ノジマでは広告宣伝費、給料手当及び賞与（いわゆる人件費）、地代家賃、減価償却費、水道光熱費などが計上されています。強いて分類するならば、広告宣伝費は販売費、その他は一般管理費ということになります。いずれにしても「**本業において日常的に発生する費用**」ということがわかるでしょう。

売上総利益から販管費（販売費及び一般管理費）を引いた利益が**営業利益**です。会計においては、「営業」は常に「本業」と読み替えてください。それで意味がわかります。したがって、**営業利益は「本業の利益」**という意味です。

■経常利益はコンスタントな利益

営業利益が本業の利益ということは、そこから下は本業によるものではないということです。**営業外収益**と**営業外費用**というのが続きますが、これらは「本業外のプラスとマイナス」ということです。

本業外で典型的に想定されているのは金融取引です。金融取引とは、たとえばお金の貸し借りです。お金を貸せば利息を受け取ります。これが営業外収益に計上されている受取利息です。一方、お金を借りれば利息を支払います。これが営業外費用に計上されている支払利息です。

余剰資金で株式投資をするのも金融取引です。株を買えば配当を受け取ります。これが営業外収益に計上されている受取配当金です。

これらが、本業以外のプラス・マイナスの代表例です。

このような金融取引は本業外ではありますが、企業のどこかで誰かが日常業務の一環として行ってはいます。具体的には、財務部門などが資金状態を見ながら銀行から借り入れをしたり、返済したり、株式投資をしたりしています。したがって、ここまでは企業活動において普通に発生します。

それで、営業外収益・営業外費用までを含めた利益を**経常利益**と言うのです。経常利益とは、「経営において常に発生する利益」ということです。会社全体で見れば、ここまでは日常的に発生する「コンスタント利益」ということです。

組織との対応関係をざっくり言えば、**製造や営業などの現業部門が日常的に発生させるのが営業利益までで、本社間接部門まで入れると経常利益**、という感じです。

■特別利益・特別損失はめったに起こらない特別なもの

経常利益までがコンスタントに発生するということは、そこから後はコンスタントには発生しないということです。**特別利益**と**特別損失**というのが続きますが、これらは「滅多に起こらない特別なもの」ということです。

次ページの図表2-13は、株式会社資生堂の2020年12月期における損益計算書から特別利益・特別損失の部分を抜き出したものです。これを見ると、この頃に非常に特徴的な特別利

図表2-13　㈱資生堂の特別利益・特別損失（2020年12月期）

（単位：百万円）

特別利益	
固定資産売却益	488
投資有価証券売却益	819
助成金等による収入	184
関係会社清算益	3,556
抱合せ株式消滅差益	51
特別利益合計	5,099
特別損失	
固定資産処分損	2,434
構造改革費用	1,963
新型コロナウイルス感染症による損失	1,621
投資有価証券売却損	1
投資有価証券評価損	499
関係会社株式評価損	78
特別損失合計	6,599

益・特別損失が見られます。

まず、特別損失の3行目に「新型コロナウイルス感染症による損失」という項目が見られます。新型コロナウイルス感染症のような疫病はまさに特別なことです。マスクをすることが日常化したことによって口紅などの化粧品が売れなくなったという話がありましたし、重要な対面販売の場である百貨店が休業していた時期もありましたから、化粧品を扱う資生堂には相当の損失があったことが推察されます。

また、特別利益の3行目に「助成金等による収入」という項目が見られます。これも新型コロナウイルス感染症に関連しています。同社の開示資料を見ると、これは「主として新型コロナウイルス感染症に関連して各国政府および自治体等から支給された、従業員の雇用維持および給料支給に対する助成金および補助金等」とあります。このような助成金も、やはり特別な性格を有しています。

もう少し普通に見られる特別項目は、資生堂の特別利益・特別損失のそれぞれ1行目にある固定資産売却益、固定資産処分損です。固定資産売却益は、68ページの図表2-12のノジマの特別利益にも見られます。

これらがなぜ特別になるかは、固定資産の意味が理解できていればすぐにわかるでしょう。固定資産とは、所有し続けて使うことを目的としている資産ですから、手放すことは滅多にない特別なことです。だから、手放すことに伴って発生する売却益や処分損（売却損や除却損も同様）は特別項目になるのです。

■当期純利益は手取り利益

滅多に起こらない特別なものでも、その年に起きたのは事実ですから、特別利益・特別損失を含めて**税引前当期純利益**になります。

ここから**法人税、住民税及び事業税**が引かれて**当期純利益**になります。法人税、住民税及び事業税は、まとめて**法人税等**《ほうじんぜいとう》とも言われます。

当期純利益の「純」は、やはり「正味の」という意味です。当期純利益は、あれこれ費用を引いて、さらに税金も引いた後の正味の利益、〝**手取り利益**〟ということです。

■どこに計上するかは覚える必要はない

ここまで、損益計算書に段階的に表示される、それぞれの利益の意味を説明してきました。

その前提として、販管費（販売費及び一般管理費）、営業外収益・営業外費用、特別利益・特別損失にどういうものが計上されるかということを説明してきました。

こういう説明をするときに、専門家は「固定資産売却益は特別利益に計上されます」というように、あたかも決まっているかのような説明の仕方をします。また、「これはどこに計上すればいいですか？」というような質問をされれば、専門家は「それはここですね」とすぐに答えてしまいます。

そういう様子から、何をどこに計上するかはすべて決まっているように思われがちですが、実はそうではありません。

専門家は、その都度考えているのです。その考える時間が短く瞬時に答えてしまうので、すべて決まっていて、それを覚えているように思われている節がありますが、そうではないのです。その都度判断しているのです。

これらは、覚えるようなことではありません。そもそも、すべての計上箇所が明確に決まっているわけでもありませんので、覚えること自体意味がありません。

すべてが明確に決まっていないので、実務上は企業側とそれをチェックする監査法人との間で意見が対立することもあります。

一般的に、企業は良いことを上の方に計上したがります。「まぐれです（＝特別利益）」と言うよりは「普通のことです（＝営業外収益）」と言えたほうがよく見えますし、「それは本業によるものです（＝売上高）」と言えれば、さらによく見えるからです。

逆に、企業は悪いことを下の方に計上したがります。「本業によるものです（＝売上原価、販管費）」と言うよりは「本業以外のことなんです（＝営業外費用）」と言えたほうがいいですし、「それは今期限りの特別なことです（＝特別損失）」と言えたほうがさらにいいからです。

企業にはこのような思惑が働くので、監査法人と意見の対立が起こり得るのです。

何をどこに計上するかを判断する際のポイントは、本節で説明した通りです。要約すれば、最初の重要な判断ラインは営業利益です。すなわち、それは本業に起因しているのか否かということです。次の判断ラインは経常利益です。すなわち、それは普通に起こり得るのか否かです。

コラム 経常利益は日本特有の利益

日本では、伝統的に経常利益が非常に重視される風潮がありますが、実はこの経常利益、日本特有の利益概念です。IFRS（国際会計基準）にも、米国基準にもありません。

日本で経常利益が重視されてきたのは、日本における資金調達が長年、銀行からの借り入れが中心だったことが理由の1つとして挙げられます。株式を発行して資本市場から資金調達をするのがそれほど特別なことではなくなったのは、上場を目指すベンチャー企業が日本でも増え始めた2000年頃からではないでしょうか。それでも大企業においては、現在でも新株発行をして資金調達をするのは極めて稀であり、相変わらず銀行からの借り入れが主体です。

そうなると、無借金経営をしているごく一部の企業を除いて、銀行に対する利息の支払は恒常的に発生する費用ということになります。ある意味では、本業に係る販管費（販売費及び一般管理費）に準ずるような費用ということになります。ですから、支払利息を控除した後の利益を見なければ、企業の利益の程度の本当のところが見えてきません。それで、支払利息控除後の経常利益が重視される傾向があるのです。

それに対して、ＩＦＲＳにはなぜ経常利益がないかと言うと、ＩＦＲＳでは特別利益・特別損失を区分掲記することを禁じているからです。それは、何が特別なのかということに対して企業の恣意的判断が入ることを、ＩＦＲＳが良しとしていないからです。

特別利益・特別損失を区分掲記できないとなると、その境目である経常利益を計上しようがないわけです。

2-4 利益の行く末

■利益は株主のもの

利益が出たら、その後、その利益はどうなるのでしょうか。

この質問に対して、「給料が増える」と答える人が意外にも多いのですが、残念ながら給料は増えません。将来的には、給料を増やす1つの判断材料になるかもしれませんが、少なくとも利益が出たからと言って、それが働いている人の懐に直接入ってくるようにはなっていません。

当期純利益は、まず株主に対する配当に使われます。利益とは、株主からの出資額を元に生み出された超過財産ですから、それは株主に分配するというのが株主との約束です。この分配金が配当です。利益とは、言わば株主からの出資額を元に自らのビジネスで運用した結果の運用利回りなのです。

ただし、当期純利益の全額を配当に回すとは限りません。むしろ、全額は配当せず、一部は

図表2-14　企業におけるキャッシュの循環

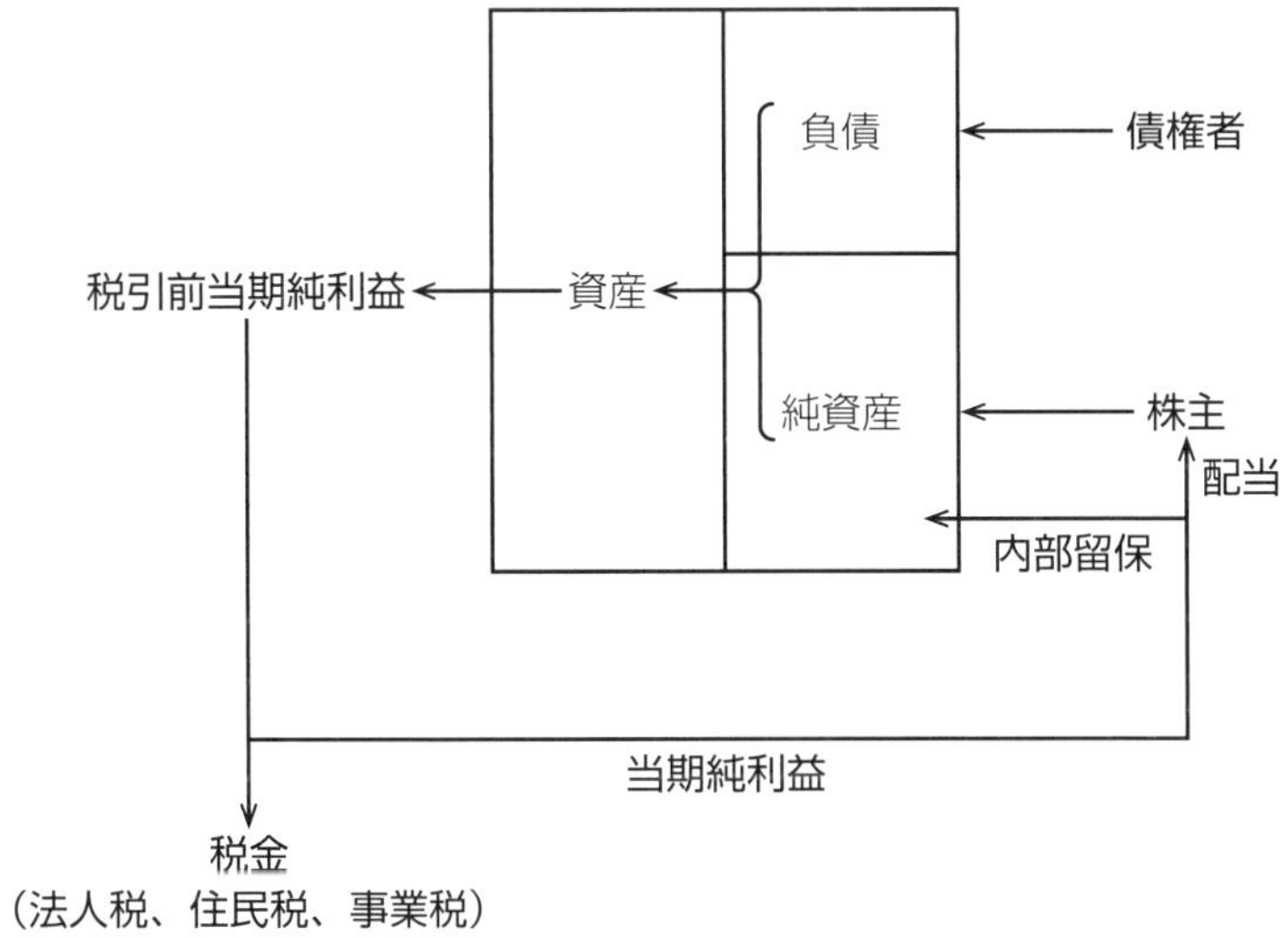

翌期に繰り越すほうが普通です。いわゆる利益の**内部留保**です。

なぜ一部を翌期に繰り越すかと言うと、それは翌期以降の新たな事業資金にするためです。これは企業自ら稼ぎ出したものですから、誰かに返済する義務はありません。したがって、利益の内部留保は返済不要の資金源である純資産に組み入れられます。具体的には、**利益剰余金**に計上されます。

キャッシュの循環について、貸借対照表を中心に描くと、図表2-14のようになります。

スタートは一番右側の株主と債権者という2人の資金提供者です。この2人からの調達資金を元に、貸借対照表の左側の資産、すなわち仕組みをつくります。そして、この仕組みを動かすことによって、税引前当期純利益が生み出され、そこから税金が控除された当期純利益の一部が右側の株主に還元され、残りは会社に留保されて、再び事業が繰り返されるということです。

貸借対照表を中心にして見ると、キャッシュは右から入って左に抜け、また右に戻ってくるという循環を繰り返すのです。

■配当には上限がある

「当期純利益は株主に対する配当に使われる」と言いましたが、これは見方を変えると、「ある一定の範囲内でしか配当できない」ということです。**配当は無制限にできるわけではなく、上限額がある**のです。

この上限額のことを**分配可能額**と言います。

なぜ、配当には分配可能額という上限があるのかと言うと、それは債権者保護のためです。配当は株主に対する資金流出になりますから、過度な配当をするともう1人の資金提供者である債権者に対する弁済能力が低下してしまいます。しかも、株主は全員が有限責任しか負っていませんから、会社のオーナーでありながら、債権者に対して、事実上、ほとんど何の弁済責任を負いません。そんな株主に無制限に配当をしたら、債権者は全く保護されないことになってしまいます。そこで、配当に一定の制限を掛けているのです。

分配可能額の計算は少々複雑なので詳細な計算式は割愛しますが、その中心となるのは当期純利益と利益の内部留保です。要するに、会社自身の力で稼いだ範囲内でしか配当できないということです。

これは考えてみれば当たり前で、もしそれを超過して配当したら、それは株主から出資された分を配当に回していることになります。それは、今まで親から仕送りをしてもらっていた学生が晴れて就職したので、「これからは自分が実家に仕送りをするよ」と言っておきながら、実は今まで親から仕送りしてもらっていたものを返しているだけ、みたいな話です。これでは配当でも何でもありません。

ただし、現行法では分配可能額に資本剰余金の一部が含まれています。資本剰余金は資本金に準ずるものです。つまり、株主から拠出された一部です。それを分配可能額に含めていいという現行法の規定は、親からの仕送りを親に返すことをもって親への仕送りとしてもいいと言っているわけで、極めて非論理的です。

では、なぜそういう規定になっているかと言うと、利益が出ていない会社でも配当を可能にするためということのようです。制度というのは、時として、合理性を無視して完全に政策的理由だけでつくられるものだということです。ただし、論理的には本来はおかしいということは理解しておいたほうがいいでしょう。実務上は、資本剰余金から配当するケースはほとんど見られません。

なお、分配可能額というのは、あくまでも数字上の制限値です。配当するのに十分な手元資金が会社にあるかどうかとは全く別の話です。分配可能額の範囲で配当することが決まっても、十分な手元資金がないことはよくあります。そういう場合は、銀行から借り入れをして配当をするということも珍しくありません。

コラム

上場企業たるもの無配は恥？

$$\text{配当性向} = \frac{\text{年間配当額}}{\text{当期純利益}} \times 100(\%) \qquad (2\text{-}1)$$

図表2-15　日米欧の配当性向

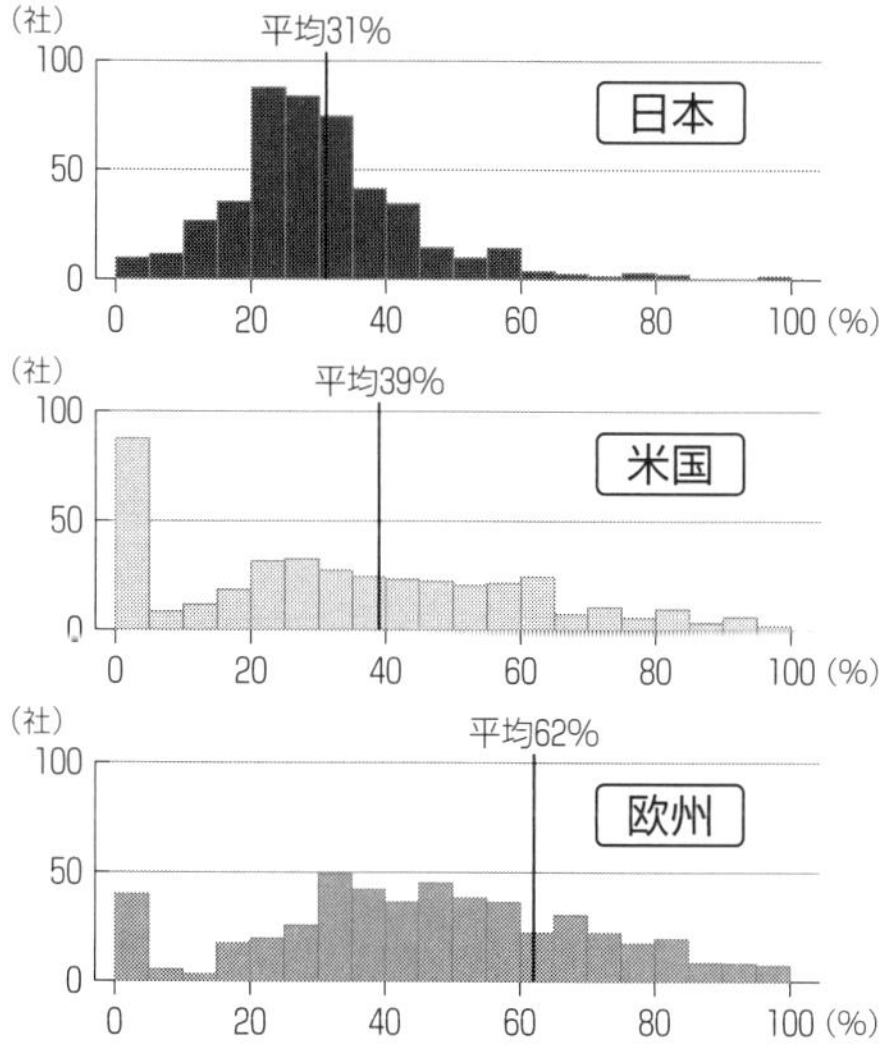

出所：日本経済新聞2017年12月8日朝刊
対象企業は日本はTOPIX500、米国はS&P500、欧州はストックス600採用企業（いずれも2016年度）

配当の程度を測る指標に、上の式（2-1）に示した**配当性向**があります。

これは、当期純利益のうち、どれくらいを配当に回したかという指標です。100%なら、その期の当期純利益の全額を配当に回したことになり、0%ならば無配ということになります。

図表2-15は日米欧の配当性向です。

同図表を見ると、日本の配当性向の平均は約30％で、欧米に比べて低いことがわかります。この事実だけで言えば、「欧米は日本よりも株主に対して積極的に配当を行っている」と言いたくなりますが、それは必ずしも正しくありません。

確かに、平均は欧米のほうが日本よりも高いのは事実ですが、それ以外にも重要な差異があります。それは、ばらつきについても欧米は日本よりも大きいことです。欧米に比べると、日本は平均に集中しています。

このことからまず言えることは、**日本企業の横並び体質**です。日本企業は、「配当性向30％」と言われると、「じゃあ、ウチも配当性向30％を目安に配当しよう」という行動パターンになりがちです。欧米のばらつきが大きいのは、各企業が方針として自分たちで考え独自に決めているということの表れでしょう。

欧米はばらつきが大きいだけではなく、一番左側に属す企業がそれなりの数あるのも特徴的です。この中には無配の企業も相当数存在していると思われます。

無配の企業が相当数存在することも、日本と欧米との対照的な違いです。

日本には、「上場企業たるもの無配は恥」という考え方が根強くあります。しかし、欧米の企業はそのようには考えません。

株主からの圧力が日本よりはるかに大きいと言われる欧米で、なぜ無配が株主から容認されるのでしょうか。

その理由は、株主に対する経済的還元には**インカム・ゲイン**と**キャピタル・ゲイン**の2つがあるということから理解できます。

たとえば、ソニー株式会社の2022年3月期の年間配当額は1株につき65円です。1株ではその程度ですが、会社全体としては800億円を超える額になります。1株につき1年で65円もらっても株主としてはそれほどうれしくないかもしれませんが、会社としてはかなりのキャッシュ・アウトになるのです。

そうであるならば、株主の立場としては、「そんな少額の配当はしてくれなくていいから、それをすべて内部留保に回して企業をもっと成長させ、将来の株価で報いてくれ」という発想が出てくるわけです。

この考え方は、特に成長が期待できる企業に対して成り立ちます。高成長が見込める企業は、将来の株価上昇がより期待できるからです。

象徴的なのは、米シリコンバレーの企業です。

たとえば、**マイクロソフトは1975年の創業以来、しばらくの間ずっと配当しませんでした。アップルも配当に対しては非常に消極的でした。**

「上場企業たるもの無配は恥」というのは、どうも日本的な価値観のようです。シリコンバレーでは真逆の考え方がむしろ普通です。

2-5 連結財務諸表

■子会社とは何か？

子会社の財務諸表を統合した財務諸表を**連結財務諸表**と言います。

さて、子会社とは何でしょうか。

子会社については、「ある会社が他の会社の株式を50％以上保有している当該他の会社」と答える人が非常に多いのですが、この答えには3つの誤りがあります。

1つ目の誤りは、少々細かいですが、「株式」と言っているところです。かつては「株式」で良かったのですが、現在は「議決権」と言わなければなりません。

議決権というのは、株主総会における投票権です。

かつては、1株について1個の議決権が付与されるのが原則でした。ところが、現在の制度では、1株に付与する議決権の個数を変えることができますので、1株について複数個の議決権を付与することもできますし、全く議決権のない株式とすることもできます。

このように、1株に付与される議決権の数が異なる株式を**議決権種類株式**と言います。議決権種類株式を発行している場合、保有株式比率は必ずしも保有議決権比率を意味しません。子会社の判断で意味を持つのは議決権比率ですので、保有比率を言うときは「株式」ではなく、「議決権」と言わなければならないのです。制度上の表現も基本的に「議決権」となっています。

ただし、日本において議決権種類株式を発行している企業は非常に少ないので、「株式の保有比率」と言っても、実質的には誤りになることはほとんどないと思います。それが「少々細かい」と言った理由です。

議決権にこだわるのには理由があります。それは2つ目の誤りに関係しています。2つ目の誤りは「50％以上」というところです。これは重大な誤りです。「51％以上」という人もよくいますが、それも誤りです。50％を超えていればいいので50・1％でも子会社になります。

「株式」を「議決権」に修正したうえで正しく言うと、「**議決権を50％超保有**」が正解です。

ある会社が他の会社の議決権を50％超保有しているということは、保有しているその1社が、会社の最高意思決定機関である株主総会の投票権の過半数を単独で保有しているということです。ということは、**少なくとも普通決議で可決できる株主総会の議案は、その会社が単独で可決も否決もできる**ということです。普通決議で決められることは結構いろいろあります。たとえば、取締役の選任も解任も普通決議で行えます。

ということは、議決権を過半数保有している会社は、保有されている会社を好きなようにできるということです。これが子会社という状態なのです。

だから、「50％以上」は決定的な誤りなのです。「50％以上」だと50％が含まれてしまうからです。ちょうど50％の議決権を保有している場合は、他の株主も議決権をちょうど50％を保有しています。これでは、単独で株主総会の議案を決められず、好きなようにはできません。

3つ目の誤りは、保有比率しか言っていないところです。

確かに、保有議決権比率は子会社を判定する最も基本となる要件ですが、実は保有議決権比率だけでは判定しません。

子会社の定義を一言で言うならば、「**ある会社が他の会社の意思決定を支配している場合の当該他の会社**」となります。キーワードは「**意思決定の支配**」です。議決権を50％超、すなわち過半数保有していれば、最高意思決定機関を支配していることになりますから、この場合は無条件に子会社になります。

これに対して、議決権の保有比率が50％以下であっても、意思決定を支配していると言えれば子会社になります。典型的な具体例は、取締役の過半数を派遣しているような場合です。株主総会という最高意思決定機関を支配し切れていなくても、取締役の過半数を派遣していれば、実務上の意思決定機関である取締役会は支配できます。ですから、こういう場合も子会社になります。

いずれにしても、**子会社とは意思決定を支配している会社、好きなようにできる会社**ということです。

■あたかも同一の会社のように情報を統合する

親会社が子会社を好きなようにできるということは、法形式的には別の会社であっても経済的実態は一部門と何も変わらないことになります。たとえば、同じことを実現するのに、同一会社の一部門として実現するのか、子会社として別の会社で実現するのかは、組織的実現方法の違いにしか過ぎず、実現されることは変わりません。

経済的実態が一部門と変わらないならば、財務情報はあたかも同一の会社のようにしないと経済的実態がわかりません。

それをわかるようにするのが、連結財務諸表です。**連結財務諸表は、親会社と子会社の財務情報をあたかも同一の会社のように統合したもの**で、子会社は一部門のように見えます。

連結ベースでないと実態が見えない例として、たとえば情報システムに関する業務があります。

情報システムに関する業務を実現するためには、社内に情報システム部門をつくって実現する方法もあれば、専門の子会社をつくって実現する方法もあります。

後者の場合、連結ベースで見ないと、親会社の資産には高額のハードウエアもソフトウエアも計上されず、損益計算書にはそれに伴う減価償却費もランニングコストも計上されません。それなのに、高度な情報システムが実現されていることになります。これでは社内に情報システム部門を持つ会社と公平な比較ができません。

また、親会社が**純粋持株会社**の場合は、親会社単体を見てもほとんど意味がありません。純粋持株会社とは、自らは事業を行わず、子会社を束ねるだけの会社です。「××ホールディングス」という会社は大体が純粋持株会社です。

このような会社における貸借対照表の資産は、子会社の株式がほとんどというイメージです。また、損益計算書の収益は、ほとんどが子会社からの配当金です。自ら事業は行いませんので売上高は基本的にありません。その結果、利益はマイナスであることがほとんどです。

このような場合も連結ベースで見ないと意味がありません。純粋持株会社である親会社の財務諸表には、事業の実体が何も計上されていないからです。

■連結すると粉飾も防げる

かつて、議決権比率だけで子会社を判定していた時代がありました。当時は、保有している議決権比率が50%超であれば子会社、そうでなければ子会社にならないというルールでした。

その頃の話です。ある製造業が、販売部門を別会社として分離しました。別会社と言っても、販売部門を単に会社にしただけなので、本体と同じ敷地にある建物の一室です。

本体は製造だけを行い、完成した製品を販売会社が管理する倉庫に入庫します。製造会社はこの時点で売上高を計上します。その会社は、この売上計上の仕方を「軒下《のきした》基準」と言っていました。倉庫の軒下を通過したら、売上高を計上するという意味です。そのような売上高計上基準を、私はそのとき初めて聞きました。

一方の販売会社は、製品の売れ行きが芳しくありませんでした。消費者に人気がなかったからです。結果的に販売会社は在庫の山です。仕入れるだけ仕入れて売れませんから、販売会社は大赤字です。

ところが、この販売会社は連結対象になっていませんでした。製造会社が保有する議決権比率がちょうど50％になっていたからです。当時の制度では子会社になりません。したがって、連結対象にならなかったのです。

製造会社は、最終的に消費者に売れようが売れなかろうが、ひたすらつくって軒の下を通過させれば売上高になり、黒字になっていました。そして、連結しませんから、販売会社の赤字は見えません。

これは、意図的な**連結外しによる損失隠し**です。立派な**粉飾**《ふんしょく》の1つです。

この会社に限らず、当時はちょうど50％とか49％という保有比率の会社がたくさんありました。そういう会社のすべてが上記のような損失の受け皿会社になっていたわけではないでしょうが、利益の出ていない会社を連結対象外にしたかったのは同じです。

こういう例が後を絶たなかったこともあって、子会社の判定方法が議決権比率という形式基準から、支配の有無を実質的に判断するという実質基準に変わったという事情があります。実質基準になれば、上記の製造業における販売会社は連結対象になりますから、損失を隠すことができなくなります。**経済的実態を明らかにする連結は粉飾を防ぐ効果もある**のです。

■連結財務諸表の作成方法

連結財務諸表は、「親会社と子会社の財務諸表をあたかも同一の会社のように統合したもの」と言いましたが、具体的には、**貸借対照表や損益計算書などのすべて財務諸表をすべて合算してから、内部取引を消去して作成します**（図表2-16）。

すべて合算しますから、親会社から見れば、財務諸表は単純に子会社の分だけ増加します。これで基本的に、2つの会社があたかも1つの会社のようになります。

合算後に内部取引を消去します。内部取引とは親子間での取引です。

たとえば、親である私が子供に1万円のお小遣いをあげたとします。この場合、私の財布からは1万円減り、子供の財布は1万円増えます。

連結のコンセプトは、「家族全体で情報をまとめろ」ということです。家族全体で見れば、親子間の1万円の授受は、単に1万円の保管場所が変わっただけです。増えも減りもしていません。ですから、この1万円の授受はなかったことにする必要があります。

図表2−16　連結の手続き

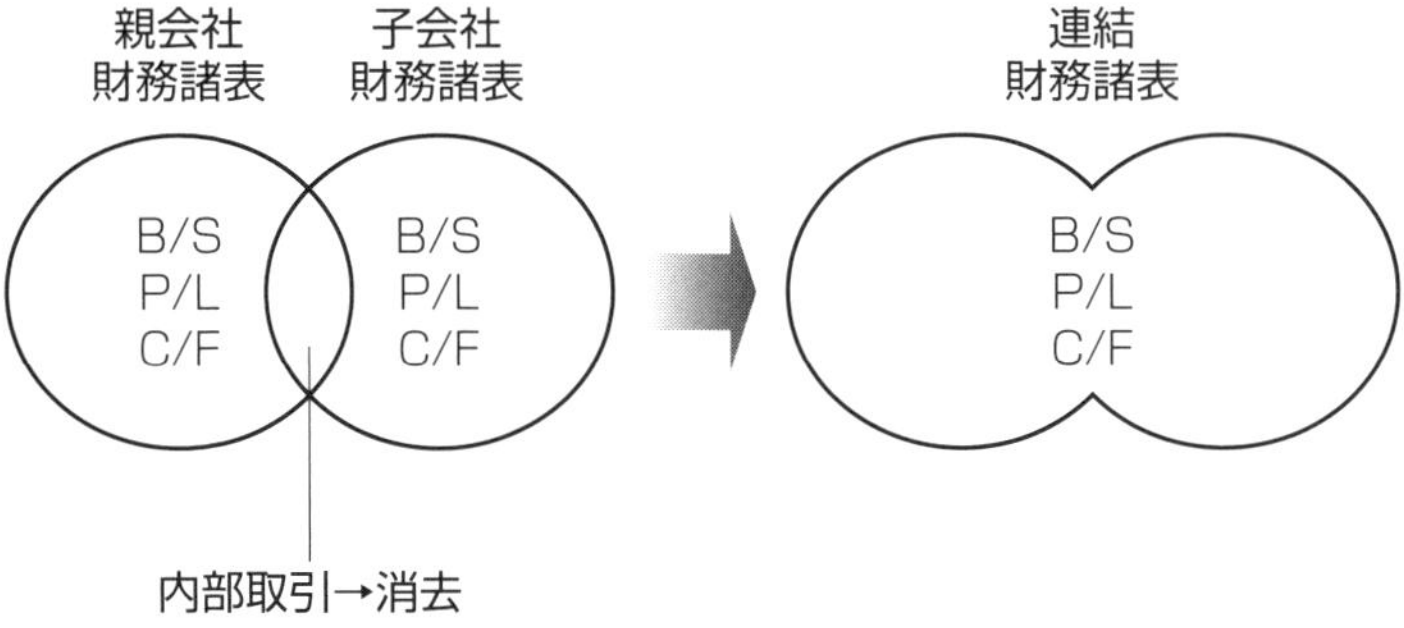

これが内部取引の消去です。

内部取引はすべて消去されますから、親子間でいくら取引を活発に行っても、すべて消去されるということです。ときどき、親子間での取引価格等でもめている会社を見ますが、連結で見たらどうせ消されるだけですから、多大な時間をかけて過度にこだわってもあまり意味はないということです。給料も税金も会社単位で支払いますから、単体の売上高や費用にこだわることに全く意味がないわけではありませんが、少なくとも市場から見たら単なる内輪喧嘩です。

先ほどの軒下基準による売買も内部取引です。これもすべてなかったことにされますから、親会社に利益が出ているように見せることもできなくなります。

■関連会社は「何か関連のある会社」ではない

連結財務諸表は、**関連会社**の財務情報も取り込みます。関連会社とは何でしょうか。「何か関連のある会社」と漠然と思っている人もいるかもしれません。

関連会社の定義は、「**ある会社が他の会社の意思決定に重要な影響を与える場合の当該他の会社**」です。子会社のように「支配」はしていないので好きにできるわけではありませんが、それ相応の影響を与えるということです。

具体的な判定は、やはり保有議決権比率が基本となります。**議決権の保有比率が20%以上の場合、無条件に関連会社になります**（50%超になると子会社になるので、50%以下であることが前提です）。

この20%に明確な制度的意味はありませんが、「1社でこれくらい保有していれば、かなりの影響力があるでしょ」ということです。

上場企業の多くでは、1%台の保有比率で大株主のトップ10に容易に入ります。上場企業は、いかに株式が散在しているかということです。それを考えると、1社で20%というのがいかに大きく、重要な影響を及ぼし得るかということが感覚的に理解できるでしょう。

関連会社の判定も実質基準で行いますから、保有議決権比率が20%未満であっても、たとえば**代表取締役を派遣している場合などは関連会社になります**。取締役会における意思決定はあくまでも多数決によりますから、代表取締役1人を派遣しているからといって、それだけでどうにかできるわけではありませんが、仮にも代表取締役ですから、少なくとも重要な影響は及ぼすわけです。

■関連会社に適用するのは持分法

関連会社の財務情報は、**持分法**という手続きによって取り込みます。

実務上は、関連会社についても「連結」という言葉が使われることがありますが、「連結」というのは子会社の財務諸表を統合するための手続き名ですので、関連会社について「連結」という言葉を使うのは厳密には誤りです。

持分法が連結と決定的に違うのは、**持分法では財務諸表の合算を行わない**ことです。関連会社は、子会社のように支配はしていませんから、あたかも同一の会社のようにするわけにはいかないからです。

では、どうするかと言うと、総額に影響を与えない形で、持分比率相当分だけを財務諸表に取り込みます。具体的には、関連会社の利益の持分比率相当額を損益計算書に計上し、それと同額だけ保有している関連会社の株式を増加させます。

この方法は、財務情報の取り込みを利益と株式という1行に集約しているようなものなので、「1行連結」と言われることがあります。

また、本質的には、関連会社の業績（＝利益）に基づいて関連会社の株式を評価替えしているとも言えるので、関連会社の株式に対する一種の時価会計と考えることもできます。

■関係会社は「何か関係のある会社」ではない

関連会社に似た言葉に**関係会社**があります。これについても、「仕事上、何らかの関係がある会社」などと答える人がかなりいますが、そうではありません。

関係会社とは、子会社と関連会社をまとめた総称です。

47ページに掲載した図表2-5の株式会社ノジマの貸借対照表を見てください。資産の下の方にある「投資その他の資産」の2行目に「関係会社株式」という科目があります。これは「子会社株式と関連会社株式の総額」という意味です。

子会社株式や関連会社株式という科目を社内の会計処理で使うのは自由ですが、外部に公表する貸借対照表においては子会社株式という科目も関連会社株式という科目も使いません。まとめて、関係会社株式という科目を使うのが普通です。

関係会社は子会社と関連会社の総称と言いましたが、これは議決権を保有している側から見た言い方です。

子会社から見たら親会社が関係会社ということになりますから、より正確には、図表2-17に登場する会社がお互いに関係会社ということになります。したがって、関係会社とは「グループ会社」とほぼ同じ概念と言っていいでしょう。

ただし、あくまでも直接的な議決権保有関係があることが前提なので、**子会社どうし・関連**

図表2-17　関係会社

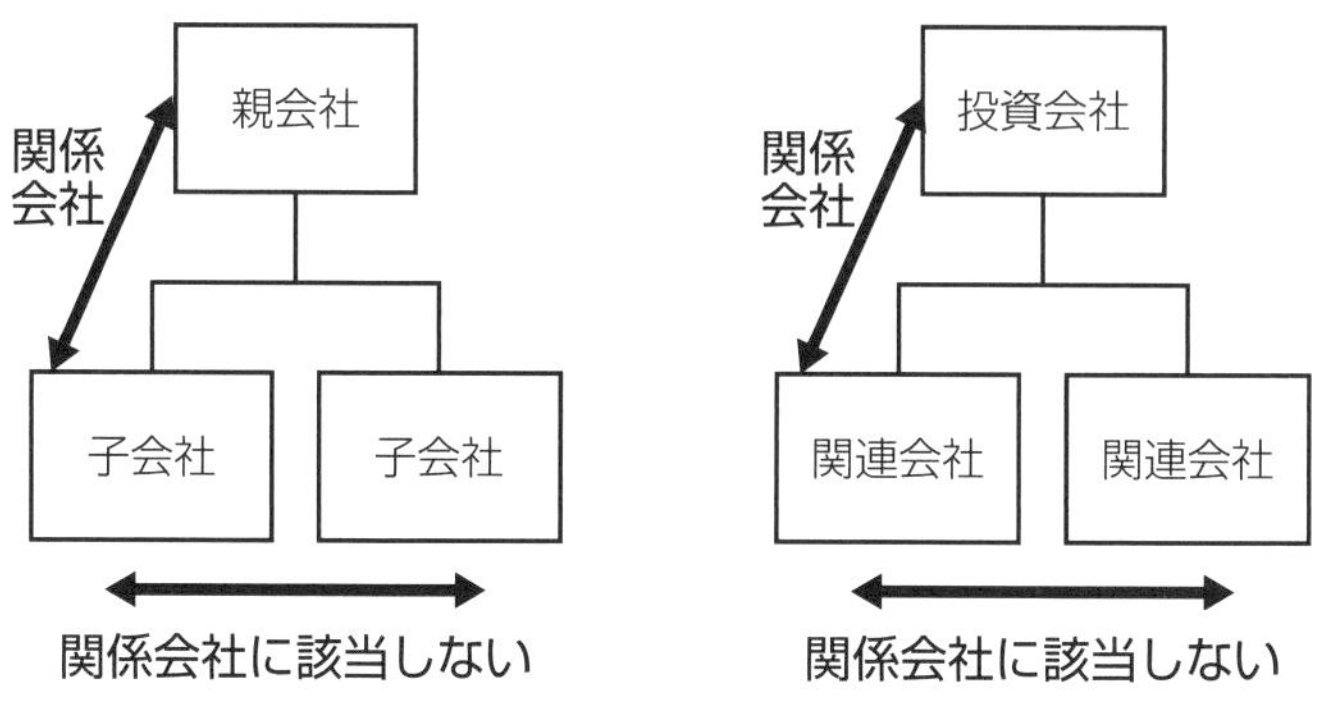

会社どうしは関係会社に該当しません。

「グループ会社」は制度的な用語ではないので明確な定義があるわけではありませんが、一般的には、子会社どうし・関連会社どうしもグループ会社と言うのが普通だと思いますので、強いて言えば、その点が「関係会社」と「グループ会社」との差異と言えるでしょう。

なお、図表2-17において、関連会社の上にある会社は「投資会社」となっています。これも少々細かい話ですが、「親会社」という概念は子会社に対するものであり、関連会社には使えません。それで、「関連会社に投資している会社」という意味で「投資会社」としています。実務上は、関連会社に対しても「親会社」と言ってしまうことは少なからずあります。

■**非支配株主**

98～99ページの図表2-18(a)(b)は、株式会社ノジマの連結貸借対照表と連結損益計算書です。

いずれも、連結だからと言って、基本的な構造は大きく変わりません。特徴的な違いを挙げるならば、連結には「非支配株主」という科目があることです。連結貸借対照表では、純資産の内訳科目にある「非支配株主持分」（図表2-18(a)の太字部分）、連結損益計算書では、下から2行目の「非支配株主に帰属する当期純利益」（同図表(b)の太字部分）です。

非支配株主とは、子会社における親会社以外の株主のことです（100ページの図表2-19）。子会社とは、親会社に意思決定を支配されている会社です。ということは、親会社以外の株主は子会社を支配していません。そのため、「非支配株主」と言うわけです。

非支配株主は、かつては**少数株主**と言われていました。議決権比率だけで判定していた時代は、議決権の過半数は親会社が保有していますから、他の株主全員が結託しても、比率では絶対に親会社に劣るからです。

しかし、既に述べたように、子会社の判定は議決権比率だけでは行いませんので、たとえば親会社が45%を保有し、他の株主が55%を保有しているということがあり得ます。このような場

（b）連結損益計算書

（単位：百万円）

売上高	564,989
売上原価	398,344
売上総利益	166,644
販売費及び一般管理費	
広告宣伝費	21,620
給料手当及び賞与	41,254
地代家賃	17,914
減価償却費	12,651
のれん償却額	2,781
その他	37,258
販売費及び一般管理費合計	133,478
営業利益	33,166
営業外収益	
受取利息	37
持分法による投資利益	111
その他	3,922
営業外収益合計	4,070
営業外費用	
支払利息	602
その他	744
営業外費用合計	1,346
経常利益	35,890
特別利益	
関係会社株式売却益	6,526
固定資産売却益	36
その他	358
特別利益合計	6,920
特別損失	
投資有価証券売却損	2,791
固定資産売却損	851
その他	463
特別損失合計	4,105
税金等調整前当期純利益	38,705
法人税、住民税及び事業税	12,762
当期純利益	25,942
非支配株主に帰属する当期純利益	80
親会社株主に帰属する当期純利益	25,862

図表2-18 ㈱ノジマの連結財務諸表（2022年3月期）

(a) 連結貸借対照表

（単位：百万円）

資産の部	
流動資産	
現金及び預金	31,007
売掛金	69,063
有価証券	19,997
商品及び製品	50,735
その他	14,101
貸倒引当金	△940
流動資産合計	183,963
固定資産	
有形固定資産	
建物及び構築物	21,034
機械装置及び運搬具	487
工具、器具及び備品	2,804
土地	13,059
その他	16,878
有形固定資産合計	54,262
無形固定資産	
のれん	19,263
ソフトウエア	1,995
その他	38,972
無形固定資産合計	60,230
投資その他の資産	
投資有価証券	2,419
敷金及び保証金	14,702
その他	11,375
投資その他の資産合計	28,496
固定資産合計	142,988
資産合計	326,952

（単位：百万円）

負債の部	
流動負債	
支払手形及び買掛金	57,151
短期借入金	1,616
未払金	11,714
未払法人税等	7,669
ポイント引当金	739
その他	48,082
流動負債合計	126,971
固定負債	
長期借入金	9,074
役員退職慰労引当金	186
退職給付に係る負債	8,982
その他	41,637
固定負債合計	59,879
負債合計	186,851
純資産の部	
株主資本	
資本金	6,330
資本剰余金	7,510
利益剰余金	125,543
自己株式	△5,221
株主資本合計	134,163
その他の包括利益累計額	
その他有価証券評価差額金	285
繰延ヘッジ損益	30
為替換算調整勘定	1,155
退職給付に係る調整累計額	432
その他の包括利益累計額合計	1,903
新株予約権	2,557
非支配株主持分	1,476
純資産合計	140,101
負債純資産合計	326,952

合に「少数」と言うのはさすがにおかしいので、現在は「非支配」という言い方になっています。

図表2-18(a)の連結貸借対照表における「非支配株主持分」は、純資産のうち、非支配株主に帰属する分ということです。

これと対応しているのが、純資産の部の1行目にある「株主資本」です。この「株主」は、「親会社の株主」という意味です。単に「株主」と書かれているものがそういう意味を持つことは、こうやって説明されないと絶対にわからないことだろうと思います。

47ページの図表2-5の個別貸借対照表の純資産の部の1行目にも株主資本とありますが、個別財務諸表に株主

図表2-19　非支配株主

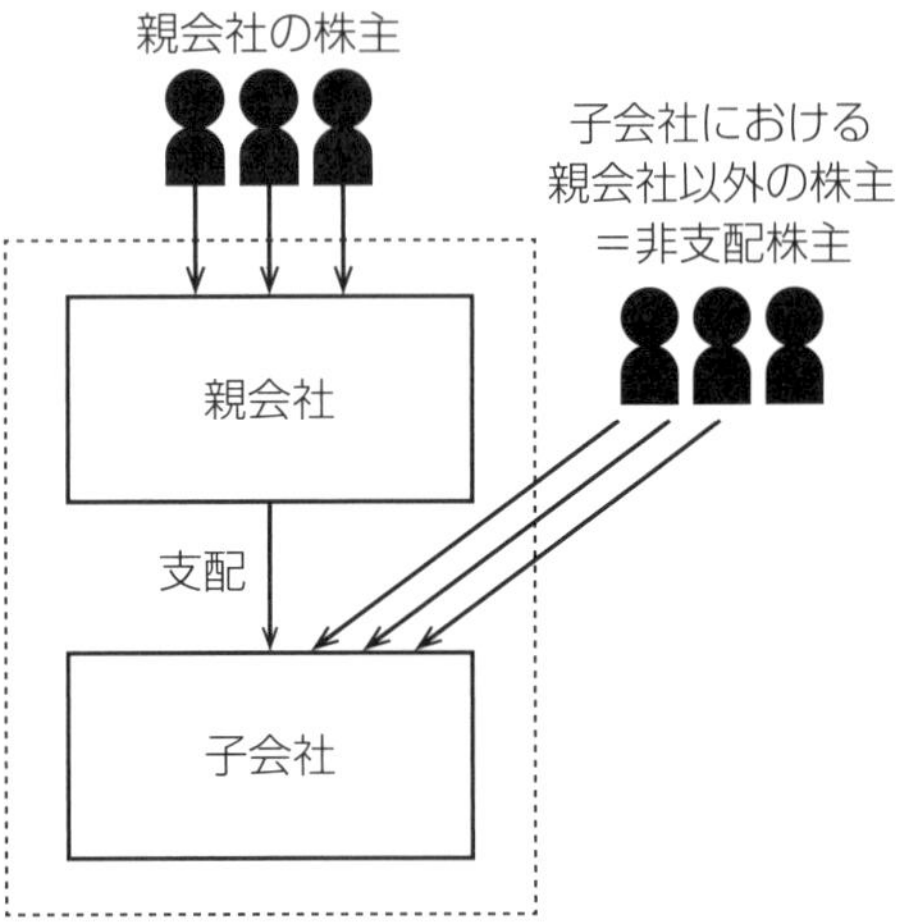

資本という項目を設けることには、ほとんど意味がありません。株主資本に対応する概念である非支配株主は連結財務諸表固有の概念なので、個別財務諸表には出て来ようがないからです。

98ページの図表2-18(b)の連結損益計算書における「非支配株主に帰属する当期純利益」は、子会社の純利益のうち、非支配株主の保有比率相当額です。なぜ、それが非支配株主に帰属するかと言うと、その部分については非支配株主が配当として受け取る権利があるからです。

親会社は子会社を支配はしていますが、財産に対する所有権（または請求権）は議決権比率に応じて非支配株主にもありますから、連結貸借対照表と連結損益計算書の双方においてその分を明記しているのです。

■包括利益

連結財務諸表には、さらに図表2-20の**連結包括利益計算書**というものがあります。これは当期純利益から始まっていることからわかるように、連結損益計算書に続くものです。

ノジマを含む多くの企業では、連結損益計算書と連結包括利益計算書を別の表として作成していますが、構造的には次ページの図表2-21のようになっています。

当期純利益と**包括利益**の差分を「**その他の包括利益**（**Other Comprehensive Income：OCI**）」と言います。「包括利益のうち、当期純利益までに含まれないその他」という意味です。

式で表せば、次の通りです。

当期純利益＋その他の包括利益＝包括利益

包括利益計算書は連結財務諸表にしかないので連結財務諸表固有の利益だと思っている人がいるようです。そういう人の中には、「包括利益は、グループ企業すべての利益を包括した利益」と思っている人もいるようです。

包括利益はそういう意味ではありません。また、連結固有の概念でもありません。個別財務諸表においてもあり得る概念です。日本の制度が、連結財務諸表においてだけ作成を義務づけているだけです。

図表2-20　㈱ノジマの連結包括利益計算書（2022年３月期）

（単位：百万円）

当期純利益	25,942
その他の包括利益	
その他有価証券評価差額金	△35
繰延ヘッジ損益	△28
為替換算調整勘定	1,080
退職給付に係る調整額	372
持分法適用会社に対する持分相当額	△255
その他の包括利益合計	1,132
包括利益	27,075
親会社株主に係る包括利益	26,995
非支配株主に係る包括利益	80

図表2-21　損益計算書と包括利益計算書

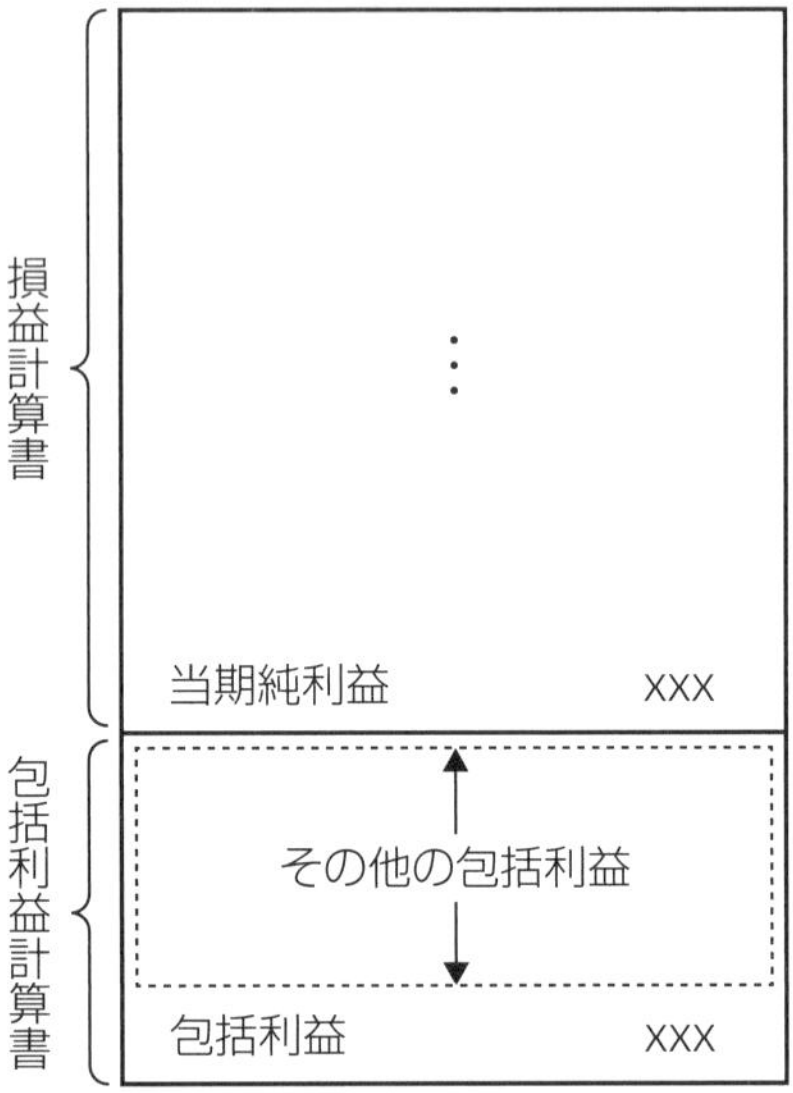

包括利益とは、純資産の増減のすべてを含む利益です。「包括」は、「純資産の増減のすべて」という意味です。ただし、**資本取引**による増減は除きます。資本取引とは、増資や配当など、株主との直接的な取引によって純資産が増減する取引です。

このように説明されても、当期純利益との違いがわからないかもしれません。それもそのはずで、原理的には、当期純利益は資本取引を除く純資産の増減ですから、包括利益と同じということになります。

原理的にはそうなのですが、制度的には、資本取引以外の純資産の増減のすべてが当期純利益に含まれているわけではないのです。

それを理解するためには、当期純利益の意味を理解する必要があります。

多くの人は当期純利益が増えると喜びますが、喜んでばかりはいられません。**当期純利益は会社のキャッシュを流出させる原因となる**のです。なぜならば、当期純利益は配当として株主に支払われるものだからです。

当期純利益は会社のキャッシュを流出させる原因になるので、制度的には当期純利益にはキャッシュの流入が確実に見込まれるものしか含めたくありません。

一方で、純資産の増加の中にはキャッシュの流入が確実に見込まれないものがあります。典型例は、当面売却予定のない保有株式の含み益です。現在の制度では、当面売却予定のない保有株式でも、あるものについては時価会計の適用対象になっているため、それに含み益がある場合、評価替えによって資産計上額が増加します。それによって、純資産も増加します。

このような含み益相当額は純資産の増加をもたらしますが、キャッシュの流入は当面見込まれないので、制度上、当期純利益には含めないのです。

このようなものがあるために、純資産の増減と当期純利益は完全には一致しないのです。

原理的には、一致するものが一致しないというのは、形式的には美しくありません。そこで、包括利益という利益概念をつくったのです。包括利益を、「資本取引以外の純資産の増減をすべて含む利益」と定義すれば、「純資産の増減が利益」という原理通りの形にでき、貸借対照表と損益計算書の形式的な整合性が保たれることになります。包括利益は、財務諸表の形式美を保つための産物とも言えます。

当面売却予定のない株式の含み益のように、当面キャッシュの流出入が見込まれない純資産の増減は、「その他の包括利益」に計上します。その他の包括利益は、包括利益を計算するための調整項目以上の意味はほとんどありません。

ただし、そこに計上される項目は、長期的には実際の売買によってキャッシュの流出入が起こり、当期純利益に影響を及ぼす可能性がありますから、その他の包括利益に強いて積極的な意味を付すならば、当期純利益に対する長期的なリスク・ファクターということになります。

コラム　グーグルにおける「議決権比率」

商法に代わって2006年に施行された会社法から、権利の内容の異なる複数種類の株式を同時に発行することが日本において可能になりました。これを**種類株式**と言います。その1つが、本文で述べた**議決権種類株式**です。種類株式には、それ以外に、配当等で優先的な扱いを受ける**優先株式**や、株式の譲渡に会社の承認を要する**譲渡制限株式**などがあります。

種類株式は元々アメリカにあったもので、議決権種類株式もアメリカでは以前からよく使われていました。有名なところでは、**グーグル**や**フェイスブック**がこれを使って上場しています（現在の会社名は、それぞれ**Alphabet**と**Meta**です）。

グーグルは2004年に上場する際に、1株の議決権が1個の株式と10個の株式の2種類の株式を発行しました。そして、創業者であるラリー・ペイジとセルゲイ・ブリンの2人が10個の議決権が付されている株式を一定量保有することによって、上場後も2人の創業者が重要な意思決定をし続けられるようにしました。2021年12月31日現在においても、この2人によって議決権の51・4％が保有されています。

種類株式がなかった頃は、上場とは「自分の会社」が「他人の会社」になることでした。株式が不特定多数の人に所有されるということは、たとえ創業者であっても一存では何も決められなくなるということだからです。創業者が株主総会で首を切られることさえ十分にあり得ます。

グーグルは種類株式によって、それまでの常識を打ち破ったわけです。

創業者の1人であるラリー・ペイジは、上場時の書類に「創業者からの手紙」を添えています。そこには、「グーグルは型にはまった会社ではなく、そうなるつもりもない」「投資家ではなくユーザー重視の姿勢を貫く」「配当を払うつもりはないし、四半期ごとの業績を予想して収益予想を提示する業界のしきたりに従うつもりもない」とあり、「会社の意思決定や将来に関する支配力は、今後ますます重要になるだろう。株主が変わっても、支配力は我々経営陣、特にセルゲイと私の手に残ることになるだろう」とあります。

当時、この「創業者からの手紙」は物議を醸しました。会社は株主ものであり、株主がガバナンスの頂点にあるという従来の考え方と真っ向から対立するものだったからです。

賛否両論はありましたが、少なくとも現在までのグーグルの業績を見る限り、「創業者の手紙」は間違っていなかったと言えそうです。

日本において議決権種類株式を用いて初めて上場したのは、2014年に東証マザーズ（当時）に上場した**CYBERDYNE株式会社**です。ただ、その後は1社もありません。議決権種類株式は法的には認められているものの、東京証券取引所などが例外的にしか許容しないというスタンスを取っているからです。東京証券取引所は、「議決権種類株の上場は、コーポレート・ガバナンスに歪みをもたらす可能性が高いため、必ずしも望ましくない」と考えているようです。

第2章　決算書の基本構造

チェックポイント

☑　決算書は、制度的には**財務諸表**や**計算書類**と呼ばれる。その中心となるのは、財産の残高を表す**貸借対照表**、財産の増減プロセスを表す**損益計算書**、キャッシュの増減プロセスを表す**キャッシュ・フロー計算書**である。

☑　貸借対照表は**バランス・シート（B／S）**とも呼ばれ、左右一対の２つの表で構成されている。右側（**貸方**）は元手資金をどこから調達したかという**資金の調達源泉**を、左側（**借方**）は調達した資金を何に使っているかという**資金の運用方法**を表す。

☑　貸借対照表の左側に位置する**資産**とは、企業の経済的価値を将来増加させるポテンシャルで、右側に位置する**負債**とは、企業の経済的価値を将来減少させるポテンシャルである。資産から負債を控除した正味財産を**純資産**と言う。

☑　貸借対照表は左右ともに、上から下に向かって**流動性（換金性）**の順番で科目が並んでいる。１年以内にキャッシュとして流出入が起こるものを**流動**、１年を超えてキャッシュとして流出入が起こるものを**固定**と言う。

☑　損益計算書はＰ／Ｌとも呼ばれ、会社財産を増加させた要因から会社財産を減少させた要因を差し引いて一定期間の**利益**を計算している。利益は段階的に計算され、売上高から売上原価を差し引いた粗削りの利益を**売上総利益（粗利）**、そこから**販売費及び一般管理費（販管費）**を差し引いた本業の利益を**営業利益**、そこから本業以外の**営業外収益・営業外費用**を足し引きしたコンスタント利益を**経常利益**、そこから滅多に起こらない**特別利益・特別損失**を足し引きした利益を**税引前当期純利益**、そこから**法人税等**を差し引いた利益を**当期純利益**と言う。

☑　**子会社**とは、ある会社が他の会社の**意思決定を支配**している場合の当該他の会社のことを言う。典型的には**議決権**を50％超保有している場合だが、議決権の保有比率が50％以下であっても実質的に意思決定を支配していれば子会社に該当する。あたかも同一の会社のように子会社の財務諸表を統合した財務諸表を**連結財務諸表**と言う。

第 3 章

根底に流れる会計の原則

3-1 なぜ、原則が重要なのか？

会計制度は非常に細かく、そして膨大です。それは会計制度に限らず、法律や制度と言われるものの常でしょう。

そういうものを理解しようとするときに一番やってはいけないのは、全体観を持たないままいきなり個々の制度を見ることです。全体観がないと、「こういうときはこう」というように機械的にルールを「覚える」ことになってしまいます。しかし、会計制度は膨大です。そういうやり方では、時間がいくらあっても足りません。特に、忙しい社会人にとっては不可能に近い話です。

対象となるものが複雑で膨大なときこそ、木を見る前に森を見るのです。全体観もなしに個々の制度を見るのは、地図を持たずに大きな森の中に入って行き、いきなり木を見るようなものです。木どころか、いきなり葉っぱを見ているかもしれません。それでは森の中ですぐに迷子になります。面白くもありません。

全体観があれば、変化にも楽についていけるようになります。

会計制度は、それなりの頻度で改正が行われます。あるときは、大幅に改正されることもあります。そういう改正に右往左往する人が少なくありません。

そうなる一因は、変化という表面的な現象を追いかけ回しているからです。表面に表れている変化は確かに多いかもしれませんが、実は根本のところではつながっていて、変化の本質的な理由は意外と少ないものです。根本の部分から理解していれば、個々の変化については「なるほど、そう来たか」と理解できるようになります。

そもそも、会計のプロでない限り、制度の細かいところまで知る必要性もありません。重要なことは、会計というルールがどういうコンセプトでできているかという根本の部分を「理解」することです。そうすれば、各論については自ずと理解できるようにもなります。

その「根本の部分」が、ここで説明する原則です。原則ですから数は多くありません。ここでは、一般原則として4つ、損益計算書に関する原則として3つ、貸借対照表に関する原則として1つ、合計8つの原則を紹介します。

3-2 一般原則

ここではいくつかある**一般原則**のうち、知っておいたほうがいいと思われる次の４つの原則を紹介します。

- **継続性の原則**
- **資本取引・損益取引区分の原則**
- **保守主義の原則**
- **重要性の原則**

■**継続性の原則**

継続性の原則とは、「**会計処理の原則及び手続は毎期継続して適用し、正当な理由がある場合を除いて、みだりに変更してはならない**」とする原則です。

会計は「事実と慣習と判断の総合的産物」と言われることがあります。事実と慣習を総合的に判断してルールをつくってきたので、唯一絶対的なルールにはなっていません。これは一般の人にとっては意外かもしれませんが、会計制度では、1つの取引事実について複数の会計処理が認められていることがあるのです。

それは、会計処理に関して企業に選択の幅があるということです。自由度があるために、企業としては、どの会計処理方法を選ぶべきか迷うことがあります。ただ、会計処理方法に関しては、合法的かつ合理的な方法であれば、どの会計処理方法を選ぼうとも大きな問題になることはまずありません。

重要なのは、どれを選択するかというよりも、一度決めたら変えないことなのです。

会計処理方法が変わってしまったら、その前後で単純比較ができなくなりますから、その会社の業績が良くなったのか悪くなったのかという時系列判断ができなくなってしまいます。

さらに、会計処理方法を自由に変更することができたら、利益操作も簡単にできてしまいます。その都度、都合の良い会計処理を選ぶことが可能になるからです。

継続性の原則は、会計処理に幅がある現実においては、適正な会計処理を担保するうえでの非常に重要な原則と言えます。

継続性の原則に、「正当な理由がある場合を除いて、みだりに変更してはならない」とあるように、正当な理由がある場合は変更が認められます。正当な理由の例は、簡便的な方法から厳密な方法への変更や、より合理的な方法への変更などです。

ただし、正当な理由による変更であっても、変更したことは開示対象になっており、監査報告書にも変更があったことが記載されますので、目立つようになっています。また、時系列での比較可能性を担保するために、現行制度では可能な限り過去に遡って、変更後の方法に従って過年度の財務諸表を修正することが求められています。

■資本取引・損益取引区分の原則

資本取引・損益取引区分の原則は、「**資本取引と損益取引とを明確に区別し、特に資本剰余金と利益剰余金とを混同してはならない**」という原則です。

資本取引とは、株主との直接的な取引によって純資産が変動する取引です。具体的には、増資、配当、自己株式取得などが挙げられます。

損益取引とは、資本取引以外の取引です。資本取引は一般の方はほとんど関わることがない取引ですから、それ以外の損益取引とは、日常業務の中で一般的に発生する取引全般と思っていいでしょう。

この原則が特に気にしているのは、「資本剰余金と利益剰余金とを混同してはならない」という部分です。

資本剰余金は、「資本金に入れなかった余りの部分」という意味ですから、資本金に準ずるものです。資本金と資本剰余金の合計額が株主から拠出された額を意味します。**利益剰余金は、「当期純利益のうち、配当しなかった余りの部分」**という意味ですから、株主から拠出されたものを元に、企業が自助努力によって純資産を増加させた部分です。それは、株主からの拠出額を自らのビジネスで運用した結果の運用利回り分です。その運用成績が経営成績ということです。

両者を混同したら、企業の経営成績がわからなくなってしまいますから、両者を明確に区別することは本質的に重要なことなのです。

両者の区別は、債権者保護の観点からも重要です。

株主は会社のオーナーでありながら、全員が有限責任しか負っていませんから、債権者に対しては実質的にほとんど何も責任を負いません。そうなると、債権者が担保にできるのは会社の財産しかありません。したがって、株主に対する払い戻しである自己株式取得は原則禁止で、配当に関しても利益剰余金の範囲までに制限するというのが元々の考え方であり、制度もそうなっていました。

ところが、時代の変遷に従って、かつては原則禁止だった自己株式の取得が柔軟に行えるようになり、さらには、第2章の2-4節で述べたように、資本剰余金から配当ができるようにもなっています。

資本剰余金から配当するというのは、実質的には株主に対する払い戻しですから、本来は配当ではありません。そもそも、資本剰余金から配当を可能にしたのは、利益が出ていない会社でも配当を可能にするためという、極めて政策的な理由によるものです。

株主に対する経済的還元を多様化し、株主の利益に資するためというのが制度改正の趣旨のようですが、私に言わせれば、資本取引・損益取引区分の原則を完全に逸脱したものになっています。

制度は人為的なルールですから、理論的原則と政策的判断を天秤にかけた結果、政策的判断が勝るということはあり得ます。ただ、原則を逸脱しているわけですから、そこには本質的な危うさがあることは理解しておくべきでしょう。

■保守主義の原則

保守主義の原則とは、「**企業の財政に不利な影響を及ぼす可能性がある場合には、これに備えて適当に健全な会計処理をしなければならない**」という原則です。

「適当に健全な会計処理」とは、損益計算書においては、収益はできるだけ遅く金額を少なく、費用はできるだけ早く金額は多く計上するように、貸借対照表においては、資産はできるだけ少なく、負債はできるだけ多く計上するということです。

これは、常にそうしろと言っているわけではありません。あくまでも、「企業の財政に不利な影響を及ぼす可能性がある場合」だというところがポイントです。

この原則が言わんとしていることは、「**グッド・ニュースは控えめに、バッド・ニュースは積極的に開示しろ**」ということです。そうすることが、財務情報の利用者にとって有益な情報になると考えられるからです。

良い話ばかりで塗り固められた情報は、戦時中の大本営発表のようになってしまいます。「我が軍は大丈夫、善戦している」とずっと聞かされていたのに、ある日、突然、敗戦を迎えるようなことになってしまいます。

それでは困るので、バッド・ニュースほど早期に積極的に知らせなさいということです。そのほうが、利害関係者は悪い出来事に備えることができますし、早期に対策を打つことも可能になります。バッド・ニュースのほうが利害関係者にとっては有用な情報になることが多いのです。

保守主義の原則は、具体的な会計制度の多くで理論的な根拠となっています。

■重要性の原則

重要性の原則とは、「**重要性の乏しいものについては、本来の厳密な会計処理によらないで他の簡便的な方法によることが認められる**」というものです。要するに、重要性の乏しいものについては手を抜いていいということです。

経理担当者は、真面目であればあるほど、制度に忠実に従って会計処理をしようとします。

それはそれで重要なことであり、経理業務の基本ではありますが、あまりにも細かく真面目にやりすぎると、経理業務はもちろん、他の業務も煩雑にしてしまいます。

企業に求められているのは、完全無欠の財務諸表を作成することではありません。仕事はすべて、限られた人員と限られた時間、そして限られた予算の中でやっていますから、**完全無欠の財務諸表を作成することなど、そもそも現実的に不可能**です。

財務諸表に求められていることは、財務諸表が全体として概ね企業の経済的実態を表していることです。ですから、重要性が乏しいものまで厳密に処理しても、財務諸表全体としてはあまり意味がないのです。

これは、業務を過度に煩雑にしないようにするうえで実務上重要な原則と言えます。ただし、重要性の判断には大局観が必要ですから、一担当者にはなかなかできません。一定の管理職でないとできないでしょうし、上に立つ者の重要な役割とも言えます。

3-3 損益計算書に関する原則

■「収益」と「収入」の違いは？

損益計算書に関する原則の話をする前に、言葉について確認しておきましょう。

「収益」と「収入」の違いは何でしょうか？

皆さんは、この2つの言葉をどのように使い分けていますか？

私はいろいろなところでこの質問をしていますが、一番多い答えは、「ちゃんと考えたこともなかった」という答えです。

答えてくれた中で一番多い答えは、「収入は入ってきたものすべて。収益はそこから費用を引いた残り」という答えです。日常用語としては、こういう意味で使われていることがほとんどだと思います。特に「収益」はそうです。実際、新聞等のメディアやテレビで話しているアナウンサーもほとんどそういう意味で使っています。

しかし、会計上の正しい意味はそうではありません。

まず、「収益」は何に関する言葉かと言うと、損益計算書に関する言葉です。ですから、「収益」という言葉を使った時点で話題は損益計算書です。

「収益」は、損益計算書のプラスの総称です。

日常用語の「収益」と何が違うかわかりましたか？

まだ何も引かれていないのです。ここが日常用語における「収益」と決定的に違うところです。プラスの総称ですから、具体的には売上高、営業外収益、特別利益の総称です。収益を、その性質に応じて、売上高、営業外収益、特別利益に分けて計上しているとも言えます。

損益計算書のマイナスの総称は「費用」と言います。これは日常用語のイメージ通りだと思います。具体的には、売上原価、販売費及び一般管理費、営業外費用、特別損失の総称です。これも、費用をその性質に応じて売上原価、販売費及び一般管理費、営業外費用、特別損失に分けて計上しているとも言えます。

収益と費用の差額が「利益」です。

式で書くと、次のようになります。

収益－費用＝利益　（3－1）

多くの人は収益と利益を混同しているということです。実際、「利益」の意味で「収益」という言葉を使う人が非常に多くいます。おそらく、「益」という字によって混同しているのだろうと思いますが、**「収益」はグロス概念、「利益」はネット概念**ですから、両者の混同は決定的な誤りです。

さて、では「収入」はどういう意味でしょうか。

まず、「収入」は何に関する言葉かと言うと、キャッシュに関する言葉です。ですから、「収入」という言葉を使った時点で話題はキャッシュです。

「収入」とは、キャッシュが入ってくることです。キャッシュ・インということです。**キャッシュが出て行くことは「支出」**と言います。キャッシュ・アウトということです。**収入と支出の差額は「収支」**と言います。

式で書くと、次のようになります。

収入－支出＝収支　（3－2）

さて、これは式（3－1）と何が違うのでしょうか。その答えが次の**発生主義**です。

■発生主義

発生主義とは、「**収益と費用は、収入と支出ではなく、その発生の事実に基づき計上する**」

というものです。

この1文は、先ほど説明した言葉の意味がわかっていなければ理解できません。

「収益と費用」は、「損益計算書のプラスとマイナス」という意味です。もっと簡単に言えば、「損益計算書の情報」ということです。

「収入と支出」は、「キャッシュ・インとキャッシュ・アウト」という意味です。

つまり、「**損益計算書の情報は、キャッシュの動きと切り離されている**」ということです。お金をもらったときに売上高を計上するわけでもなければ、お金を払ったときに費用を計上するわけでもないということです。この点は、かなり勘違いしている人が多いように思います。

では、何に基づき計上するかと言うと、**事実の発生**です。「事実」とは、たとえば売上高だったら「商品の出荷」という経済的事実です。事実の発生に基づいて計上するので、「発生主義」と言います。

ちなみに、発生主義の反対は、**現金主義**と言います。現金の授受に基づいて収益・費用を計上するという考え方です。

正直なところ、現金主義のほうが直感的には自然だと思います。現在も、小規模な企業では例外的に現金主義が認められています。しかし、原則は発生主義です。

ツケがきく飲み屋さんを考えてみましょう。お客様が散々飲み食いした後、「ツケといて」と言ってお店を出て行ったとします。この状態では、お店には現金は入ってきていません。しかし、飲み屋さんからすれば、商品やサービスは既に提供しており、その対価の請求権も有しています。あとは、実際に現金が入ってくるのを待つだけです。

このとき、もし入金がまだだからといって売上高を計上しないと、「飲み屋としての商品やサービスを提供した」という事実も、「対価の請求権を有している」という事実も、どこにも記録されません。それでは飲み屋さんのビジネスの経済的実態を表しません。

飲み屋さんのツケと同じことは、企業において日常的に行われています。特に企業間取引においては、取引の都度、現金の授受は行わず、「当月末締め、翌月末払い」のような形で代金の授受を行うのが普通です。これは飲み屋さんのツケそのものです。これを**信用取引**と言います。

個人の顧客であっても、クレジットカードで取引が行われたら全く同じことになります。そもそも、クレジットカードは「ツケ」をシステム化したものですから当然です。

その都度、現金の授受をしなくなったのは当然の流れです。現金の授受をするのは手間がかかりますし、ミスも起こりやすくなります。紛失や盗難のリスクも高まります。

信用取引においては、キャッシュはある特定日にまとめて動いています。そのようなキャッシュの動きに応じて損益計算書の情報を記録したら、企業の経済的実態がタイムリーに記録できません。

そこで、キャッシュの動きではなく、そのキャッシュの動きの元となった経済的事実の発生

図表3-1　出荷、着荷、検収

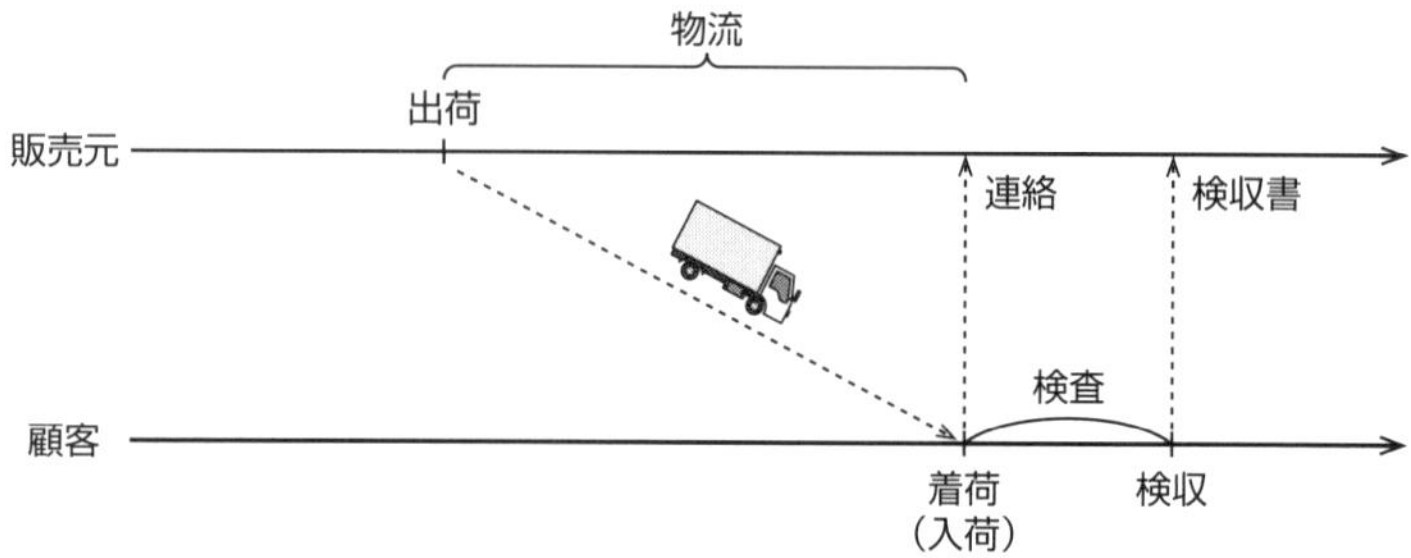

図表3-2　利益とキャッシュは違う

P/L	：	収益	−	費用	＝	利益
		≠		≠		≠
キャッシュ	：	収入	−	支出	＝	収支

に基づき損益計算書の情報を記録するようにしたのです。

経済的事実の具体例は、**出荷**、**着荷**、**検収**などです。出荷は販売元の倉庫から出たとき、着荷は顧客に届いたとき、検収は顧客の検査に合格したときです（図表3-1）。着荷は、顧客側から見たら入荷です。

信用取引では、仕入や売上高を計上する時点ではまだ入出金がありませんから、仕入先に対しては代金の支払義務、顧客に対しては代金の請求権を計上しておきます。仕入先に対する支払義務として計上する科目が**買掛金**《かいかけきん》であり、顧客に対する請求権として計上する科目が**売掛金**《うりかけきん》です。

■発生主義は良いことばかりではない

企業の経済的実態をタイムリーに記録すると

いう観点からすれば発生主義は確かに望ましいやり方ですが、良いことばかりではありません。

収益と収入、費用と支出が違うということは、当然、利益と収支も違います。つまり、**利益があるからといって、現金があるとは限らない**ということです（図表3-2）。

利益が黒字でもキャッシュがなくなることはいくらでもあり得ます。キャッシュがなくなれば倒産です。利益が黒字のままキャッシュがなくなって倒産することを**黒字倒産**と言います。シャレにもならない話ですが、そういう事例は山ほどあります。

逆に、利益がどんなに赤字でも、誰かがキャッシュを補填してくれれば、会社は倒産しません。キャッシュを補填してくれるのは一般的に取引銀行です。ということは、倒産の引き金を引くのも、多くの場合は取引銀行だということです。融資先の業績回復が見込めなければ、さすがの取引銀行も融資を打ち切ります。今まで貸したお金の返済も迫られるでしょう。それで資金ショートを起こして倒産するのです。

繰り返しますが、利益とキャッシュは違います。「全く違う」というくらいの感覚でちょうどいいです。キャッシュの状態は直接見ないとわかりません。だから、**キャッシュ・フロー計算書**の作成が上場企業に義務化されたのです。

もしかしたら、多くの人は「キャッシュの状態は利益を見ていれば大体わかるだろう」という感覚を無意識に持っているかもしれませんが、それは大間違いです。**利益を見てもキャッシュのことはほとんど何もわからない**のです。

■実現主義

発生主義は、損益計算書の収益と費用の両方に関わる原則ですが、実現主義は収益だけに関する原則です。実現主義は、「**収益に関してはもう少し確実性が増してから計上を認めよう**」という考え方です。

収益というポジティブな情報は、安易に計上を許すと、水増し計上や架空計上がやりやすくなってしまいます。また、保守主義の観点からも、収益というグッド・ニュースの計上には慎重になるべきです。

そこで、収益については、次の2つの要件が満たされたときに「収益が実現した」と考え、計上を認めることにしています。これが実現主義です。

① 商品やサービスの企業外部の第三者への提供
② その対価として、現金または現金同等物の受領

①を満たさない単純な例は、出荷前なのに前倒しして売上高を計上するようなケースです。何としてでも期中に売上高を計上したいような場合に行われがちです。

また、売ったはずの商品が、いまだに自社の倉庫にあるような場合もあります。顧客に保管場所がないために一時的に預かっている等の合理的な理由があればいいですが、そうでなければ、①の要件は満たされていないことになります。

これを意図的にやると、**在庫売上**と呼ばれる**粉飾**になります。さらに、在庫売上を複雑にしてわかりにくくしたのが**循環取引**です。循環取引は、複数社が結託して商品を転売していき、最後は最初に販売した会社に転売します。個々の企業間には売買の実体がありますが、全体を見れば商品が戻ってきていますから、やはり①の要件を満たしていません。

②は、対価としてキャッシュの獲得が確実に見込めるということです。ここでの現金同等物には短期的債券も含まれますので、必ずしも現金そのものの受領は要件とされていません。

■費用収益対応原則

費用収益対応原則は、損益計算書の費用に関する原則です。それは、「**費用は収益獲得の経済的犠牲である。したがって、収益獲得に貢献した部分を費用として収益と対応づけて計上する**」というものです。

これは、ある意味、費用とは何かということを規定している原則です。発生主義によって、キャッシュの支払は費用を意味しません。だったら、費用は何かということです。

費用収益対応原則によれば、それは「収益獲得の経済的犠牲」です。あくまでも、収益獲得に貢献したものを「費用」とすることです。

費用収益対応原則の最も典型的な具体例は後述しますが、基本的なところでは損益計算書の構造に収益と費用の対応関係が見て取れます。

売上高に商品を介して直接的に対応しているのが売上原価、期間的に対応しているのが販管費（販売費及び一般管理費）です。また、営業外収益という本業外の収益に対応しているのが営業外費用です。

特別利益を「特別収益」と言わないのは、何らかの経済的犠牲（≒努力）によってそれが獲得されたわけではないからです。対応する費用がない単独の経済的プラスなので、最初から利益と言っているわけです。

特別損失を「特別費用」と言わないのも、何らかの収益獲得のための経済的犠牲ではないからです。単独の経済的マイナスなので、「損失」という言葉が使われているわけです。

3-4 貸借対照表の原則

■取得原価主義

貸借対照表に関して知っておくべき原則は、**取得原価主義**です。これは単に「**原価主義**」とも言われます。

取得原価主義は、貸借対照表への計上額に関する原則です。具体的には次の2つの要件からなります。

①資産・負債の貸借対照表への計上額は、取得時の支出額に基づき計上する
②資産・負債の保有中は、時価の変動があっても評価替えしない

第1の要件は、貸借対照表への計上額、つまり**取得原価は取得時の「支出額」で決める**ということです。支出額とは、キャッシュ・アウトした額ということです。

具体的な取得原価は、次のように計算します。

取得原価＝購入代価＋付随費用　（3‐3）

購入代価とは、その資産そのものの価額です。**付随費用**とは、その資産を取得するために要した運搬費や据付費、手数料などです。

重要なことは、取得原価は購入代価だけではないということです。それに付随費用を加えたものが取得原価になります。取得原価とは「**その資産が使えるようにするまでにかかった総支出額**」だからです。これは、有価証券、棚卸資産、有形固定資産、無形固定資産など、すべての資産に共通です。

取得原価主義の第2の要件は、**一度計上したら評価替えせずに、ずっとそのままの価額**ということです。

その対立概念が、**時価主義**です。いわゆる**時価会計**と言われているものです。

現在は何かと「時価会計」と言われるので、時価会計が基本だと思われているかもしれませんが、そうではありません。**日本基準において時価会計の対象になるのは有価証券ぐらいです。しかも、その一部です。**

現在においても、取得原価主義が貸借対照表に関する基本的な原則です。

■原価主義 V S. 時価主義

現在、制度的には既に時価主義が入ってきていますが、原価主義と時価主義はどちらがいいのかということについては長い間論争がありました。現在の制度において時価会計の導入が一部にとどまっているということは、その論争は終わっていないとも言えます。

両者を、価額の客観性、資金的裏づけ、情報のタイムリー性、利益操作の排除という4つの視点で比較してみましょう。

最初の視点は、**価額の客観性**です。

時価主義の場合、何をもって時価とするかは簡単ではありません。上場している株式ならば、「その日の終値をもってその日の時価とする」と決めておけば時価は一意に決まりますが、非上場の株式の場合は取引されていませんから、市場で決まる時価は存在しません。

非上場株式についてはいくつかの株価算定方法がありますが、いくつかあるということは計算できたとしても一意には決まらないということですから、やはり客観性には難があります。

原価主義の場合は、取得時の支出額に基づいて決めます。実際に支払ったキャッシュという事実に基づいて額を決めるということですから、その額は1つしかありません。したがって、価額の客観性という点では、原価主義に軍配が上がります。

第2の視点は、**資金的裏づけ**です。

これは、第2章の2-5節の包括利益のところで説明した、当期純利益にはキャッシュの裏づけのあるものしか含めたくないという話です。なぜ含めたくないかと言うと、当期純利益は配当という形でキャッシュの流出を引き起こすものだからでした。

資産に含み益がある場合、時価主義であれば、その含み益は損益計算書に収益として計上されますから、最終的には利益に含まれることになります。しかし、含み益はあくまでも含みであって、所詮は絵に描いた餅です。どこからもキャッシュは入ってきていません。それなのに、**含み益が当期純利益に含まれると、配当によってキャッシュの流出だけが起こる**ことになります。

原価主義であれば、含み益が収益に計上されることはありませんから、このようなことが問題になることはありません。

したがって、資金的裏づけの点でも、原価主義に軍配が上がります。

資金的裏づけがないものが収益に計上されるということは、実現主義の第2の要件である「現金または現金同等物の受領」を満たしていないと言えます。原価主義ではそのようなことが起こりませんから、原価主義と実現主義は表裏一体の関係にあります。原価主義から逸脱することは実現主義からも逸脱することになります。

第3の視点は、**情報のタイムリー性**です。

原価主義では、仮に100年前に取得した土地であっても一切評価替えがされませんから、

100年前の取得価額のまま計上されています。しかし、100年も経てば土地の価額は相当変わっているはずです。都心の一等地であれば驚くほど上昇しているでしょう。

それが100年前の価額のままというのは、さすがに情報のタイムリー性に欠けます。有用でないどころか、財務情報の利用者に誤解さえ与えかねません。

時価主義であれば、常にその時の価額に修正されますから、このようなことは起こりません。したがって、情報のタイムリー性という点では、時価主義に軍配が上がります。

第4の視点は、**利益操作の排除**です。

時価主義がまだ日本に導入される前、利益が思わしくない企業は、期末近くになると含み益のある保有株を売って、すぐに買い戻すというようなことをしばしば行っていました。

たとえば、100円で取得した株が150円に値上がりしている場合、それを売却すれば50円の売却益が計上されます。一方で、同じ銘柄の株をすぐに買い戻せば、同じ株の資産の計上額が100円から150円に変わることになります。

このように、資産を売却してすぐに買い戻すことによって差額を収益に計上する取引を**クロス取引**と言います。クロス取引を行えば、時価会計が認められていないにもかかわらず、時価会計を適用したのと同じ効果が得られます。

時価会計と同じ効果は得られますが、時価会計とは決定的に異なる点があります。それは、クロス取引の場合は含み益が出ている株だけを選べるということです。だから、利益が思わしくない企業が、益出し操作として使ったのです。

時価会計の場合は、含み益があろうが含み損があろうが、すべてが評価替えの対象になります。時価会計を適用した結果、利益を押し上げるか押し下げるかは何とも言えません。そこに、企業が選べる余地はありませんから、利益操作はできなくなります。

したがって、利益操作の排除という点では、時価主義に軍配が上がります。

以上のように、原価主義と時価主義は一長一短で、どちらかが良いとは言い切れません。ただ、株のように値動きが比較的大きい金融資産は、含み損益が顕在化したときに利害関係者に多大な影響を及ぼします。次から次へと開発される高度な金融商品になるとさらに含み損益が見えにくいうえに、それが顕在化したときの影響も非常に大きくなっています。

このような状況を鑑みて、原価主義を基本としつつ、金融商品を中心に時価主義を取り入れているというのが現在の会計制度の状況です。

コラム

「収益」という言葉の混乱

一般の人で、「収益」という言葉を会計上の本来の意味で使う人は非常に少なく、ほとんどの人は「利益」の意味で使っています。一方で、会計専門家が「収益」と言った場合は、まず間違いなく会計上の本来の意味で使っています。

こういう言葉の誤解は思わぬミスにつながることがあります。たとえば、会計システムの要件定義の際に、ユーザーである経理部の人は「収益」という言葉を本来の意味で使っているのに、システムベンダーの人は「利益」だと思っているようなことがあり得ます。少なくとも私の経験では、本来の意味で「収益」という言葉を使うシステムベンダーの人には会ったことがありません。

これでは、重大な要件定義のミスにつながり、思っていたものとは異なるシステムができ上がることにもなりかねません。

さらに話を複雑にしているのが、ＩＦＲＳ（国際会計基準）です。

ＩＦＲＳでは、本来の「収益」を**income**と言います。そのうち、本業に関わるものを

revenueと言い、本業外のものをgainと言っています。

ところが、IFRSの日本語版では、incomeとrevenueのいずれに対しても「収益」という日本語を使っています。両者を区別する必要があるときは、前者を「広義の収益」、後者を「狭義の収益」などと言っています。

原文では異なる単語によって使い分けられている2つの異なる概念に対して、なぜ訳語として同じ日本語を充てたのか、そしてそれが誰にも修正されることなく、そのまま日本における正式な基準書として世に出ているのか、その理由は私にはさっぱりわかりません。

revenueが本業に関わる収益ということは、要するに**売上高**ということです。その証拠に、IFRSの損益計算書のひな形の1行目にはrevenueとあります。それを「収益」とするのは誤訳と言わざるを得ません。

ちなみに、損益計算書のひな形のrevenueに対して、IFRS日本語版の2011年版までは「売上収益」というよくわからない日本語が充てられていました。2012年版以降は「収益」という訳語に変わっています。この滅茶苦茶な翻訳のおかげで、IFRSを採用する日本企業の損益計算書の1行目は、企業によって売上高、売上収益、営業収益、収益とまちまちです。日本語版の不適切な言葉遣いが、ただでさえ混乱のある「収益」という言葉の乱れを助長しているようです。

売上高を意味するrevenueに対して、IFRSの日本語版が「収益」という言葉を使ったことによって、日本の制度においても「収益」が「売上高」の意味でも使われるようになっています。

その典型例が、2021年4月から から日本で強制適用が始まった「**収益認識に関する会計基準**」です。俗に「**収益認識基準**」と言われているものです。

これは、IFRSの基準をほぼそのまま輸入したものです。IFRSの原文では、revenueという言葉が使われていますから、この「収益」は明らかに「売上高」です。「認識」というのは以前からある会計用語で、「計上すること」を意味します。「帳簿において認識する」ということです。

ですから、**「収益認識基準」とは「売上高計上基準」という意味**なのです。そう言ったほうがはるかにわかりやすいと思うのですが、誤訳を貫いて「収益認識基準」と言い、多くの人もそう言っています。その意味するところは「売上高計上基準」だということを、果たしてどれだけの人がわかっているかは甚だ疑問です。

ただでさえ「収益」という言葉は正しく理解されていないのに、その混迷を深めたIFRS日本語版の翻訳はなかなか罪深いと思います。

第3章　根底に流れる会計の原則

チェックポイント

☑ **継続性の原則**とは、「正当な理由がない限り、採用する会計処理方法等を変更してはならない」という原則である。利益操作防止の観点から重要である。

☑ **資本取引・損益取引区分の原則**とは、「株主との直接的な取引によって純資産が変動する『資本取引』と、日常業務の中で発生する『損益取引』とを明確に区別し、両者を混同してはならない」という原則である。株主から拠出された部分と、その運用部分とを明確に分けるうえで重要である。

☑ **保守主義の原則**とは、「バッド・ニュースこそ積極的に開示せよ」という原則である。多くの個別基準の理論的根拠となっている。

☑ **重要性の原則**とは、重要性の乏しい取引については簡便的な会計処理を容認する原則である。経理業務を過度に煩雑にさせないという実務上の観点から重要である。

☑ **収益**と**費用**はいずれも損益計算書に関する概念であり、損益計算書のプラスの総称を「収益」、損益計算書のマイナスの総称を「費用」と言う。収益と費用の差額を**利益**と言う。

☑ **収入**と**支出**はいずれもキャッシュに関する概念であり、キャッシュが入ってくることを「収入」、キャッシュが出て行くことを「支出」と言う。収入と支出の差額を**収支**と言う。

☑ **発生主義**とは、「損益計算書の情報は、キャッシュの動きではなく、出荷等の経済的事実の発生に基づき計上する」という原則である。

☑ **実現主義**とは、「収益は、①第三者への商品・サービスの提供、②その対価として現金または現金同等物の受領、という2つの要件が満たされたときに計上できる」という原則である。

☑ **費用収益対応原則**とは、「費用は収益獲得の経済的犠牲であるため、収益獲得に貢献した部分を費用として収益と対応づけて計上する」という原則である。

☑ **取得原価主義**とは、「資産・負債の貸借対照表への計上額は、取得時の支出額に基づき計上し、資産・負債の保有中は、時価の変動があっても評価替えしない」という原則である。

第4章

財務会計の個別論点

4-1 棚卸資産――在庫の功罪

■棚卸資産とは?

棚卸《たなおろし》資産とは、いわゆる**在庫**と呼ばれているものです。倉庫や商品棚で保管される資産のことです。

棚卸資産を直訳すれば、「棚卸《たなおろ》しの対象になる資産」ということです。「棚卸し」とは、棚に置いてある商品などの数量を確認することです。コンビニエンスストアなどで、店員さんがタブレットを持ちながら商品の個数を数えている光景を見たことがある人もいると思います。あれが「棚卸し」です。

最も多くの種類の棚卸資産が登場するのは製造業なので、製造業のサプライチェーンに沿って具体例を見てみましょう(図表4-1)。

まず、製造業は**材料**を仕入れます。材料は材料倉庫で保管されます。これが1つ目の棚卸資産です。

図表4－1　棚卸資産とは？

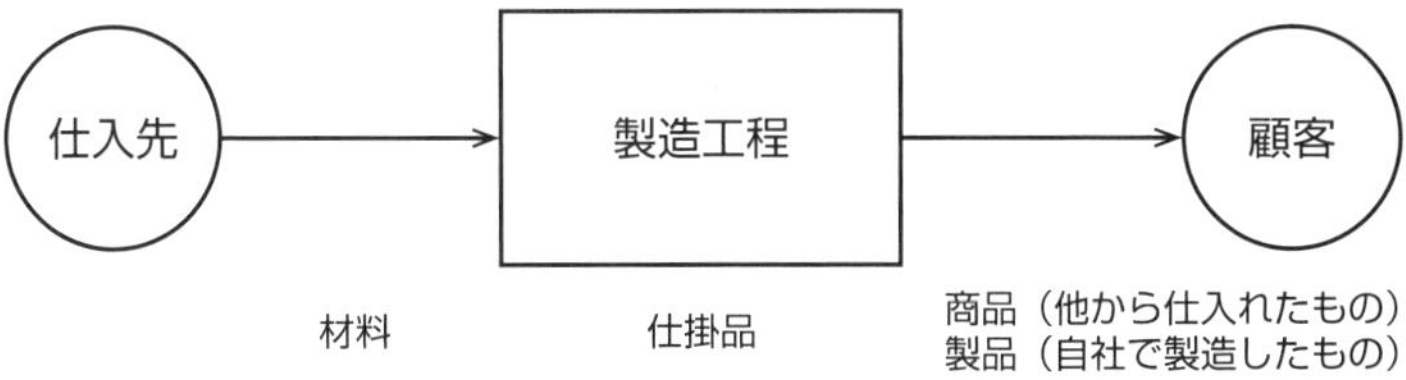

この材料は製造工程に投入されます。製造工程において製造途上の未完成品のことを**仕掛品**《しかかりひん》と言います。「仕掛かり中の品」ということです。これも棚卸資産です。

仕掛品が完成すると**製品**になり、顧客に販売されます。製品も棚卸資産です。

商品も顧客に販売される棚卸資産ですが、会計における科目としては、商品と製品は使い分けられています。**商品は完成品をそのまま仕入れて販売するもの**であるのに対し、**製品は自ら製造して販売するもの**です。ですから、商品は主に流通業や小売業で見られる科目で、製品は主に製造業で見られる科目です。

ただし、製造業であっても商品という科目が使われる場合もあれば、流通業・小売業であっても製品という科目が使われる場合もあります。どういう場合かわかりますか？

製造業における商品は、たとえばビール会社における輸入ワインです。ビール会社はビールを製造する製造業ですが、輸入ワインは自ら製造していませんから、これは商品になります。

製造業における商品の他の例はOEM品です。OEM品は、他社の製品を仕入れて自社ブランドで販売するものですから、やはり商品です。

逆に、流通業・小売業における製品の例はＰＢ（プライベートブランド）商品です。一般的に「ＰＢ商品」と言われますが、自ら製造しているので、会計上は製品です。

以上の材料、仕掛品、製品、商品が棚卸資産の典型的な具体例です。

これ以外にも、「**貯蔵品**」という科目で計上される棚卸資産もあります。これは、イメージ的には「その他の細々した在庫品」です。たとえば、未使用の切手などが貯蔵品に該当します。

■費用になるのはいくらか？

棚卸資産に関して是非知っておいてほしい論点は費用との関係です。

次の例を考えてみてください。

１個１００円の商品１００個を１００００円支払って仕入れました。このうち、期中に80個売れた結果、期末には20個が在庫として残りました。当期の費用になるのはいくらでしょうか。

これに対して、非常に多い答えは１００００円という答えです。理由は「既に１００００円支払ったから」です。

感覚的にはごもっともな答えです。ところが、会計上はそうではないのです。会計上、費用になるのは、販売された80個分の８０００円だけです。これが**売上原価**という費用になります。

その理論的根拠は、第３章の３-３節の費用収益対応原則です。

費用収益対応原則とは、「費用は収益獲得の経済的犠牲である。したがって、収益獲得に貢献した部分を費用として収益と対応づけて計上する」というものです。

先ほどの例では、確かにキャッシュは10000円支払っていますが、そのうち売上高という収益に貢献したのは実際に販売された80個分だけです。ですから、この販売された80個分に相当する8000円だけを売上原価という費用にするのです。

売上原価は、費用収益対応原則の最も典型的な具体例です。

ちなみに、売上原価を英語で言うと、Cost of Goods Sold（COGS）となります。直訳すると、「売られた品のコスト」ということです。

つまり、**「売上原価」とは「売上の原価」という意味なのです。**仕入に要した10000円は、**言うなれば「仕入原価」です。**

販売されずに残った20個は棚卸資産として貸借対照表に計上されます。売れ残った商品は来年度に売れる可能性のある財産なので、財産一覧表である貸借対照表に計上するのです。

■費用は出口で認識される

売上原価の理論的根拠は費用収益対応原則ですが、それを直感的に言うならば、「費用は出口で認識される」ということです。これは会計全般に通用します。

次ページの図表4-2において、商品を仕入れるという企業の〝入口〟でやっていることは、

図表4-2　費用は出口で認識される

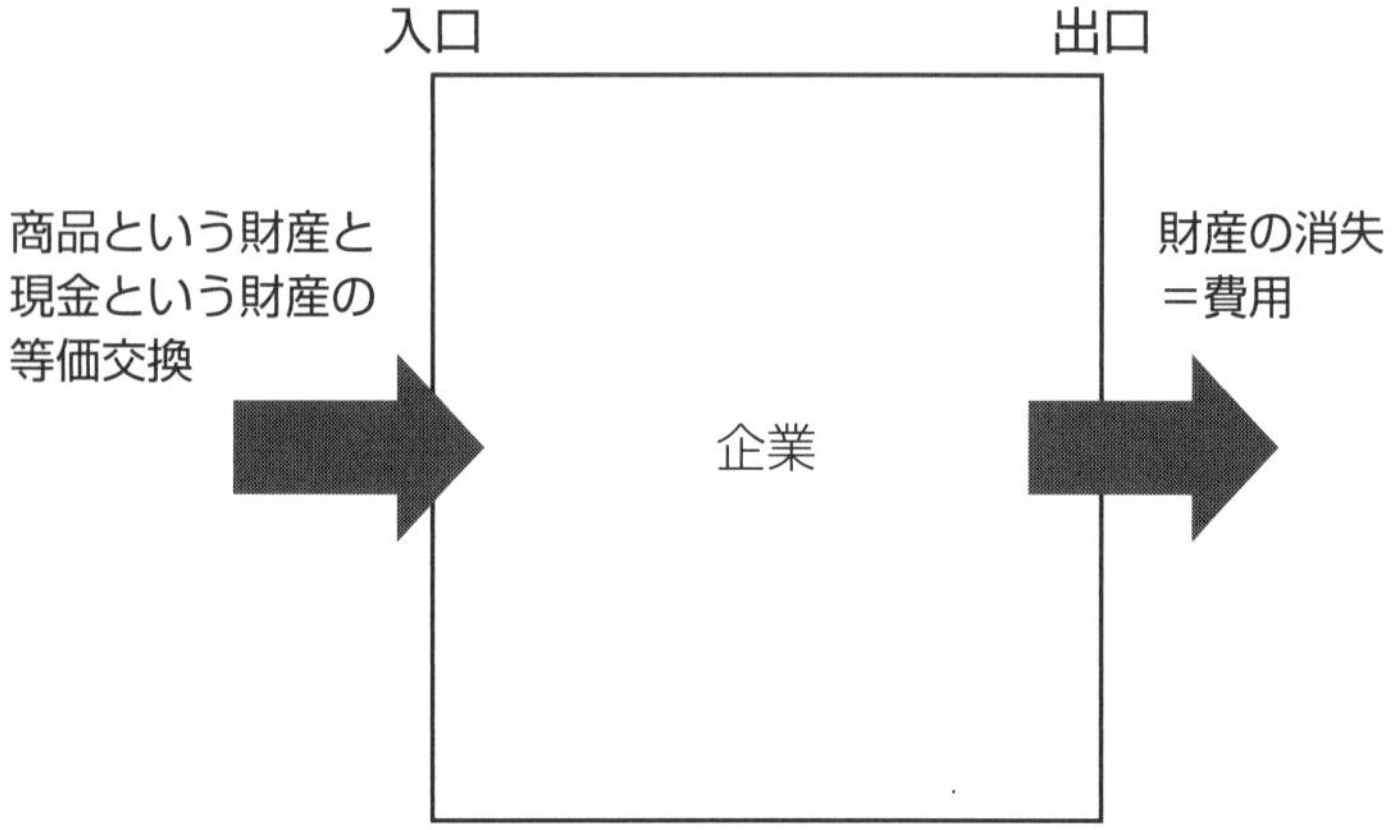

商品という財産と現金という財産の、財産どうしの**等価交換**です。ですから、この時点では財産は減少していません。財産が減少するのは、販売によって商品を企業外部の第三者に引き渡したときです。このときに財産が企業から出て行くのです。この〝出口〟で**費用**を認識するということです。

ここではわかりやすいように「財産」という表現を使いましたが、会計的に言うならば**資産**です。

商品は仕入れた時点では、すべて棚卸資産という資産です。そのうち、外部に出て行った部分だけが費用になります。企業から出て行かなかった部分は資産として残り続けます。それが期末の貸借対照表に計上される棚卸資産です。

「費用は出口で認識される」というのは、言い方を変えれば、「**財産が消失または消費された時点で初めて費用になる**」ということです。

ですから、切手も未使用分は棚卸資産になるのです。

というよりも、これも、購入した時点ではすべて資産です。実際、換金することが可能ですから、換金価値を有するれっきとした資産なわけです。

重要性の観点から、切手などは購入した時点で全額を費用とするということも実務上あり得ますが、厳密な会計処理としては、購入したもののうち、使用した分だけが通信費などの費用になります。

■過剰在庫はなぜ悪なのか？

売上原価は制度的には先ほど説明した通りですが、あくまでも制度的な話です。そうした考え方が良いか悪いかは、また別の話です。

欠点の1つは、**費用を見ても使ったキャッシュの額がわからない**ことです。

普通のビジネスパーソンは貸借対照表には無頓着です。ほとんどの人は売上高と費用という損益計算書の情報にしか関心がありません。「利益を出せ！」と年中言われているわけですから、無理もありません。そして、費用が少なく利益が出ていれば、「良かった、良かった」と安心するわけです。

その前提としてあるのは、「費用がかかっていないということは、お金を使っていないということだろう」「利益が出ているということは、お金を儲けられたということだろう」という感覚です。

しかし、売上原価の額は「それだけのお金を使った」という意味ではありません。あくまでも、販売された商品の原価です。先ほどの例で言えば、「売上原価8000円」という情報を見ても、「使ったお金は10000円」ということはわからないのです。

それでも、この例はまだ良いほうです。使ったお金の8割が費用になっていますから、思い違いの程度は小さいからです。

もし、100円の商品を100個仕入れたうち、売れたのは20個で、売れ残ったのが80個だったらどうでしょう。このとき、費用になるのは100円×20個の2000円だけです。使ったキャッシュは10000円であるにもかかわらずです。

そもそも利益は、販売単価が仕入単価を上回ってさえいれば出ます。たとえば、上の例では、販売単価が110円であれば、売上総利益は次の通りです。

@110円×20個－@100円×20個＝200円

これは要するに、販売単価と仕入単価の差額10円の20個分です。

これで利益は出ますが、もし売れ残った商品がその後も売れずに、数年経ってから廃棄処分になったらどうなるでしょう。

廃棄処分にしたら、それは全額費用になります。つまり、@100円×80個＝8000円が費用になります。そうなると、200円の利益が出ていたように見えた、このビジネスは、実は200円－8000円＝△7800円、すなわち、かなりの赤字だったということが、ここでやっとわかるのです。

現実的には、この廃棄損失を数年前の売上総利益200円と結びつけて考える人はなかなかいません。複数商品を大量に扱っている場合はなおさらです。そうなると、実は、このビジネスは失敗だったということは誰も認識しないことになります。

これが在庫の怖さです。当然のことながら、儲かったかどうかは、最後はキャッシュの問題です。ところが、在庫になった分はそれに使ったキャッシュがすぐに費用化されないので、実際に使ったキャッシュが見えないのです。最悪、上記の例のように、損したことも認識できないことになります。

ビジネス誌などには、ときどき「過剰在庫は利益を悪化させる」というようなことが書かれていますが、あれは間違いです。確かに、外部倉庫を借りていれば保管費などの費用がかさみますが、それは本質的なことではありません。本質的には、**過剰在庫はキャッシュ・フローを悪化させる**のです。費用は、在庫となっている資産の流出か消費が行われない限り、発生しません。

■トヨタのかんばん方式の本質

トヨタ自動車のかんばん方式は、在庫を最小化する仕組みです。かんばん方式は、「必要なものを、必要なときに、必要なだけ」生産することから、**ジャスト・イン・タイム**や、その頭文字を取った**JIT**などとも言われています。

かんばん方式は**情報を逆流させる**ところに、その本質があります。

製造業の場合、製造の各工程は少々つくり置きをして在庫を持っているのが普通です。そうでないと、後工程を止めることになるからです。対営業に対しても、せっかく注文を取った製品が欠品になっていたら怒られますから、完成品も少々つくり置きをして在庫を持っておきます。調達部門は、材料を欠品させたらやはり製造ラインを止めることになりますから、少々買い置きをして在庫を持っておきます。

これが普通の発想ですが、この後工程を思いやったちょっとずつの在庫が、製造業の場合は膨大な在庫につながるのです。

自動車の部品点数は3万点と言われています。ということは、完成車1台につき、それだけの種類の部品在庫があることになります。また、仕掛品は工程間に存在しますから、工程の長さの分だけ仕掛品の種類が増えます。部品と仕掛品のそれぞれが完成車の種類数だけあるわけですが、トヨタ自動車の場合、完成車の種類も相当あります。

つまり、製造業の場合、在庫の種類だけでも部品・仕掛品・製品とあり、しかもそれぞれが大量に存在するということです。ですから、他を思いやったちょっとずつの在庫が、製造業の場合、雪だるま式に膨れ上がるのです。

かんばん方式では、発注という情報を物の流れとは逆に流します。前工程からラックに入れられて運ばれてくる仕掛品には、残りがある一定量になるところにかんばんが挟まれています。その仕掛品を使用する工程は、そのかんばんが出てきたら、それを前工程に戻すのです。これが前工程に対する発注、すなわち製造指示になります。前工程は後工程からの指示があるまで製造を行いません。

製造をせずに待つなどということは、普通の感覚ではしないでしょう。なぜならば、忙しそうに働くことが「頑張っている」ということであり、評価もされるという暗黙の前提があるからです。ボーっとしていたら「サボっている」と思われるのが普通です。

しかし、頑張って仕事をした結果は過剰在庫の山になるだけです。それはイコール、**キャッシュの無駄遣い**です。そうならないようにするために、かんばんを使って、後工程から前工程に情報を逆流させているのです。

これを体系化したのが**サプライ・チェーン・マネジメント**であり、そのためのソフトウエアも製品化されていますが、トヨタ自動車はかんばんという極めて原始的な仕組みによって、はるか昔から実践しているわけです。

■ユニクロの誤算

過剰在庫はキャッシュ・フローの観点からは悪ですが、少なすぎる在庫も別の問題を引き起こします。それは**機会損失**です。

288ページで改めて説明しますが、機会損失とは、「他の選択肢から得られたであろう利益」のことです。その選択肢とは異なる選択をしてしまったがために取り損ねた利益ということです。在庫に関して言えば、その商品の在庫があれば売って利益を得られたはずなのに、在庫がなかったがために取り損ねた利益です。

ユニクロを展開する**株式会社ファーストリテイリング**は、**過少在庫**によって大きな機会損失を被ったことがあります。

2010年8月期は同社の看板商品の1つであるヒートテックが大ヒットした年でした。非常に売れ行きが良かったため、5000万枚を販売したものの、店舗によっては11月末で品切れが発生しました。

同社は、年間の需要予測に基づいてまとめて製造した後は、基本的に追加製造をしません。これは過剰在庫を防ぐという点では良いですが、予測を超えて売れた場合は早々に品切れとなってしまいます。

柳井正CEOは当時、「品切れは在庫を残すより悪である」と言っています。その言葉通り、同社は翌年度には製造数を7000万枚に増やしました。その結果、その期は前期ほどの欠品は起こさなかったようです。

2010年8月期は本格的に寒くなる前の11月で品切れとなっていますから、商品があればもっと売れたはずです。仮に、翌年度の製造数である7000万枚が売れたとすると、同年8月期はあと2000万枚売れたことになります。ヒートテックの平均販売価格を1000円、粗利率を2010年8月期の全社の粗利率52％と同じと仮定すると、機会損失は1000円×2000万枚×52％＝104億円にもなります。逃がした魚は大きかったわけです。

在庫管理の難しさはここにあります。過剰在庫はキャッシュ・フローを悪化させますが、過少在庫は機会損失につながるのです。**在庫は多すぎても少なすぎてもいけない**ということです。

4-2 減価償却——理論的根拠と経営上の効果

■産業革命により生まれた長期的視点でのビジネスを可能にする減価償却

減価償却は、**固定資産に対して行われる手続き**です。

たとえば、100億円の設備を取得した場合、取得時に100億円のキャッシュ・アウトをしても、それを費用に計上しません。100億円は貸借対照表に資産として計上します（図表4-3の①）。この100億円を**取得原価**と言います。

その後、その設備が使えるだろうと思われる期間にわたって、取得時の100億円を費用として分割計上します（同図表の②）。同図表では5年にわたって均等に分割計上しています。設備が使えるだろうと思われる期間を**耐用年数**と言い、分割計上される費用を**減価償却費**と言います。

また、減価償却費と同額だけ貸借対照表の計上額を減額していきます（同図表の③）。減額後の金額を固定資産の**帳簿価額**、または略して**簿価**と言います。簿価はまだ償却が済んでいな

図表4-3　減価償却

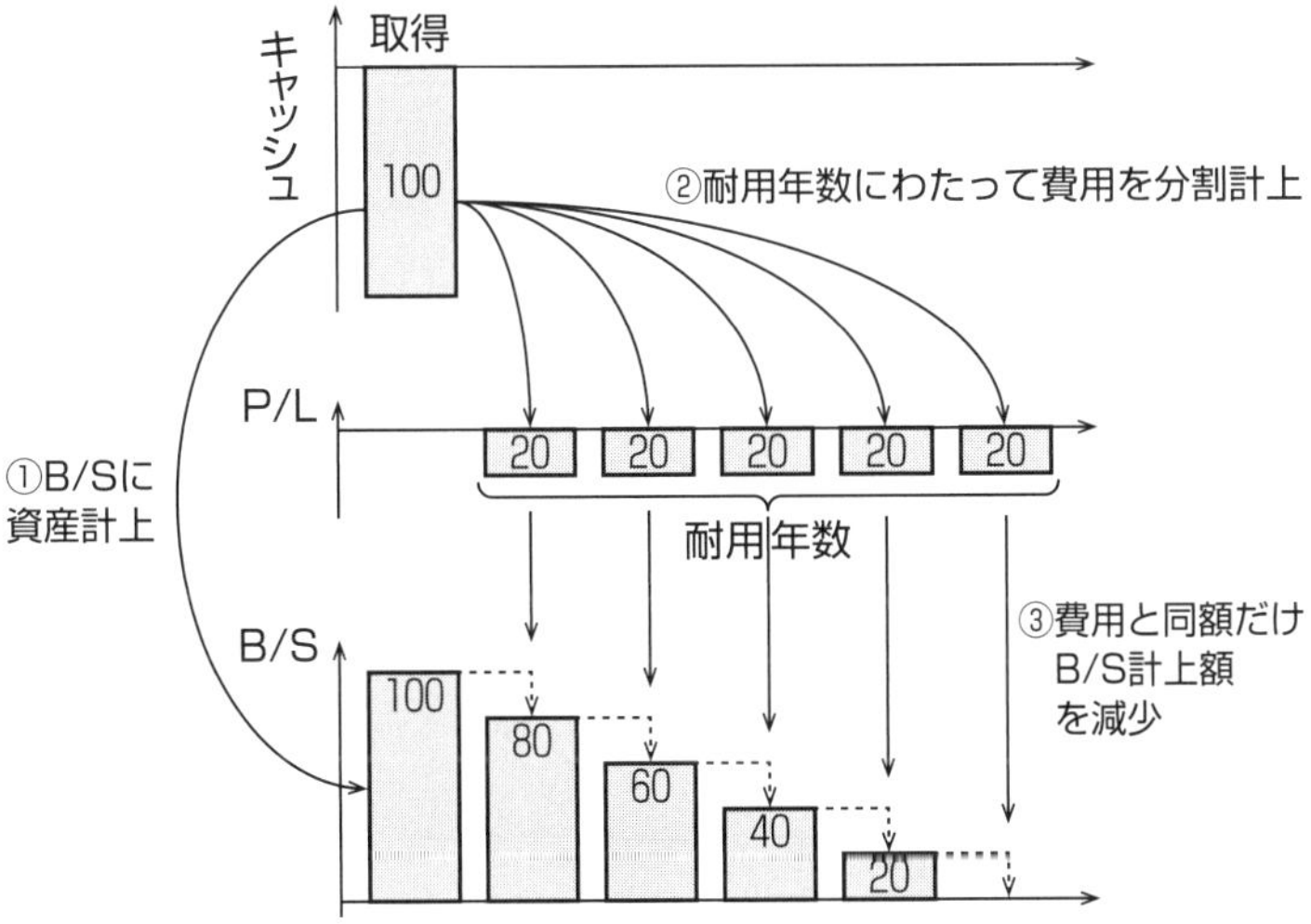

い**未償却残高**ということです。

これが減価償却という手続きですが、なぜこんなことをするのでしょうか。

直感的には「お金を支払っているのに、支払ったときに全額が費用にならないのはおかしい」と感じるかもしれません。実は、支払ったときに全額を費用にしたくない歴史的な事情があったのです。

18世紀半ばから19世紀にかけて起こった**産業革命**は、工業を中心とする産業構造へ社会を変える歴史的なターニングポイントでしたが、会計においても産業革命は重要なターニングポイントとなりました。

それまでのビジネスは人手が中心ですから、製造業だとしても費用の中心は仕入れる原材料と人件費です。ところが、産業革命において蒸気機関が発明されると、蒸気機関を用いた機械や装置を使ったビジネスが誕生するようになりました。

その皮切りが蒸気機関車を使った鉄道事業です。ただ、鉄道事業を行ううえでちょっと困ったことが起きました。鉄道事業を行うためには、蒸気機関車はもちろんのこと、レールや駅舎など多額の初期投資が必要となりますから、株主や銀行から多額の資金を調達しなければなりません。

ところが、設備投資に使った資金をそのまま費用としてしまうと、投資をした年は利益が大幅な赤字になってしまいます。そうなると、会社の業績は悪いように見えます。そんな事業計画書を見せられてお金を出す株主も銀行もいません。これでは多額の資金を調達できません。

このような状況を打開するために、産業革命の時代に新たな会計処理方法が考え出されました。それは、設備投資に支払った金額を、その設備を使用する年数にわたって費用を分割計上するという方法です。そうすれば計上される費用が平準化されますから、設備投資した年が大赤字になることがなくなります。

こうして減価償却という会計処理が生まれたわけです。もし、減価償却という考え方がなかったら、毎年のキャッシュの増減に一喜一憂することになりますから、どうしてもその年限りの短期的な視点になってしまいます。それでは多額の設備投資を長期的に回収する設備産業や装置産業はできません。減価償却というものが考え出されたおかげで、長期的視点に立ったビジネスモデルが初めて可能になったのです。

■減価償却の理論的妥当性

歴史的な経緯を見ると、減価償却という処理は、多額のお金を使ったにもかかわらず、利益が出ているように見せるための便法のように感じるかもしれませんが、実は理論的にも理に適っています。

第一に、**株主であった時期の違いによる不公平感をなくすことができます。**

設備投資をした年にその全額を費用計上すれば、その年は赤字になります。そうなると、その年に株主だった人には配当がなされません。一方、設備投資の翌年度以降は既に取得した設備を使うだけですから、費用はほとんど発生せず、多額の利益が出ることになります。そうなると、設備投資の翌年度以降に株主になった人たちには十分な配当が行われることになります。

設備投資の翌年度以降の利益は最初の苦労があったからこそなのに、苦労した時期に株主だった人には配当されず、苦労した時期を知らずに後から株主になった人には配当がされるというのは、さすがに公平性に欠けます。新人選手を獲得し育成した監督が辞めた後にその選手が大活躍したら、活躍したときの監督だけが称賛され、苦楽を共にした最初の監督には何の報いもないようなものです。

設備投資で使ったお金を分割して費用計上すれば毎期利益が平準化されますから、株主だった時期の違いによる不公平感は解消されることになります。

第二に、**費用と売上高の対応関係が合理的になります。**

そもそも、最初に設備投資で費やしたお金はその年のビジネスだけで回収しようとは思っていないはずです。その後の複数年にわたる売上高で投資した資金を回収しようと考えているはずです。それなのに、設備投資をした年にその全額を費用に計上し、その年の売上高だけと比較して赤字だと言うのは非合理的です。

設備投資額をその設備を使う期間にわたって分割して費用計上すれば、その設備を使用する期間のすべての売上高と対応させることができます。費用と売上高の対応関係という意味では、このほうが理に適っています。

これは、費用収益対応原則の考え方です。費用収益対応原則とは、「費用は収益獲得の経済的犠牲なので、収益に貢献した部分だけを収益に対応づけて費用として計上する」というものでした。

費用収益対応原則の典型例は、本章の4-1節の棚卸資産です。そこでは「費用は出口で認識する」という原則も紹介しました。減価償却は、その原則にも則っています。

設備の購入という〝入口〟でやっていることは、設備という資産と現金という資産の、資産どうしの等価交換です。ですから、この時点では資産は減少していません。では、その資産の価値はいつ減少するのでしょうか。

棚卸資産の場合、そのタイミングは販売という行為によって物理的に手放したときでした。

しかし、**固定資産は手放すことを目的としていません。自ら使うことを目的として所有する資産です。**ということは、その資産の価値は使用することによって減少する、言い換えれば時間の経過によって減少するのです。それが固定資産にとっての〝出口〟です。ですから、時間の経過に応じて費用を分割して認識し、その分だけ貸借対照表の資産価額を減額させるのです。

減価償却という処理は、資産の費用化という点で棚卸資産とも理論的に整合しているのです。

■具体的にどう減価償却をするか？

減価償却の理論的根拠は先ほど説明した通りですが、では、どれくらいの期間にわたってどのように収益に貢献するのかという実際のところは誰にもわかりません。使用や時間の経過に伴って資産価値がどのように下落していくのかもよくわかりません。

実際のところはよくわからないとなると、人為的にルールを定めるしかありません。それが制度としての減価償却です。

人為的ルールとして定めるのは、耐用年数、残存価額、償却方法の3つです。

耐用年数とは、その固定資産が使えるだろうと思われる年数です。制度的には、法人税法で固定資産の種類ごとに耐用年数が定められていますので、実務上は機械的にそれを使うことがほとんどです。法人税法で定められている耐用年数を**法定耐用年数**と言います。

ただ、法定耐用年数を使わなければいけないわけではありません。「耐用年数は決まっている」

と誤解している人が結構いますが、そうではないということです。また、「ＩＦＲＳ（国際会計基準）では耐用年数は主体的に決めなければいけないが、日本基準では制度的に決まっている」と思っている人もいますが、それも違います。

耐用年数は、日本基準においても従来から企業が主体的に決めるのが基本です。ただ、「主体的に」と言われても、どう決めていいかわからないので、日本基準においては法定耐用年数を使うことが無条件で容認されており、そして圧倒的多数の企業がそうしているだけです。

なお、ＩＦＲＳにおいては、法定耐用年数を使うことは無条件には認められていません。主体的に決めるのが大原則であり、法定耐用年数を使うにしても合理的理由が求められます。

人為的ルールの２つ目の**残存価額は、耐用年数経過後においてその固定資産に残っている経済的価値**です。

たとえば、その固定資産が耐用年数経過後に中古で売れるような場合、その売却額が残存価額のイメージです。

ただし、中古市場が確立しているような物でなければ、耐用年数経過後に売れるということはなかなかありません。むしろ、処分に費用がかかってしまうくらいです。そこで、**制度的には残存価額はゼロ**ということになっています。

人為的ルールの最後は、**償却方法**です。これにはいくつかの方法がありますが、**定額法**と**定率法**の２つが代表的な方法です。ほとんどのケースで、このどちらかが使われています。

減価償却の方法は、企業が自由に選択できることがほとんどです。ただし、資産の種類によっては償却方法が制度的に決まっているものもあります。制度的に決まっている減価償却方法を**法定償却方法**と言います。建物の法定償却方法が定額法であるのが代表例です。

■ 定額法と定率法

定額法は、毎期均等額の減価償却費を計算する方法です。

たとえば、取得原価100億円の固定資産を耐用年数10年で減価償却する場合、定額法による毎年の減価償却費は、取得原価100億円を10年で均等割りした10億円となります。

153ページの図表4-3の例も定額法で、耐用年数が5年のケースです。

一方、**定率法は、毎期、未償却残高に一定率を掛けて減価償却費を計算する方法**です。この一定率を**償却率**と言います。

税法に規定されている償却率は、定額法の償却率の2倍です。2倍（=200%）にするので、「**200%定率法**」と言われます。**定額法の償却率とは耐用年数の逆数**です。たとえば耐用年数が10年の場合、定額法の償却率は0・1です。この場合の定率法の償却率は0・1×2=0・2です。

定率法による減価償却費の計算は少しだけ面倒です。

先ほどと同様に、取得原価100億円の固定資産を耐用年数10年で減価償却する場合、定率

図表4-4　定額法と定率法

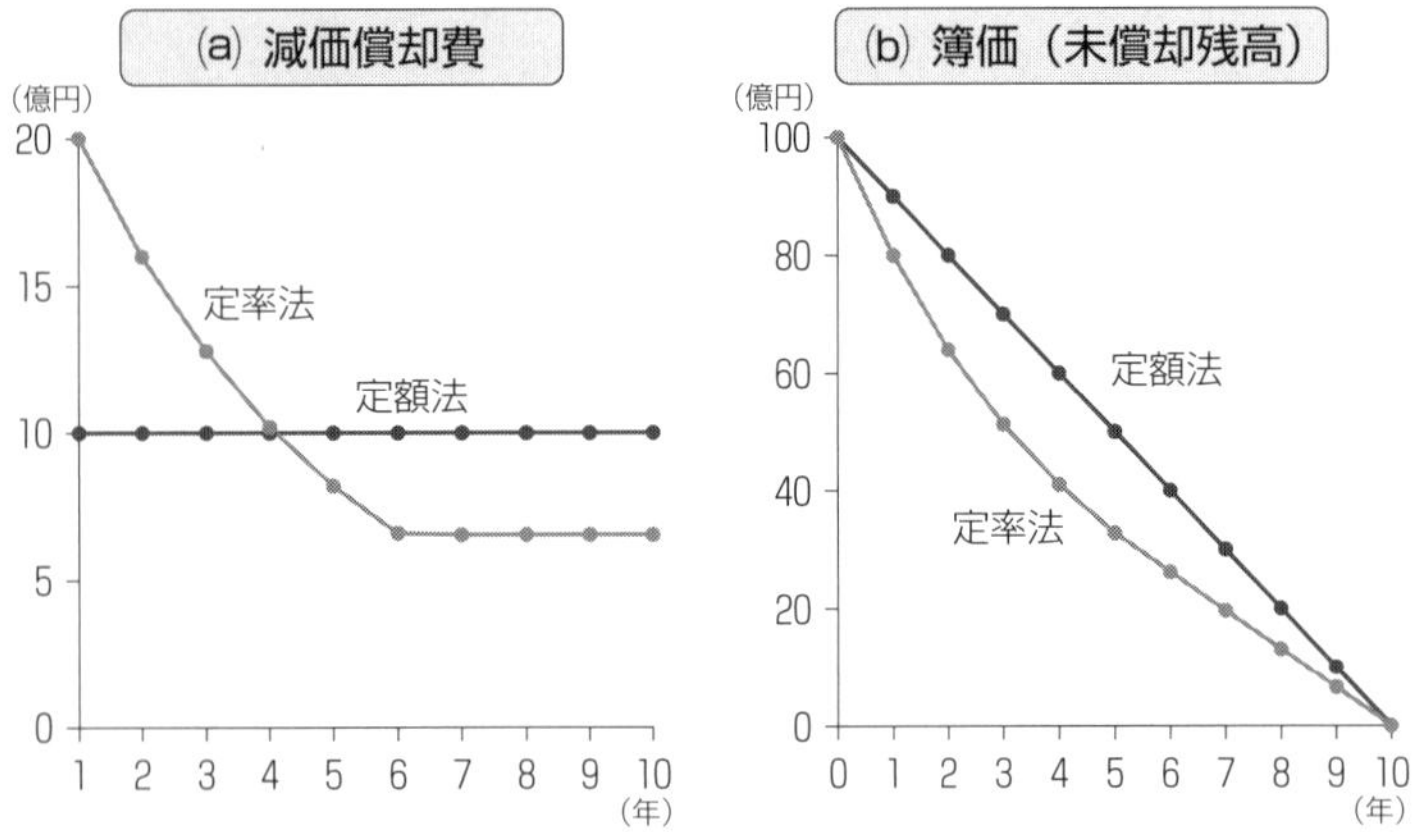

法だと以下のようになります。

まず、1年目は取得原価100億円がそのまま未償却残高ですから、これに償却率0・2を掛けます。すなわち、100億円×0・2＝20億円が減価償却費になります。

すると、未償却残高は100億円－20億円＝80億円になりますから、2年目はこれに償却率0・2を掛けて、80億円×0・2＝16億円が減価償却費になります。

2年目の未償却残高は80億円－16億円＝64億円になりますから、3年目はこれに償却率0・2を掛けて、64億円×0・2＝12・8億円が減価償却費になります。

これをずっと繰り返していきます。

少々細かい話ですが、鋭い方はお気づきの通り、これをずっと繰り返しても、未償却残高、すなわち簿価は限りなくゼロに近づいてはいきますが、ゼロになることは絶対にありません。そこで、一定年数が経過したら定額法に切り替えて、耐用年数経過時に強制的に簿価をゼロにするということを行います。

最後の話は計算技術上の細かい話であり、本質的な話ではありませんので、会計を専門としている方以外はあまり気にする必要はありません。

図表4-4は、減価償却費と簿価の推移です。定率法の場合、減価償却費も簿価も、基本的に曲線状に逓減《ていげん》していきますが、定率法の減価償却費が6年目以降、フラットになっているのがわかると思います。これが定額法に切り替わっているところです。簿価のほうはちょっとわかりにくいですが、やはり6年目から直線的に0に向かっています。

■土地が減価償却対象外なワケ

減価償却は固定資産に対して行われると言いましたが、減価償却対象外の固定資産がいくつかあります。

その代表例が、**土地**です。

土地が減価償却の対象外であることは制度的に決まっていることですし、比較的よく知られてもいるので、「そういうものだ」と言ってしまえばそれまでですが、これにもちゃんと理論的な理由があります。

土地は何年使っても、更地に戻せば基本的に元に戻ります。したがって、時間の経過や使用に伴う価値の劣化がないのです。ですから、資産価額を下落させる理論的根拠がないのです。

いつまでも使えるので、耐用年数が無限という言い方もできます。耐用年数が無限だから、減価償却費はゼロになる、すなわち計上できないのです。

あまり馴染みがないかもしれませんが、**建設仮勘定も減価償却の対象外**です。建設仮勘定とは、自社で建設中・製造中の有形固定資産です。たとえば、新しく建設中の工場などが該当します。建設仮勘定は、完成したら適当な科目に振り替えます。建設中の工場であれば完成後は建物という科目に振り替えます。

建設仮勘定が減価償却対象外であることも制度で決まっていることですが、これもちゃんと理論的に説明できます。建設仮勘定は完成前ですから、まだ稼働していません。稼働していなければ収益に貢献しようがありません。したがって、費用収益対応原則の観点から、費用の計上ができないのです。

これがわかると、減価償却の開始時点も理論的に判断がつくはずです。

固定資産を期中に取得した場合、減価償却は月割りで行います。このような場合に、減価償却の開始月が問題になります。

たとえば、5月に購入し、代金の支払もすべて終わっている設備があるとします。この設備は搬入と設置に少々時間がかかったため、稼働を開始できたのは7月だったとします。このとき、減価償却の開始月は何月でしょうか。

もうおわかりですね。減価償却の開始月は7月です。これも理論的根拠は費用収益対応原則です。収益に貢献するのは稼働してからなので、減価償却開始月は稼働を開始した7月なのです。

一般のビジネスパーソンにとって重要なことは、こういう制度をいちいち覚えることではありません。少ない原理原則を理解し、その理解に基づいて「おそらく、こうだろう」と当たりをつけられることが、一般のビジネスパーソンにとっては重要なことです。

■減価償却のキャッシュ留保効果

減価償却に関して経営上重要な性質は、**キャッシュを社内に留保する効果がある**ことです。

153ページの図表4-3を見るとわかるように、P/Lに減価償却費という費用が計上されているとき、キャッシュには何の動きもありません。すなわち、**費用でありながらキャッシュ・アウトが起こらない**のです。

一方、減価償却費は会計上の費用ではあるので、その分、利益を減少させます。**利益が減少するということは、その分、税金がかからない**ということです。

つまり、減価償却費は費用でありながらキャッシュ・アウトを伴わないので、キャッシュ・フロー的には**節税効果**というプラスの効果だけが働き、その分だけキャッシュの流出を食い止めてくれるのです。具体的には、減価償却費の税率相当分（＝減価償却費×税率）のキャッシュの流出が食い止められます。

このように留保されるキャッシュが、設備の更新や新たな設備投資の原資の一部になっていきますので、減価償却によってキャッシュが留保される効果は経営上重要です。

■定額法と定率法はどちらが望ましいか？

減価償却の方法として定額法と定率法を任意に選択できる場合、どちらのほうが望ましいでしょうか。

経営上の一般論で言えば、定率法のほうが望ましいと言えます。なぜならば、定率法のほうが早期に多くのキャッシュが社内に留保されるからです。そして、それだけより多くの価値を会社にもたらしてくれるからです。

耐用年数全体を通した減価償却費の総額は、定額法も定率法も変わりません。したがって、耐用年数全体にわたって留保されるキャッシュの総額も変わりません。しかし、160ページの図表4−4(a)を見ればわかるように、定率法では耐用年数の前半にかなりの償却費が計上されますから、それだけ早期に多くのキャッシュが留保されることになります。

早期に得られるキャッシュはそれだけ追加的なキャッシュをもたらします。たとえば、1年後にもらえる100万円は現時点では絵に描いた餅ですが、今もらえる100万円は現実のものとして投資などの具体的な何かに使えます。それによって、1年分新たなキャッシュが得られます。銀行に預けるだけでも1年分の金利が得られます。

ですから、経営上の一般論としては、早期にキャッシュが留保される定率法のほうが望ましいのです。

ただし現実的には、この一般論とは異なる経営判断がなされることが少なからずあります。典型的には、キャッシュではなく利益を重視する場合です。

図表4-4(a)からわかるように、**耐用年数の前半では定率法のほうが減価償却費は大きいので、定率法を選ぶと利益が小さくなります。**利益が小さければ、社長は株主やマスコミに叩かれる可能性があります。その時期に在任期間が当たっている社長であれば、それは避けたいでしょうから、そういう場合は定額法を選ぶことがあり得るのです。

耐用年数の後半になれば、減価償却費は定率法のほうが格段に小さくなりますから、非常に多くの利益が出ることになります。したがって、前半だけで考えるのは近視眼的なのですが、2期4年程度で交代していくサラリーマン社長が、自分の在任期間後まで見通した長期的な視点を果たして持つかと言うと、なかなか難しいのも事実です。平穏無事に自分の在任期間中を終えたいと思うのが人情です。

逆に言えば、長期的な視点を持てることが、一般論通りの経営判断ができる前提だと言えます。

4-3 固定資産の減損――その本質と経営上の意義

■固定資産の減損とは？

まず、あえて制度的な言い回しをすると、固定資産の**減損**とは、固定資産の**回収可能価額**が帳簿価額よりも下落したときに、帳簿価額を回収可能価額まで切り下げ、その切り下げた額を減損損失としてその期の費用に計上する処理です。

何だか難しそうな言葉がたくさん出てきました。まず、「帳簿価額」とは、文字通り、帳簿上に計上されている額です。正確に言うと、固定資産の場合は、取得原価から減価償却累計額を控除した額ですが、直感的に言えば、「回収すべき投資額の残高」というイメージです。

重要なのは「回収可能価額」です。これも、まずは制度に忠実に言うと、**固定資産の回収可能価額とは、使用価値と正味売却価額のいずれか大きいほうです。**

これも何だか難しそうですが、以下、順に説明していきましょう。

■「価値」とは何か？

回収可能価額を理解するために、まず、価値の概念から説明しましょう。**価値を考えるうえでは、使途を明確にしておかなければなりません。**価値は使途によって変わってくるからです。

今、ここに1羽のニワトリがいるとします。あなたなら、それをいくらで買いますか？この「いくらで買うか」を決めることが価値の算定です。

もし、あなたがたそのニワトリを手に入れた後、キュッと絞めて、肉、羽、骨などにバラしてそれぞれしかるべきところに売りさばこうと考えたとすれば、肉、羽、骨などを売ったらいくらになるかということを考えて買い値を考えるはずです。この場合は、そのニワトリを換金性のある財産の集合体と見ていることになります。

一方、このニワトリがタマゴを産むとしたらどうでしょうか。それでも、キュッと絞めるという人もいるかもしれませんが、もう1つの選択肢として、このニワトリを生き長らえさせて、多くのタマゴを産ませるという選択肢が出てくるはずです。その場合は、産んだタマゴを売ったらいくらになるかを考えて買い値を考えると思います。この場合は、そのニワトリをタマゴ製造装置と見ていることになります。

前者の価値概念は、キュッと絞めて処分することを目的とする価値なので、**処分価値**と言い

図表4-5　使用価値は将来キャッシュ・フローの現在価値

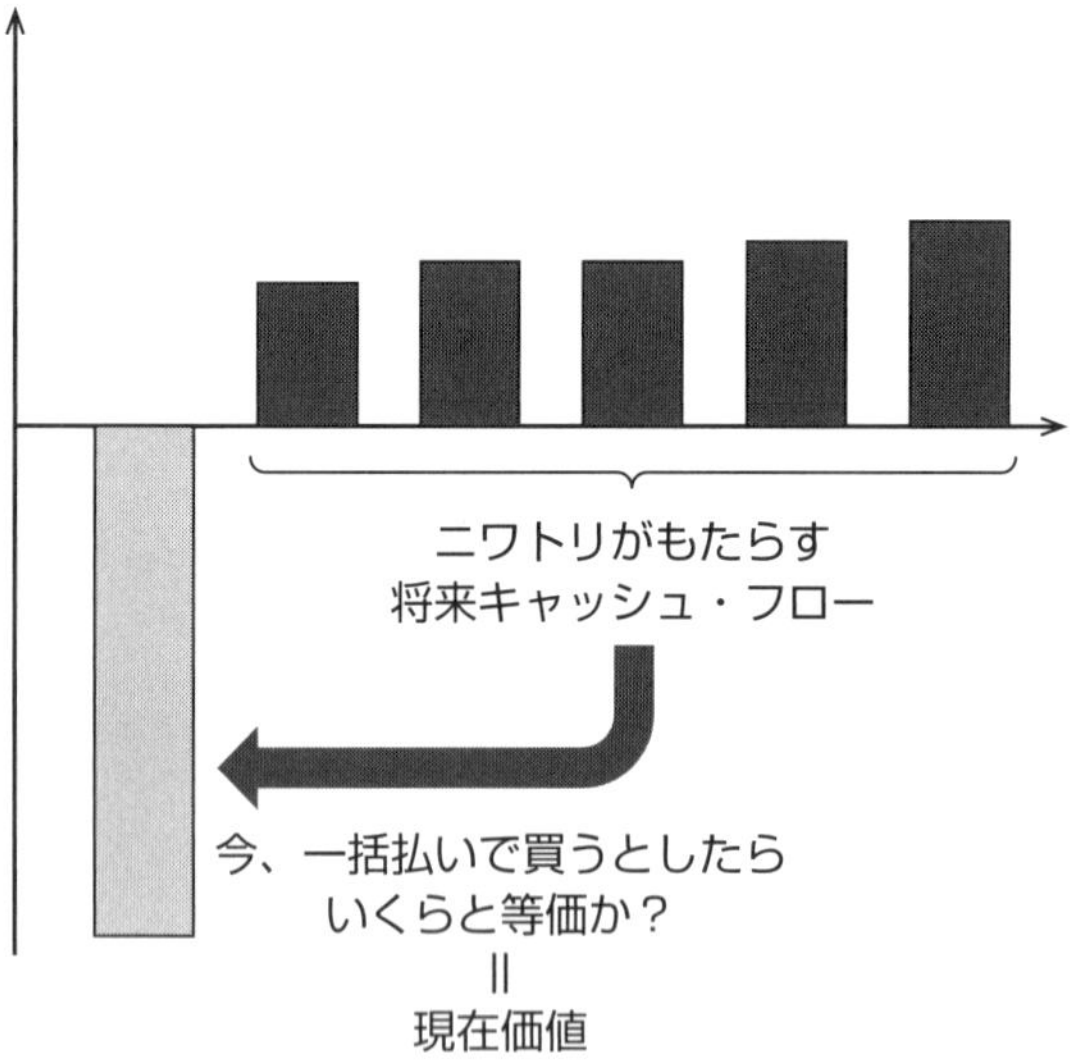
ニワトリがもたらす
将来キャッシュ・フロー
今、一括払いで買うとしたら
いくらと等価か？
＝
現在価値

ます。それに対して、後者の価値概念は、タマゴ製造装置として使用することを目的とする価値なので、**使用価値**と言います。

処分価値は資産の売却価額です。肉、羽、骨などを売ったらいくらで売れるかということです。

使用価値は、資産が生み出す**将来キャッシュ・フローの現在価値**として計算します。現在価値の計算は数学的な計算になりますが、難しく考える必要はありません。現在価値とは、「将来の一定期間にわたってタマゴによってキャッシュ・フローをもたらせてくれるニワトリを、今一括払いで買うとしたらいくらと等価か」ということです（図表4-5）。

価値には、その使途によって、処分価値と使用価値の2つがあるということです。

■減損の本質は投資の失敗

固定資産の減損に話を戻しましょう。

回収可能価額とは、使用価値と正味売却価額のいずれか大きいほうということでしたが、これがまさに2つの価値です。使用価値は文字通り使用価値、正味売却価額は処分価値ということです。「正味」と言っているのは、売却価額から処分費用などを控除して、実質的な売却収入にするからです。

経済合理的な行動としては、使い続けた場合とすぐに処分した場合とを比べて大きな価値が得られるほうを選択するはずですから、文字通り、それが固定資産の「回収可能な額」ということです。

それが帳簿価額を下回るとは、どういう状態でしょうか。

帳簿価額は、その時点で回収すべき投資額の残高でした。回収可能価額がそれを下回るということは、もはやその投資額は回収しきれない、すなわち**投資が失敗した**ということです。

投資を計画した時点では、投資額を上回る将来キャッシュ・フローが見込まれたからこそ投資をしたわけですが、それはあくまでも計画時点での見込みです。いざ投資をしてみたら、見込みが外れることは当然あり得ます。固定資産の減損は、実際にやってみたら投資は失敗だったということを、判明した時点で明らかにすることなのです。

少々専門的な話をすると、使用価値、すなわち将来キャッシュ・フローの正味現在価値が帳簿価額を下回っている状態とは、投資の評価でよく使われる**正味現在価値**（**Net Present Value：NPV**）がマイナスであることに相当します。このことからも、投資の失敗を明らかにしているということだと言えます。

なお、減損会計を固定資産の時価会計と言う人が時々いますが、減損会計は時価会計ではありません。時価会計とは、比較対象の価額が上がっても下がっても、それに合わせるものです。**固定資産の減損は下落した場合だけに適用します**ので、理論的根拠は保守主義です。

■三菱商事と三井物産の歴史的赤字をどう見るか？

三菱商事株式会社と**三井物産株式会社**は2016年3月期に、同社が連結財務諸表を作成して以来初となる連結最終赤字に陥りました。いずれも原因は、資源安に伴い、保有権益という無形固定資産から多額の減損損失が発生したからです。

減損損失は三菱商事が4300億円、三井物産が2600億円に上りました。資源安の影響はすべての商社に及び、大手商社5社の減損額は合計1兆円近くに達しました。

三菱商事は、直後の6月に予定していた全役員の賞与支給を取りやめ、社長は賞与を含めた報酬の5割、資源分野の担当役員は3割を削減することを発表しました。

このニュースは日本経済新聞のトップ記事として大きく取り上げられました。大手商社が初の連結赤字に陥ったということで、記事もかなり深刻なトーンでした。

投資が失敗したことは確かに事実です。それが初の連結赤字で、しかも大赤字となれば、一定の経営責任を取るのもやむを得なかったかもしれません。

しかし、「初の連結最終赤字」というセンセーショナルな活字ほどの深刻さがあったのかと言うと、必ずしもそうではありません。

まず、多額の減損損失が出たからといって、経営上それほどのダメージはありません。**減損処理によって会計上は多額の費用が発生しますが、新たなキャッシュの流出は何も起こらない**からです。キャッシュの流出は投資の時点で済んでいます。減損損失は、「既に支払った額を回収するだけの十分なキャッシュの流入が今後見込めないことがわかった」ということです。その見込み違いの額を一気に損失として計上するので、費用は多額になるのです。

また、減損損失を計上したからこそ、次のアクションが迅速に取れた可能性があります。

当時、総合商社各社の業績は好調な一方で、資源ビジネスに依存しすぎではないかと危ぶむ声も上がっていました。そして、実際に市況が悪化し、その危惧が現実のものとなったわけです。

しかし、もし減損という会計基準がなければ、投資額を回収しきれないということに途中で気づくチャンスすらなく、もっと手遅れになっていた可能性があります。減損という会計基準が減損損失というアラームを鳴らすことを強制したおかげで投資の失敗に早期に気づくことができ、次のアクションを取るきっかけを与えてくれたとも言えるのです。

実際、三菱商事は翌年度早々に、権益の一部を約100億円で売却しました。それによって得た100億円のキャッシュは、新しい事業への原資となったはずです。

バッド・ニュースの早期開示によって適切なアクションが迅速に取れたというのは、保守主義の狙いそのものです。

ビジネスはやってみなければわかりませんし、**リスクを取らないところにリターンはありません。**重要なことは、失敗をタイムリーに認識することと、次のアクションを迅速に取ることです。

そういう意味では、役員の減俸という処分は、本当に必要だったのだろうかと思わなくもありません。結果責任を過度に追及しすぎるのも良し悪しです。

4-4 のれん――結婚した理由を聞かれているようなもの

■ のれんはM&Aで発生する

のれんはM&Aに伴って発生しますので、のれんを理解するためには、まずM&Aについて理解しておく必要があります。

M&Aとは、Mergers & Acquisitionsのことです（mergerもacquisitionも複数形にします）。mergerの動詞mergeは「複数のものを1つにする」という意味であり、acquisitionの動詞acquireは「取得する」という意味です。具体的には、mergerは**合併**を意味し、acquisitionは**買収**を意味します。買収とは、基本的に「株式の買収（買い取り）」を意味します。

M&Aは法制度的には、**企業再編**、**組織再編**、**企業結合**などと言われます。新聞等のメディアでは、**経営統合**という表現もよく使われています。

いずれにしても、M&Aは次ページの図表4-6のように、**会社の全部または一部を買い取ることです**。同図表において、A社がB社の組織の全部を買い取る場合、会社はあくまでも株

図表4-6　M&Aの基本

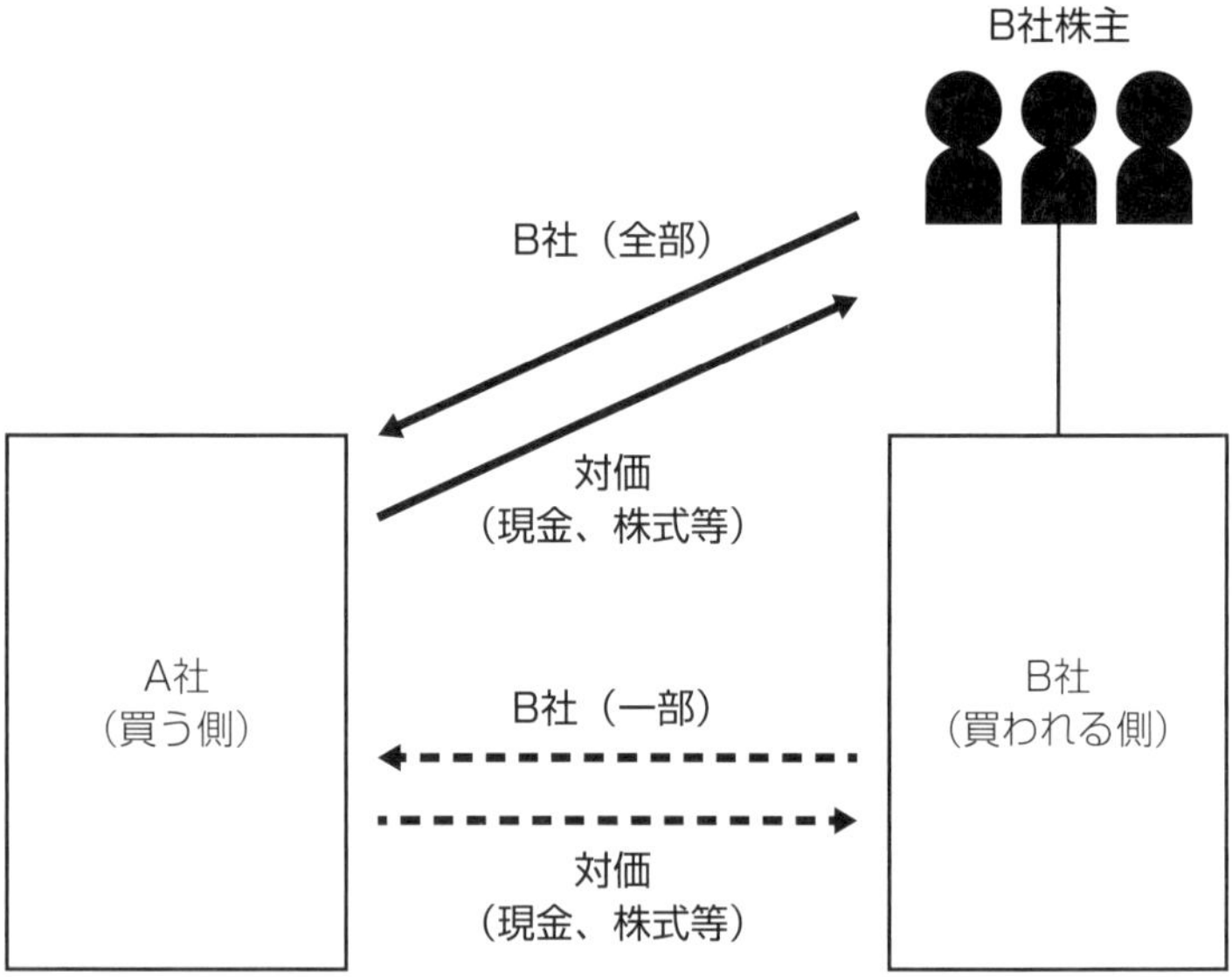

図表4-7　M&Aのスキーム

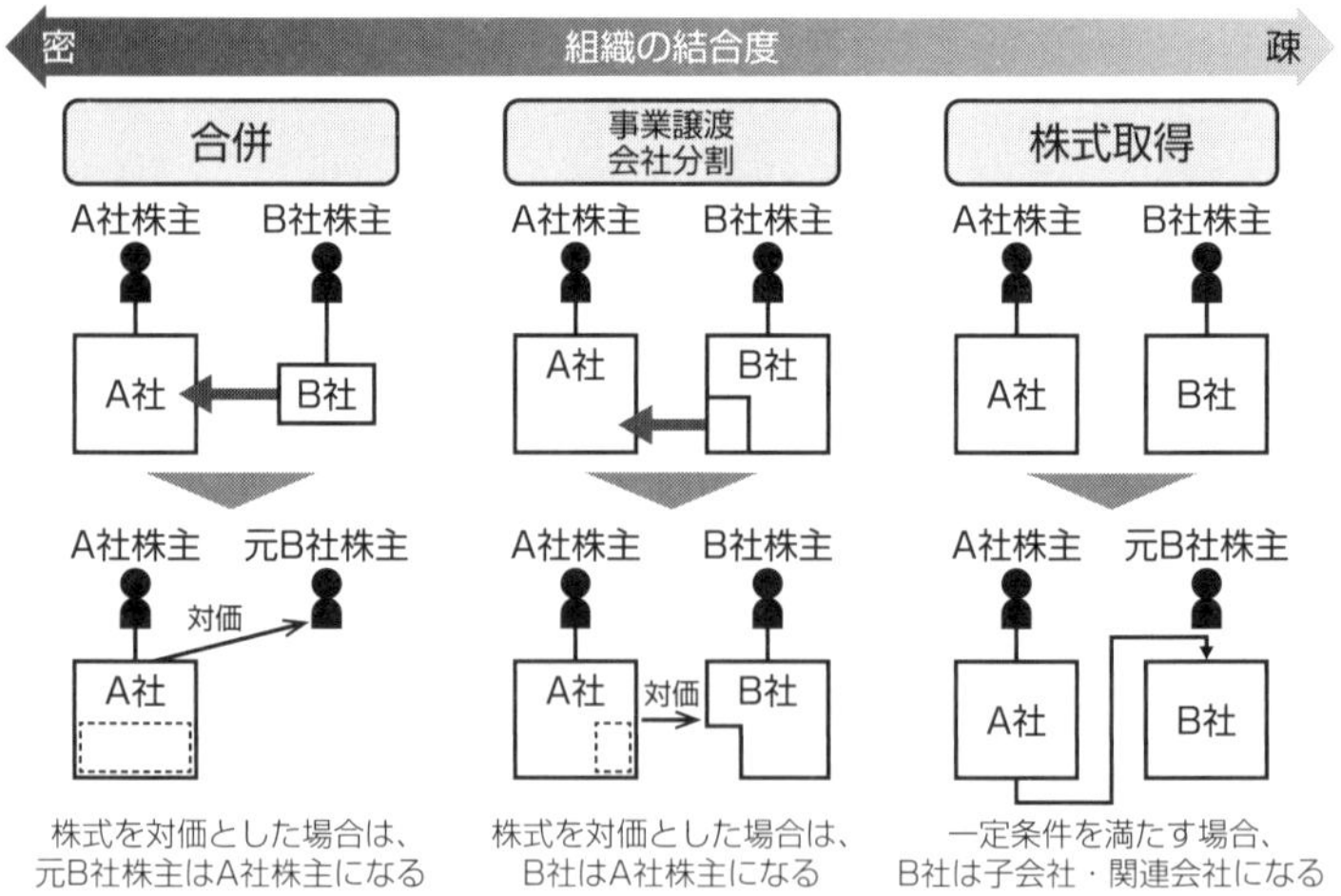

主のものですから、A社はB社の株主からB社を買い取り、対価をB社の株主に渡します。対価として用いられるのは、現金かA社の株式が基本です。A社の株式を対価とする場合は、A社は一般的に**新株発行**をします。

これが、**合併**です。

一方、図表4-6において、A社がB社の特定の部門などの一部を買い取る場合、それはB社のものですから、A社はB社からその一部を買い取り、対価をB社に渡します。対価の基本はやはり現金かA社の株式です。

これが、**事業譲渡**や**会社分割**です。

会社の組織を直接買わずに、その会社の株式を買う場合もあります。この場合は、組織を買う代わりに支配権を買っています。これが**株式取得**です。支配権が一定条件を満たすと、子会社や関連会社になります（第2章の2-5節参照）。子会社になった場合は、連結財務諸表においてあたかも1つの会社のようになります。

まとめると、M&Aは、図表4-7のように、組織の結合度に応じて大きく3つに分けられます。

■のれんは買い手が主観的に感じた魅力

M&Aは組織を買い取る行為ですが、会計的に売買の対象として認識できるのは何らかの財

図表4-8　のれん

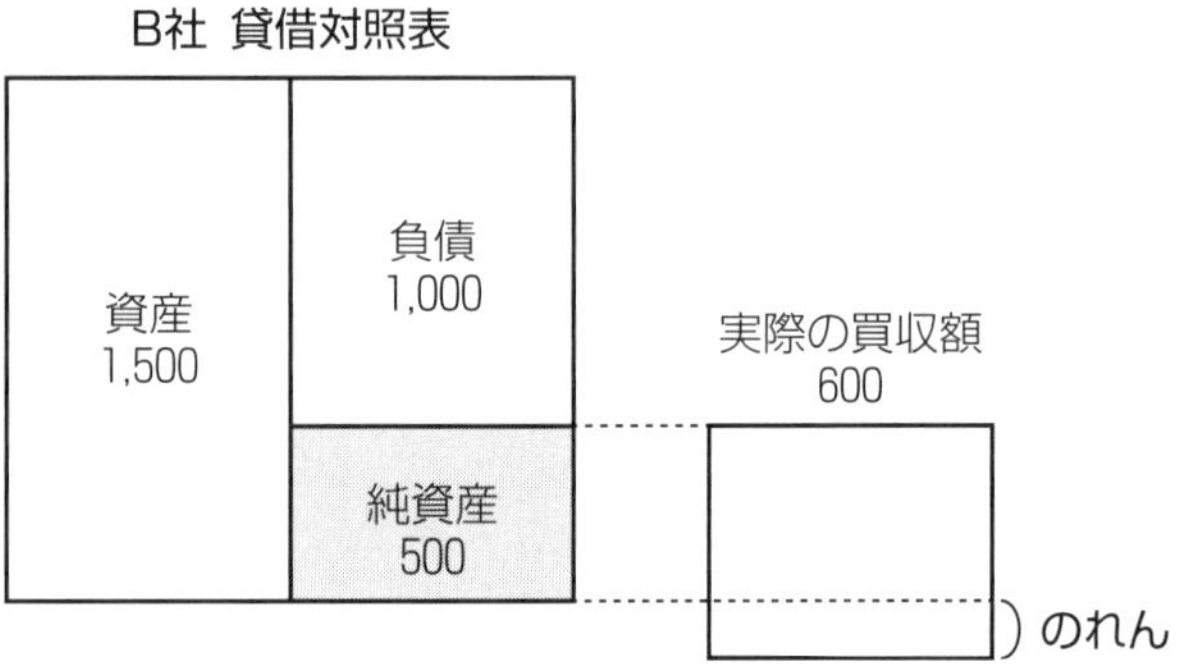

産しかありません。したがって、会計的には、組織の〝財産一覧表〟である**貸借対照表の売買**として処理します。買い取る対象が会社の全部であれば全社の貸借対照表であり、一部であれば部門別貸借対照表です。部門別貸借対照表が作成されていなければ作成します。

たとえば、図表４-８に示したように、資産１５００、負債１０００の会社を合併する場合を考えてみましょう。**資産**とはプラスの財産であり、**負債**はマイナスの財産ですから、資産から負債を控除した**純資産**５００が、この会社に付されている会計上の値札の額です。

ところが、この会社を値札の金額通りに買う人はまずいません。この値札より高い金額で買うのが普通です。なぜならば、この会社の魅力のすべてが会計情報に表されているわけではないからです。

この会社を買おうと思う人は、この会社の商品開発力、ブランド力、従業員の資質、カルチャーなどにも魅力を感じて買おうと思うはずです。しかし、これらはどれ１つ取っても会計情報には表れていません。このような、言わば無形のプレミアムも含めて買い取り額を決めるので、会計上の値札の額よりも高い金額で買うのです。

その上回った部分を「**のれん**」と言うのです。

教科書的には、のれんは「**超過収益力**」などと言われます。その意味するところは、「超過的に収益を生み出すと思われる何らかの力」ということですが、わかりやすく言えば、「**買い手が企業に対して主観的に感じた魅力**」ということです。

のれんとは、飲食店等の入り口にかかっている布のことです。従業員が元のお店の許しを得て新たに出店することを「のれん分け」と言いますが、その由来は、元のお店と同じか、それに近い店名の入ったのれんの使用を認めたことにあります。今風に言えば、ブランド名の使用を許可されるようなものです。

第三者にとっては何の価値もないただの布切れですが、新たに出店する当事者にとっては無形の価値があります。まさに、当事者のみが主観的に感じる魅力です。

M&Aは、企業どうしの結婚のようなものです。人が誰かと結婚する理由には「大企業に勤めているから」とか「収入が高いから」などのように、客観的でわかりやすい理由もあるでしょう。これは財務諸表に記載されている会計情報に相当します。しかし、そういう理由だけで結婚は決めないはずです。結婚した理由をさらに突っ込んで聞けば、大体の人は「もう勘弁してよ。うまく説明できないけど、何とも言えない魅力を感じたんですよ」となると思います。

この「うまく説明できない何とも言えない魅力」をのれんと言っているわけです。

■のれんの会計処理

のれんは、将来何らかの形でキャッシュを増加させてくれるだろうと思ったからこそお金を出したわけですから、これは一種の資産と考えられます。のれんには形がありませんから**無形固定資産**に計上します。

ちょっとイレギュラーなケースの話をしておきますと、純資産価額よりも低い金額で買う場合もあり得ます。このときの純資産価額と買い取り額の差額は「**負ののれん**」と言います。

これはワケあり商品を値札の金額よりも安くお得に買った特別な状態ですから、**損益計算書の特別利益**に計上します[1]。

通常ののれんの話に戻しましょう。通常ののれんは無形固定資産に計上しますが、その後の処理が日本基準とＩＦＲＳで異なります。

日本基準では無形固定資産に計上したのれんを20年以内で償却しますが、**ＩＦＲＳでは償却しません。その代わり、ＩＦＲＳでは毎期厳格な減損の判定が求められます。**

のれんが償却対象か否かは、日本基準とＩＦＲＳの違いとして真っ先に挙げられると言ってもいい有名な相違点です。

一見すると大きな違いのように見えますが、実は根本にある問題意識は同じです。それに対する具体的な対処法が異なっているだけです。

根本にある問題意識とは、のれんの**資産としての不確実性**です。

資産とは、将来のキャッシュを増加させるポテンシャルです。のれんは、将来何らかの形でキャッシュを増加させてくれるだろうと思ったからこそ、それだけのお金を払ったわけですが、所詮、主観的に感じた魅力です。実際に将来のキャッシュを増加させてくれるかもしれませんが、もしかしたら魅力に感じたのは単なる思い込みで、何の価値もないものに無駄なお金を使っただけかもしれません。主観的に感じた魅力に過ぎませんから、そこがよくわからないのです。

この資産としての不確実性に対して、日本基準とIFRSとで具体的な対応方法が分かれたのです。

日本基準は、よくわからないものが資産に計上され続けるのは不健全なので、最長20年で消えてなくなる自動消滅装置を掛けたのです。これが、20年以内の償却です。

それに対して、原則主義に基づくIFRSは原理原則に忠実に考えるのです。償却の理論的根拠は費用収益対応原則ですが、のれんは収益にどのように役立つかが不明確なので、償却のしようがないのです。

1　IFRS（国際会計基準）には特別利益という区分はないので、営業利益に含められます。

機械的にのれんを減額しない代わりに、ＩＦＲＳでは、毎期、厳格な減損の判定が求められます。これは、毎期、「あのＭ＆Ａには本当に意味があったのか？」ということを省みろということです。そして、「実は価値のないものを高値でつかまされただけだった」とわかった時点で、しかるべき金額までのれんを減額し、差額を減損損失として一気に計上させるということです。

結婚で言えば、毎年、「この結婚には本当に意味があったのか？」と省みろということです。結婚生活では余計な波風を立たせる可能性がありますから、そんなことはやらないほうがいいと思いますが、経営管理上は意義があるように思います。

日本基準においても、のれんは減損会計の対象ですが、償却によってのれんが機械的に減少していきますし、減損の判定もＩＦＲＳより甘いので、日本基準ではのれんは減損されにくくなっています。

日本では、Ｍ＆Ａをするまではメディアを含めて大騒ぎですが、Ｍ＆Ａ後は表立ってその効果を省みることをほとんど誰もしないのは、会計基準の違いによるところもあるのかもしれません。

ただ、ＩＦＲＳにも問題がないわけではありません。**減損の判定は企業に任されていますから、どうしても計上が遅れることが多い**のです。減損をするとなったら多額の損失が発生するのが普通ですから、人情としては「いや、まだ大丈夫だろう」となるのでしょう。

減損の本来の趣旨はバッド・ニュースの早期開示ですが、それが遅れてしまっては意味がありません。遅れたうえに多額の損失では、むしろ逆効果です。

ＩＦＲＳではそこが問題視されていて、ＩＦＲＳでも少しは償却したほうがいいのではないかという議論も起こりましたが、２０２２年11月に、のれんは償却対象外のままとすることが決定されました。

■東芝は一発で債務超過に

２０１６年12月、**株式会社東芝**は約５０００億円の損失を出し、それにより債務超過に陥りました。その原因となったのは、東芝の米国子会社が行った買収に伴うのれんから発生した多額の**減損損失**です。その額は６２００億円を超えるものでした。

各メディアは、「買収先の会社でコストが想定よりも大きく膨らんだために、のれんで多額の減損が発生した」という論調でしたが、事実はそんな単純な話ではありません。

買収は２０１５年12月に行われました。その際に東芝から発表されたのれんの額は１０５億円です。その全額が減損となっても、６２００億円もの減損損失は発生しようがありません。

なぜ、そんな多額の減損損失が発生したかと言うと、のれんの額が１０５億円から６２００億円超に修正されたのです。買収当初に発表されたのれんの額は暫定的なものであって、その後、約１年をかけて評価した結果、のれんは６２００億円超になることが判明し、その全額が減損となったのです。

のれんの額を確定するのにそれだけの時間をかけることは制度的に認められてはいますが、それにしても修正額が大きすぎます。

なぜ、それほどの修正が起こったのでしょうか。

のれんとは、買収額が買収先企業の純資産額を上回る額です。買収額は客観的な取引事実ですから、変わりようがありません。そうなると、変更されたのは買収先企業の純資産しかありません。実は、買収先企業の決算が大幅に修正されたのです。

買収時には、**デュー・デリジェンス**と呼ばれる通常の監査よりも詳細かつ多面的な監査を行いますが、このケースではそれが十分に行われなかったと考えざるを得ません。いろいろな意味で距離のある海外子会社が行った買収であることを割り引いても、あまりにもお粗末です。

東芝は、この減損損失だけで**債務超過**に陥りました。債務超過というのは、負債が資産を超過して純資産がマイナスになることです。

債務超過になったからといって、それだけですぐに会社がどうにかなるわけではありませんが、債務超過になれば銀行の信用ランクが下がりますから、融資を受けづらくなります。それどころか、まともな銀行であれば、過去の融資の返済を求めてくるでしょう。そうなれば資金がショートして、本当の倒産に至ります。

さらに、**上場企業であれば、1年以内に債務超過を解消できなければ、上場廃止になります。**

上場廃止になれば、株式市場からの資金調達の道も閉ざされますから、ますます本当の倒産に近づきます。

当時、東芝は稼ぎ頭であるはずのメモリ事業を売却するということまでして、何とか上場廃止を逃れようとしましたが、さらにその後、自主的に上場廃止を検討するなど、迷走し続けることになってしまいました。

4-5

引当金――「お前はもう死んでいる」

図表4 9 ㈱ヤマダホールディングスの連結貸借対照表（2022年３月期）

（単位：百万円）

資産の部		負債の部	
流動資産		流動負債	
現金及び預金	57,184	支払手形及び買掛金	94,564
受取手形	4,647	短期借入金	60,755
売掛金	68,753	・・・	・・・
商品及び製品	356,043	**賞与引当金**	12,062
・・・	・・・	・・・	・・・
その他	78,824	流動負債合計	391,688
貸倒引当金	△1,622	固定負債	
流動資産合計	621,279	長期借入金	111,111
固定資産		・・・	
・・・	・・・	**役員退職慰労引当金**	796
		商品保証引当金	1,675
		・・・	・・・
		固定負債合計	203,701
		負債合計	595,390
		純資産の部	
		・・・	・・・
資産合計	1,271,668	負債純資産合計	1,271,668

■引当金とは？

図表4-9は、ヤマダ電機を展開する**株式会社ヤマダホールディングス**の連結貸借対照表です。同図表中の太字部分が**引当金**ですが、いろいろな引当金があることがわかると思います。**貸倒引当金だけは左側の資産にマイナス計上**されていますが、**それ以外の引当金は右側の負債に計上**されています。

引当金は、以下の4つの要件を満たす場合に計上することが求められます。

①　将来の費用
②　原因が当期以前に既に発生
③　費用の発生可能性が高い
④　費用の金額を合理的に見積もり可能

具体的な会計処理は、**見積もった費用の額を当期の費用として計上し、同額を負債に計上し**ます。

4つの要件のうち、中心となるのは最初の2つの要件です。

まず第1の要件は、将来の費用だということですが、これはまだ実際には費用は発生していないということです。しかし、その原因が既に発生しているならば、実際には発生していない費用を費用として計上しろということを第2の要件は言っているのです。

第3と第4の要件は、言わば恣意性を排除するための要件です。原因が発生しているだけで何でもかんでも費用の計上を認めるわけにはいきませんから、費用の発生可能性が高く、その額を合理的に見積もることができるという要件を付して、企業の恣意的な処理を抑制しているのです。

図表4-9に見られる引当金を、4つの要件に照らして具体的に見てみましょう。

賞与引当金は、翌期に支給する予定の賞与額です。実際に賞与を支払うのは翌期ですが、一般に、翌期の賞与額は、当期の下半期の業績や各人の人事考課に基づき決定されます。ということは、原因は既に当期中に発生しているので、当期の費用として計上します。賞与引当金が支払われるのは1年以内ですから、負債の中でも**流動負債に計上**します。

役員退職慰労引当金は、役員の退職金に関するものです。これが支払われるのは、該当する役員が退職する将来のことですが、それは役員としての働きに基づいて決まりますから、その原因となっている当該役員の在任中に費用として計上します。役員退職慰労引当金が実際に支払われるのは、一般に数年後のことですから、負債の中でも**固定負債に計上**します。

商品保証引当金は、商品の販売時にヤマダ電機が付す商品保証に関するものです。商品保証を付した商品は、将来何らかの不具合があった場合、ヤマダ電機の負担で修理等をすることになります。それが顕在化するのは、実際に不具合が生じる将来ですが、商品保証を付した商品を販売したことが原因となっていますから、商品を販売した期に費用として計上します。メーカーの製品保証は1年間であることが多いのですが、ヤマダ電機は2年や4年の保証を付しているので、商品保証引当金は**固定負債に計上**しています。

貸倒引当金は、売上に伴う債権のうち、将来、顧客が支払不能に陥って回収できない可能性の高い額です。損失が発生するのは実際に顧客が支払不能になったときですが、たとえば法人顧客であれば経営状況の悪化など、支払不能につながる原因が既に発生した期に**費用として計**

上します。

貸倒引当金だけは、右側の負債に計上する代わりに、左側の資産にマイナス計上しています。これは、貸倒引当金の対象である売掛金や受取手形が計上されている流動資産から控除することによって、流動資産を「短期的な回収可能額」という意味にするためです。

■引当金の理論的根拠

引当金は、実際にはまだ顕在化していない費用を前倒して計上する処理ですが、これは普通の発想ではちょっと出てこないと思います。

その理論的根拠の1つは、発生主義です。

発生主義とは、「収益と費用は、収入と支出ではなく、その発生の事実に基づき計上する」というものでした。念のための確認ですが、収益・費用とは損益計算書の情報であり、収入・支出とはキャッシュの動きです。

費用が顕在化してキャッシュが流出するのは将来のことであっても、その原因が発生しているならば、発生している期に費用を計上すべきということです。

2つ目の理論的根拠は、費用収益対応原則です。

費用収益対応原則とは、「費用は収益獲得の経済的犠牲であるから、収益獲得に貢献した部分を費用として収益と対応づけて計上する」というものでした。

たとえば、賞与引当金の算定根拠となった下半期のそれぞれの人の働きは、その下半期の収益に貢献しています。そうであるならば、費用はそれが貢献した収益の計上と同じ期に計上すべきということです。

3つ目の理論的根拠は、保守主義です。これが一番しっくりくるかもしれません。

保守主義とは、「バッド・ニュースほど早期に積極的に開示すべき」というものでした。費用というバッド・ニュースはまだ顕在化していなくても、その原因は既に発生していて、しかも発生可能性が高いならば、費用の前倒し計上という形でアラームを鳴らしましょう、ということです。

『北斗の拳』（武論尊・原作、原哲夫・作画）という漫画に、「お前はもう死んでいる」という有名なセリフがありますが、引当金は、「既に死んでいるなら、死んでいることにしよう」ということです。

■“将来に対する備え”と言われる所以

引当金は「将来に対する備え」と言われることがあります。これはどういうことでしょうか。

費用の前倒し計上によってアラームが鳴ることも「将来に対する備え」かもしれませんが、バッド・ニュースを早期に知ったところで、具体的な備えにはなりません。

「備え」という言葉は、通常、資金面での準備を指します。たとえば、「老後の備え」と言う場合、それは、仕事を辞めた老後も生活していけるようにするための資金面の準備のことを言っています。

引当金も、将来に対する資金面の準備になっています。

引当金の処理では、将来発生すると思われる費用を前倒し計上しますが、キャッシュ・アウトはまだ起こっていません。しかし、会計上の費用ではあるため、利益を減額してくれます。その結果、税金によるキャッシュの流出と配当によるキャッシュの流出を抑えてくれるので、**キャッシュを社内に留保する効果がある**のです。

これは、本章の4-2節で述べた、減価償却費のキャッシュの留保効果と原理的に同じです。両者に共通しているのは、会計上の費用でありながら、キャッシュ・アウトを伴わないところです。

引当金にはキャッシュの留保効果があることが、「引当金は将来に対する備え」と言われる所以です。

ただし、度重なる税制改正によって、**引当金の計上に伴う費用は、ほとんどすべて税金計算上は控除できなくなっています。つまり、節税効果は限りなくゼロ**ということです。

配当によるキャッシュの流出を食い止める効果は今でもありますが、配当は会社の方針でコントロールできるので、引当金に頼らなくてもキャッシュの流出を抑制することは可能です。

資金面での「将来に対する備え」としての効果は、かつてほどはなくなっています。

コラム 引当金厳格化の契機となった不良債権問題

引当金は、4つの要件が満たされる場合に計上が求められると言いましたが、その意味は、**4つの要件が満たされる場合は「必ず」計上しなければならない**ということです。

もし、要件が満たされているのに引当金を適正に計上していないと、費用の過少計上になりますから、利益が過大になります。監査上、それは立派な粉飾とされます。引当金の設定は、監査上、おそらく多くの人が思っている以上に厳しく見られます。

かつて引当金は監査上、それほど厳格には見られていませんでした。それが変化したきっかけは、1990年代初頭のバブル崩壊に伴って発生した、**金融機関の不良債権問題**です。金融機関の不良債権とは、銀行が融資した貸付金のうち、回収の目途が立たないものです。当時、この不良債権問題は、日本経済全体にとって非常に大きな問題でした。

今では考えられないことですが、バブル経済の頃は、土地やマンションなどの不動産は買えば必ず値上がりするという状態でした。ですから、多額の借金をしても必ず元が取れると皆が思っていましたし、銀行も必ず値上がりするはずの不動産を担保にできますから、煽るように融資を膨らませていきました。

しかし、不動産価格は永遠に上がり続けるわけがありません。冷静に考えれば誰でもわかることですが、それにほとんど誰も気づかなかった、気づこうともしなかったからこそ、バブルという狂乱の時代だったのでしょう。

銀行は、相当な部分の貸付金の返済の目途が立たなくなったうえに、担保としていた不動産価格も大幅に下落してしまったために、貸付金がほとんど回収不能となってしまったのです。その額は銀行1行で兆の単位に及びました。これが不良債権問題です。

このような不良債権に対してまずやるべきことは、不良であるものを不良ときちんと認識することです。正確な認識がなければ何も始まりません。それは会計的には貸倒引当金をきちんと計上するということです。**不良債権処理の第一歩は、会計的に貸倒引当金を適正に計上すること**なのです。

ただ、不良債権が兆を超えていたということは、貸倒引当金をきちんと計上したら兆を超える費用が追加的に発生するということになります。ただでさえ、バブル崩壊後の業績不振にあえぎ、赤字になる銀行もあった中で、各行は当初、貸倒引当金の計上には必ずしも積極的ではありませんでした。

そのような背景から、貸倒引当金の計上基準が厳格化され、監査法人の監査も相当厳しくなったのです。

第4章　財務会計の個別論点

チェックポイント

☑ **棚卸資産**とは、材料、仕掛品、製品、商品などの、いわゆる**在庫**と呼ばれる資産である。

☑ **売上原価**とは、「売上の原価」である。すなわち、販売された部分の原価であって、仕入れ額ではない。その理論的根拠は費用収益対応原則であるが、「費用は出口で認識される」と考えても良い。

☑ **過剰在庫**は、キャッシュ・フローを悪化させる。**過少在庫**は、機会損失につながる。

☑ 設備などの固定資産の取得時は**取得原価**（＝購入代価＋付随費用）で貸借対照表に資産として計上し、その後、その設備が使えるであろうと思われる期間（**耐用年数**）にわたって、取得原価を費用（**減価償却費**）として分割計上する。この手続きを**減価償却**と言う。このような手続きを行う主な理論的根拠は費用収益対応原則であるが、これも「費用は出口で認識される」と考えることができる。

☑ 減価償却の代表的な方法には、**定額法**と**定率法**がある。

☑ 減価償却費は費用でありながらキャッシュ・アウトを伴わないので、**節税**によりキャッシュを社内に留保する効果がある。

☑ M&Aとは、会社の全部または一部を買い取ることで、会計的には貸借対照表の売買として処理する。買い取り額が貸借対照表の純資産額を上回った部分を**のれん**と言い、通常は無形固定資産に計上される。のれんは、日本基準では20年以内に均等償却することになっているが、IFRSでは償却しない。その代わり、IFRSでは毎期厳格な**減損**の判定が求められる。

☑ **引当金**とは、将来発生可能性の高い費用を、原因が発生した期に費用として前倒して計上する処理のことで、賞与引当金や貸倒引当金などがある。その理論的根拠として一番わかりやすいのは保守主義である。

第5章

経営分析のための財務指標

5-1 経営分析の切り口

前章までは財務諸表（決算書）がどのようにできているかを見てきました。それがわかれば財務諸表に書かれていることの意味はわかるようになりますが、その会社の良し悪しは読み取れません。良し悪しを読み取る、すなわち会社の経営状況を分析的に読み取るためには、**財務指標**というフィルターを通して見る必要があります。本章では経営分析上、重要な財務指標をいくつか紹介します。

経営分析には、いくつかの切り口があります。その代表的なものは**収益性**と**安全性**です。収益性も安全性もよく使われる言葉ですが、その意味するところをきちんと理解して使っている人がどれだけいるかと言うと、意外と怪しいかもしれませんので、その意味するところをここで確認しておきましょう。

収益性とは、**儲けの程度**です。儲けの程度とは、プラスアルファの程度です。それは要するに、**利益の程度**です。第3章の3-3節で述べたように、「収益」と「利益」は違いますから、本来これは「利益性」というべきところです。それを「収益性」と言ってしまうところが日本語のいい加減なところです。

ちなみに、英語では「収益性」は、**profitability**と言います。これは言うまでもなくprofit（利益）に対する言葉ですから、整合的な言葉遣いになっています。

一方、安全性とは、元々は「**倒産に対する安全性**」ということです。倒産とはキャッシュがなくなる現象ですから、具体的には、**キャッシュの支払能力**のことです。

象徴的な言い方をすれば、収益性は「利益の程度」、安全性は「キャッシュの程度」ということです。

利益が出ていても、キャッシュがなくなって倒産するということはあり得ます。そういう倒産を、**黒字倒産**と言います。シャレにもならない話ですが、決して珍しくはありません。

一方、利益が出ていなくても、キャッシュを補填してくれる人がいれば会社は倒産しません。キャッシュを補填してくれる存在が取引銀行です。ということは、倒産の引き金を引くのも大体は取引銀行です。「これ以上融資してもダメだな」と取引銀行に判断され、融資を打ち切られたときに、キャッシュがショートして倒産するというのが倒産の1つの典型パターンです。

利益とキャッシュは別物ですから、収益性が高いからと言って安全性が高いとは限りません。ですから、経営分析では、収益性と安全性という2つの切り口で見る必要があるのです。

5-2 ROE——何かと重視される指標の意味

$$\mathrm{ROE} = \frac{\text{当期純利益}}{\text{純資産}} \times 100(\%) \qquad (5\text{-}1)$$

■ROEは株主にとっての収益性

ROEは、**Return On Equity**の略です。計算式は上の式（5-1）の通りです。

ROEは、日本語では**自己資本利益率**と言われます。**自己資本**とは、「返済不要の資本（＝元手）」という意味合いで、具体的には**純資産**を指します。

ちなみに、実務上はあまり使わない言葉だと思いますが、自己資本に対する言葉は**他人資本**と言います。これは、返済を要する資本である負債のことを意味します。

ROEは以前から注目されてきた指標ですが、従来にも増して関心が高まっていると思います。その理由には、日本企業のROEが欧米企業のそれと比べて低いということが従来から指摘され続けているということもありますが、さらに大きなきっかけとなったのは、いわゆる「**伊藤レポート**」です。

伊藤レポートとは、伊藤邦雄・一橋大学大学院商学研究科教授（当時）が座長を務め、2014年8月に経済産業省から公表されたものです。その中で、**「最低限8%を上回るROEを各企業はコミットすべき」**ということが提言されたのです。

そこまで重視されるROEとは、何なのでしょうか。

ROEは、株主から見た収益性指標です。あくまでも株主目線の収益性指標だということがわかれば、ROEが式(5-1)のようになることは容易に理解できます。

株主から見た収益性とは、株主の投下資本に対してどれだけのリターンが株主に対してあるかということです。ですから、分母には株主に帰属する資本である純資産を用います。それに対して、分子には株主へのリターンを持ってきます。それは当期純利益です。なぜならば、それが配当という形で株主に還元されるからです。

ROEが「株主から見た収益性指標」ということがわかれば、「それを重視しろ」という言葉の中に込められたメッセージもわかるはずです。それは、「株主を重視した経営をもっとしなさい」ということです。株主は株式会社のオーナーであるにもかかわらず、日本企業は全般的にその株主へのリターンが低いというのが、ROE重視の根底にある問題意識です。

ROEに限らず、財務指標は式を機械的に覚えても役に立ちません。まずは指標のそもそもの意味を理解し、分母と分子がなぜそれなのかという式の成り立ちを理解することが重要です。

なお、世の中ではROEを重視する風潮が非常に強いですが、だからと言ってROEがすべての企業にとって等しく重要とは限りません。

たとえば非上場企業にとっては、重要性はそれほど高くないかもしれません。非上場企業においては株式の売却が困難ですから、株価の上昇益が顕在化することはほとんど期待できません。また、配当をほとんどしていない企業も少なくないでしょう。そのような企業においては、「株主から見た収益性」を分析する意義はほとんどありません。

「みんながROEと騒いでいるから、当社もROEを重視しよう」などというのは全く意味のないことです。そのようなことにならないためにも、式の意味を理解して自ら判断できることが重要です。

■ROEを高めるためには、まずROAを高める

財務指標は、それを計算して眺めているだけでは意味がありません。他社と比較すれば優劣が見えてきますから、その原因を分析して改善につなげてこそ、財務分析をする意義があります。

ROEの原因分析をする常套手段は、ROEを上の式（5-2）のように分解することです。

$$\mathrm{ROE} = \frac{\text{当期純利益}}{\text{純資産}} \times 100(\%)$$

$$= \underbrace{\frac{\text{当期純利益}}{\text{総資産}} \times 100(\%)}_{\mathrm{ROA}} \times \underbrace{\frac{\text{総資産}}{\text{純資産}}}_{\text{財務レバレッジ}} \qquad (5\text{-}2)$$

式（5-2）の第1項目の分母の**総資産**は、「資産の総額」ということです。具体的には、貸借対照表の左側の総額です。

式（5-2）は、後ろから読むと図表5-1のように見ていることがわか

図表5-1　ROEの分解

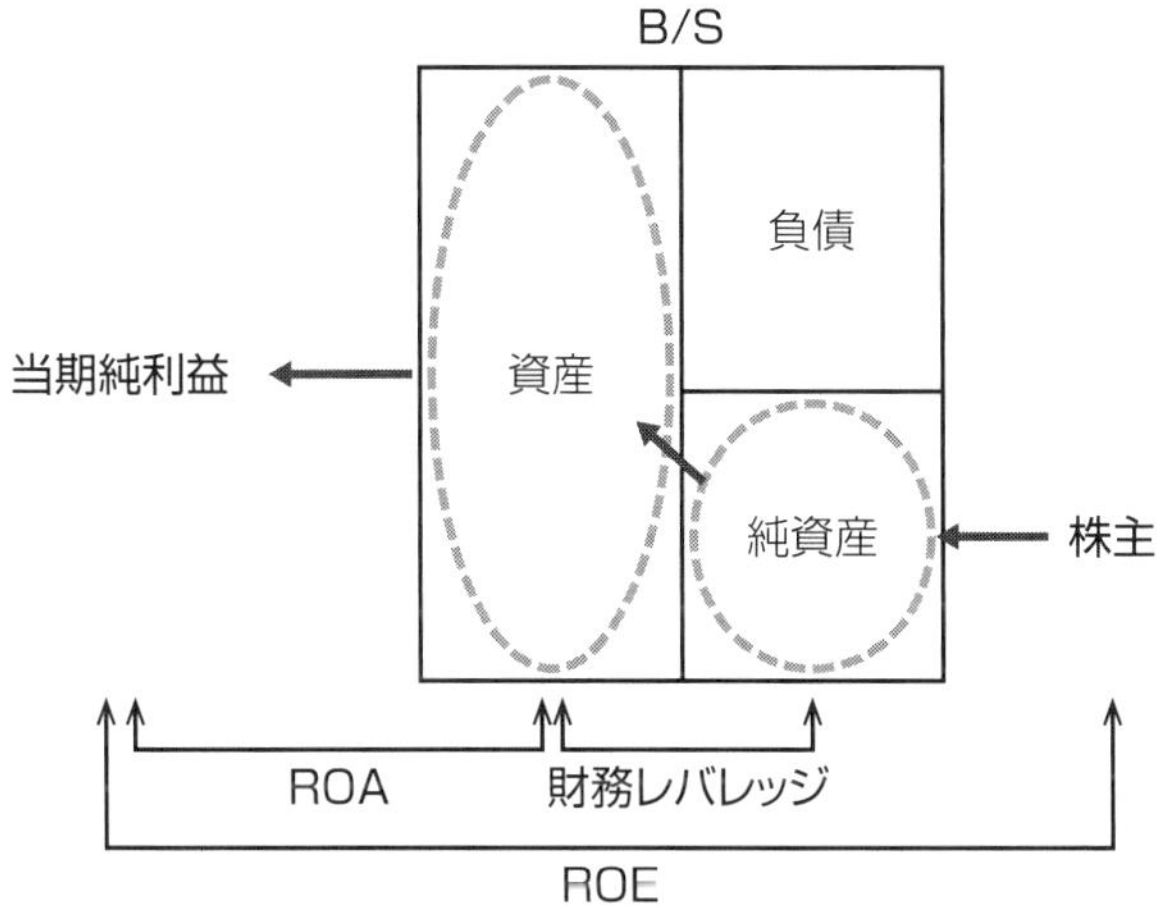

ります。すなわち、**「株主が投下した資本が債権者の助けを借りて資産の総額になり、それがどれだけ利益を生み出しているか」**という見方をしているのです。

式（5-2）の第1項目を**ＲＯＡ（Return On Assets）**と言い、第2項目を**財務レバレッジ**と言います。ＲＯＡは、日本語では**総資産利益率**と言われます。

ＲＯＡも収益性指標の1つです。これは、「**総資産という仕組みがどれだけの利益を生み出しているか**」ということを見ている最も総合的な収益性指標です。また、ＲＯＥが株主という特定のステークホルダーだけから見た収益性だったのに対し、ＲＯＡは特定のステークホルダーを前提としていない、企業そのものの中立的な収益性指標でもあります。

式（5-2）の意味するところは、「**株主という**

特定のステークホルダーにとってのROEといえども、まずはROAに依存する」ということです。これは考えてみれば当然で、誰にとっての収益性であろうとも、まずは企業そのものの収益性によるということです。

■レバレッジという〝てこ〟を働かせる

ROAが同じ場合に意味を持ってくるのが、式（5-2）の第2項目の財務レバレッジです。図表5-1からわかるように、これは**総資産が純資産の何倍になっているかという倍率**です。負債の比率が相対的に大きければその倍率は大きくなり、ROEも大きくなります。簡単に言えば、**負債は増やしたほうがROEにとっては望ましい**ということです。

確かに式の上ではそうなりますが、「負債を増やしたほうがいい」と言われても、直感的には何か釈然としないかもしれません。

しかし、これは定性的にも理に適っています。それを理解する大前提としてまず理解しておく必要があるのは、「**株主がどのような資金の出し方をしようとも、会社が生み出した当期純利益はすべて株主のもの**」ということです（図表5-2）。

そうであるならば、株主の立場としては、「資金を出すのは少しにしておきます。残りの必要な資金は銀行さんが出してください。ただ、その結果でき上がった大きな仕組みが生み出した大きな利益は、全部いただきますけどね」というのが、株主にとってはオイシイに決まって

図表5-2　利益はすべて株主のもの

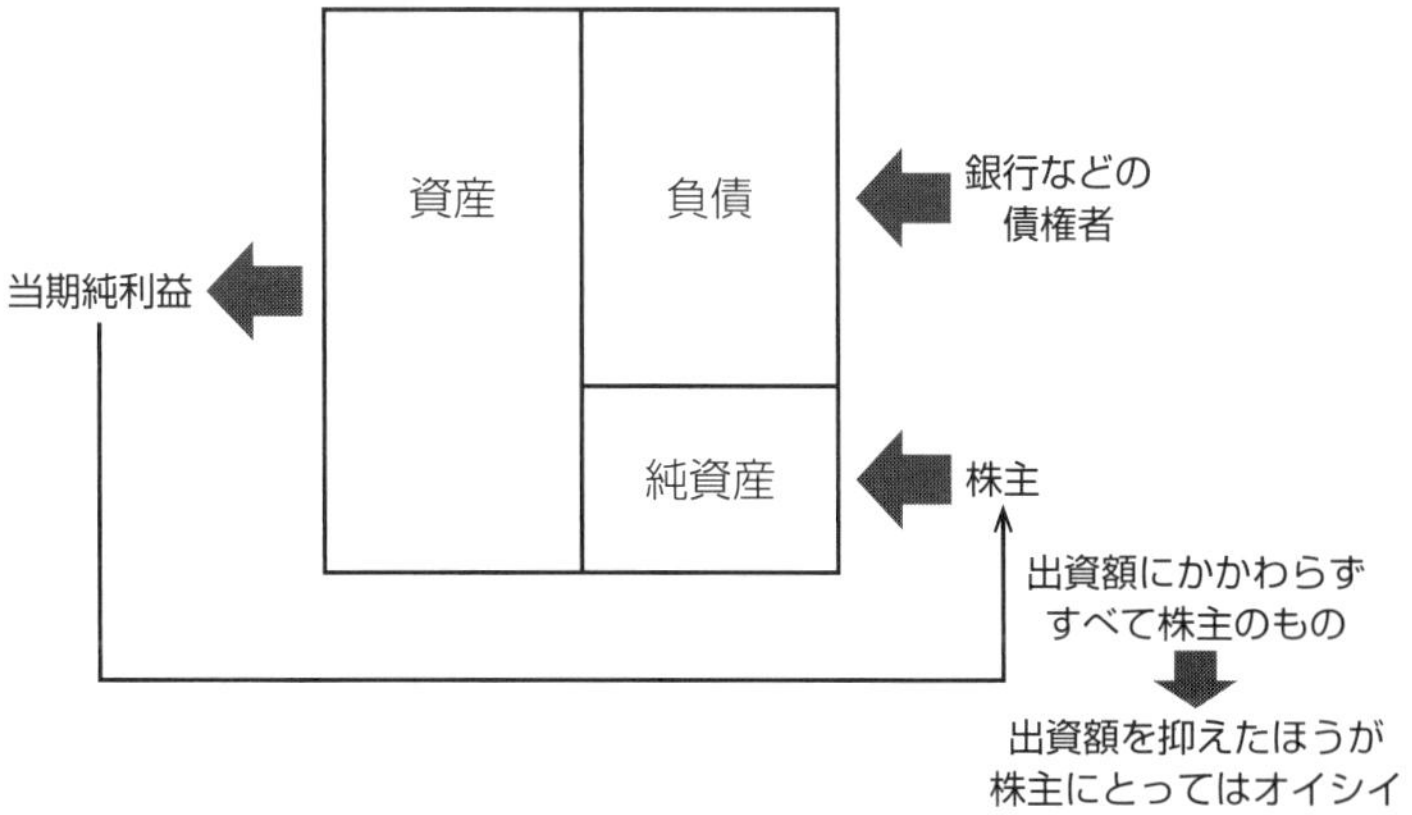

います。これが、負債が大きいほど株主から見た収益性、すなわちROEが大きくなるということの定性的な説明です。

負債を大きくするとROEが大きくなる効果を、**レバレッジ効果**と言います。

レバレッジ（leverage）とは「てこの原理」のことです。レバー（lever）は、これと密接に関係のある言葉です。そもそも、レバーがてこの原理を用いています。

レバレッジ効果とは、株主は手元ではそれほど力を出していないのに、言わば債権者を踏み台にして、てこの原理を使って株主にとってのリターンを大きくするということです（次ページの図表5-3）。

負債はいずれ返さなければいけないものですから、高すぎると資金繰りを圧迫します。支払利息も増えますから、利益も圧迫します。したがって、「負債は少ないほうがいい」というのが普通の感覚だと思います。

図表5-3　レバレッジ効果

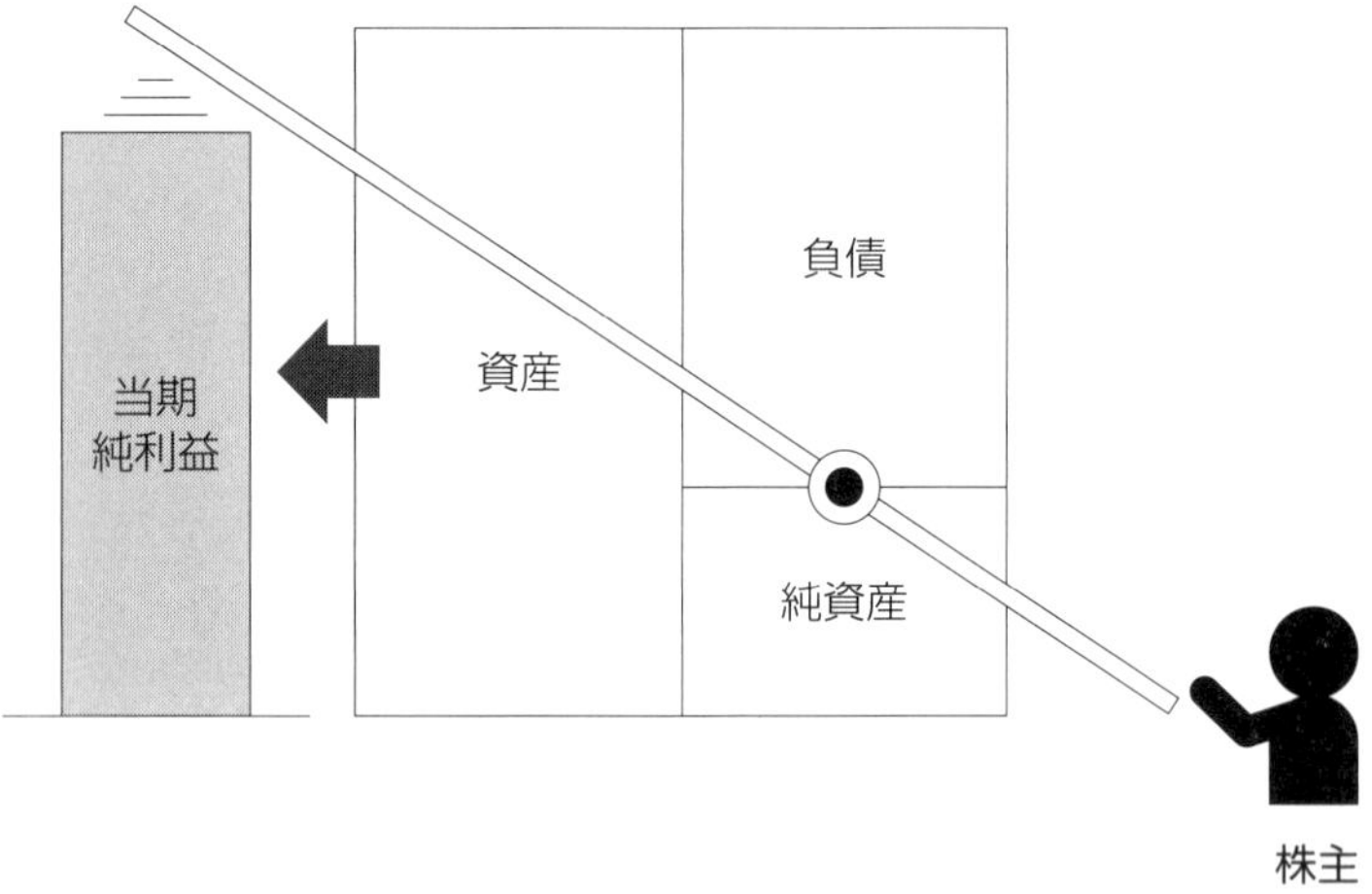

実際、「有利子負債」と言えば、ほとんど脊髄《せきずい》反射のように「圧縮」と言う人が今でも多いと思います。

しかしその一方で、**ROEを重視するならば負債比率は高いほうがいい**ということも広く知られるようになりました。その結果、ROEを重視する企業の中には、意図的に負債比率を高める企業も出てきています。

コラム

ポスト資本主義社会においては株主重視は変わる?

P・F・ドラッカーは、『ポスト資本主義社会』(1993年)という著書の中で、ポスト資本主義の時代に最も重要な経営資源は知識だと言っています。

ポスト資本主義とは、従来の資本主義の後にやってくる新しい資本主義ということです。従来の資本主義を非常に簡単に言ってしまえば、それは金銭的資本が最も重要な経営資源だという考え方です。少々乱暴に言えば、お金があれば新たなお金が生まれるという考え方です。

しかし現在は、どんなにお金があってもスマートフォンもドローンもAIも生み出せません。それらを生み出すために必要なのは、**知識**とそれに基づく**アイデア**です。逆に、優れたアイデアがあれば、お金がなくても莫大なお金を生み出します。

では、その最も重要な経営資源を提供できるのは誰でしょうか。それは従業員しかいません。株主は、お金は提供できても知識は提供できません。特許権やその他の知的財産のようにお金で買える知識もありますが、ノウハウや暗黙知のような知識はお金では買えません。それらを提供できるのは従業員しかいないのです。

そう考えると、**ポスト資本主義社会において最も重要なステークホルダーは、株主ではなく、従業員**ということになります。

ROEを重視する根底には、最も重要なステークホルダーは株主であるという従来からの考え方があります。しかし、ポスト資本主義の時代には、ROEをことさらに重視するというのも、もはや時代に合っていないのかもしれません。

ただし、すべての従業員が無条件に重要なステークホルダーと言えるわけではありません。**株主よりも重要なステークホルダーと言えるのは、あくまでも「重要な経営資源」と呼べる知識を提供できる従業員だけです。**

5-3 ROA――総合的な収益性指標

ROEの構成要素であるROAについて、改めて見て行きましょう。

ROAは総資産という仕組みが生み出す利益の程度を見る指標ですから、特定のステークホルダーを前提としていない中立的な収益性指標であり、最も総合的な収益性指標です。

ROAの良し悪しの原因を分析するためには、上の式（5-3）のように分解します。

$$\text{ROA}=\frac{\text{当期純利益}}{\text{総資産}}\times 100(\%)$$

$$=\underbrace{\frac{\text{当期純利益}}{\text{売上高}}\times 100(\%)}_{\text{売上高当期純利益率}}\times\underbrace{\frac{\text{売上高}}{\text{総資産}}(\text{回})}_{\text{総資産回転率}}\quad(5\text{-}3)$$

この式も後ろから読むと意味がわかります。すなわち、「**総資産という仕組みがどれだけ売上高を生み出し、その売上高から費用が引かれてどれだけ利益が残ったか**」という見方をしているのです（次ページの図表5-4）。

式（5-3）の第1項目を**売上高当期純利益率**、第2項目を**総資産回転率**と言います。大まかに言うと、売上高当期純利益率は損益計算書のパフ

図表5-4　ROAの分解

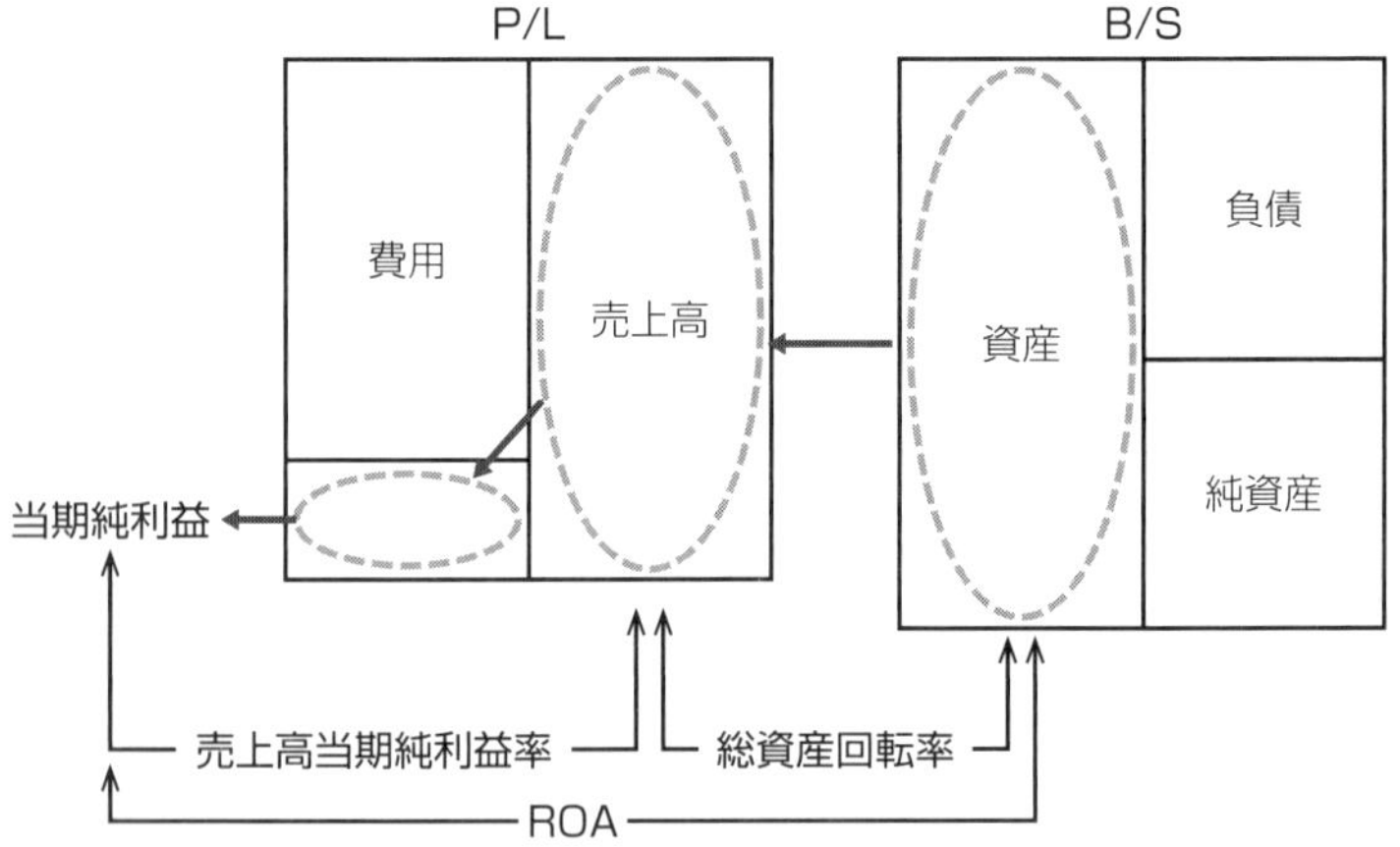

ォーマンスを、総資産回転率は貸借対照表のパフォーマンスを表しています。このように分解することによって、ROAの良し悪しの原因を掘り下げることができるようになります。

ROAは収益性を測る指標です。収益性と言われると、とかく損益計算書に目が行きがちですが、上記の分解からわかるように、**ROAを向上させるためには損益計算書の改善のみならず、貸借対照表の改善も必要**であることがわかります。両者をバランス良く改善することによって、ROAを向上させることができるのです。

なお、総資産回転率は百分率にせず、「回」という単位を用います。

■売上高利益率は売上高と費用の兼ね合いで決まる

まずは売上高当期純利益率から見ていきましょう。

売上高当期純利益率を上げるためにはどうすればいい

図表5-5　売上高利益率

$$
\begin{aligned}
\text{売上高利益率}\uparrow &= \frac{\text{利益}}{\text{売上高}} \\
&= \frac{\text{売上高}-\text{費用}}{\text{売上高}} \\
&= 1-\frac{\text{費用}\downarrow}{\text{売上高}\uparrow}\downarrow
\end{aligned}
$$

でしょうか。

式の上で考えれば、分子を上げるか、分母を下げればいいことになります。分子を上げるとは利益を上げることです。一方、分母を下げるとは売上高を下げることです。「収益性を高めるためには売上高を下げたほうがいい」というのは、さすがに違和感があります。

少々難しい言い方をあえてすると、このようなことになるのは、独立変数だけを用いて分解していないからです。要素分解は独立変数だけで行うのが鉄則です。

売上高当期純利益率について言えば、売上高と費用は他の変数に依存しない独立変数ですが、利益は売上高と費用の差額で決まりますから、両方に依存する従属変数です。したがって、これを独立変数で表現しなければなりません。

ここでは当期純利益を一般的に利益と書くことにすると、利益＝売上高−費用ですから、売上高利益率は図表5-5のようになります。

最後の式を見れば、**売上高利益率を上げるためには、売上高費用率（費用÷売上高）を下げればいい**ことがわかります。そのためには、分子を下げるか分母を上げるか、すなわち、費用を下げるか売上高を上げればいいことになります。

これでやっと直感的にもしっくりくる話になりました。売上高利益率は売上高と費用の兼ね合いで決まるということです。

■「兼ね合いで決まる」の真意

「費用を下げればいい」と言うと、「そうか、やっぱり費用削減が重要なんだな」と思うかもしれませんが、そんな単純な話ではありません。

費用と言うと、多くの人はほとんど条件反射のように「削減」と言います。費用は、とにかく嫌われ者です。なぜそれほどまでに嫌われるかと言うと、それは当然で、キャッシュの流出原因になるからです。

しかし、費用を考える際にはもう1つ、決して忘れてはならない重要な側面があります。それは、**費用は売上高の源泉でもある**ということです。ビジネスにおいて、お金をかけないところから新たな富は生まれません。

これは私の造語ですが、費用には、**善玉コスト**と**悪玉コスト**があるのです。**キャッシュ・アウトの原因にしかならない費用が悪玉コスト**です。これは、徹底的に削減すべきコストです。

一方、**売上の源泉となる費用は善玉コスト**です。これは、むしろ増やしてもいいのです。

業績が悪化した企業に限って、「費用一律10％削減！」などという大号令を掛けますが、こ

図表5-6　売上高と費用の“兼ね合い”が重要

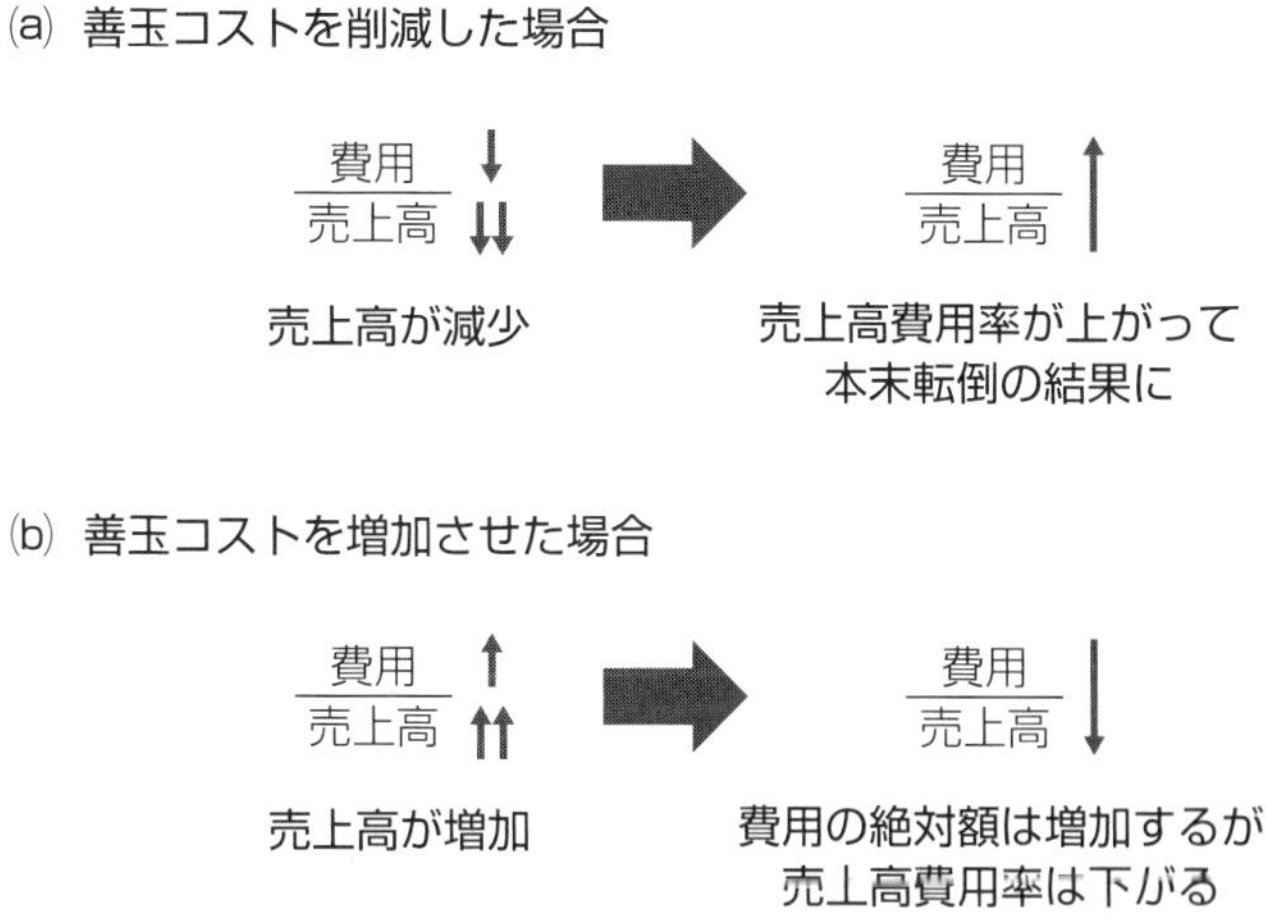

れは無策の極みです。重要なのは、自社にとって何が善玉コストで何が悪玉コストかを見極め、悪玉コストは徹底的に削減する一方で、善玉コストはむしろ「増やせ」と言えるかどうかです。

もし、善玉コストを削減すると、売上高の源泉を削減することになりますから、今まで以上に売上高が減少します。そうなると、相対的な売上高費用率は上がってしまいます（図表5-6(a)）。これでは本末転倒です。

逆に、善玉コストを増やすことによって売上高が今まで以上に増えれば、相対的な売上高費用率は下がります（図表5-6(b)）。これは、言わば「良い費用増加」です。

これが、「売上高利益率は売上高と費用の〝兼ね合い〟で決まる」ということの真意です。

多くの人はあまりにも「費用削減」と言い、費用削減が自己目的化しているところがありますが、費用削減は目的ではありません。単なる手段の1つです。本当の目的は利益を増やすことです。そのためには、費用を増やすという手段もあり得るのです。

■総資産回転率は仕組みの効率性

ROAを分解した第2項目は、上の式（5-4）の**総資産回転率**です。

総資産回転率は、売上高当期純利益率に比べると今ひとつピンと来ない指標かもしれません。

分母の総資産は、貸借対照表の左側の資産の総額のことです。言わば、**総資産は会社の「仕組み」全体**です。仕組みを使うことによって製品やサービスを生み出し、それを販売することによって売上高となります。つまり、売上高は資産という仕組みが生み出すものと捉えることができます。そう捉えれば、**総資産回転率は、会社の仕組みが売上高をどれくらい効率的に生み出しているかを表す指標**だということがわかります。「効率的に」とは、言葉を換えれば「仕組みに見合う売上高を、どれくらい短期間に生み出しているか」ということです。

たとえば、コンビニエンスストアのような業態では店舗も借りているのが普通ですから、それほど大きな仕組みは必要ありません。主な資産は店頭で販売する日用品や飲み物、お弁当などの比較的安価な商品です。このようなビジネスは、大きな仕組み

$$総資産回転率=\frac{売上高}{総資産}(回) \qquad (5\text{-}4)$$

はあまり必要とせず、数百円程度の商品を仕入れては売るというビジネスですから、仕組みに見合った売上高は比較的短期間に生み出されます。すなわち、総資産回転率は高くなります。

一方、製造業のようなビジネスでは、まず工場や設備などの大規模な仕組みを用意する必要があります。そして、その大きな仕組みを何年も使うことによって毎年少しずつ売上高を生み出しますから、仕組みに見合った売上高を生み出すのには比較的長い期間を要します。すなわち、総資産回転率は低くなります。

この例からわかるように、総資産回転率は、良し悪し以前に、業種特性が非常に出るという特徴があります。

次ページの図表5-7は**株式会社オリエンタルランド**の収益性を他業種と比較したものです。これを見ると、オリエンタルランドのROAの高さがわかります。

ROAを売上高当期純利益率と総資産回転率に分解してみると、高いROAを牽引しているのは売上高当期純利益であることがわかります。一方、総資産回転率は図表5-7の中で万年最下位です。売上高当期純利益率が25%程度もあるのに、ROAが10%程度にとどまっているのは、総資産回転率が足を引っ張っているからです。

これは、「オリエンタルランドの弱点は総資産回転率の低さである」ということではありません。ここは「なるほど。オリエンタルランドのビジネスモデルはそういうことか」と考えるべきところです。

図表5-7　㈱オリエンタルランドの収益性

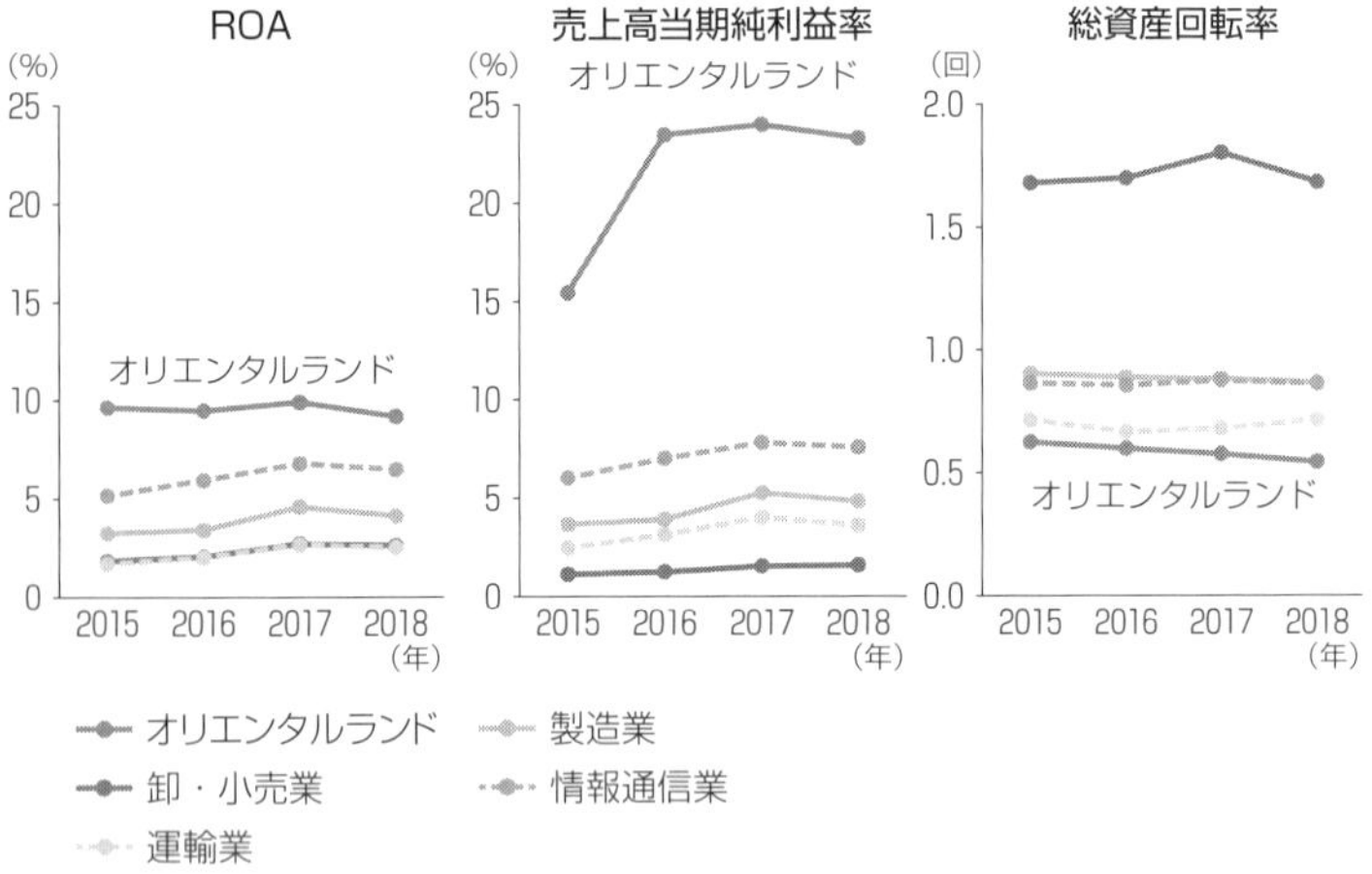

オリエンタルランドのビジネスモデルとは一体何でしょうか。サービス業、レジャー産業など、いろいろな言い方があると思いますが、総資産回転率から言えることは、**オリエンタルランドには装置産業という側面がある**ということです。

オリエンタルランドの主たるビジネスであるテーマパーク事業は、広大な土地にアトラクションという名の装置を数多くつくり、そこに毎日遊びに来てもらうことによって長年にわたって売上高を上げる、典型的な装置産業と言えるのです。

それが総資産回転率の低さに如実に表れているのです。これが「総資産回転率には業種特性が非常に出る」ということです。

オリエンタルランドのケースからもわかるように、総資産回転率を異なる業種で比較することにはほとんど意味がありません。異なる業種で総資産回転率を比較するのは、お相撲さんとマラソン選手のどちらが優れたアスリートかを比較するようなものです。

総資産回転率を人間になぞらえれば、体格（＝総資産）とそれが生み出すパワー（＝売上高）との比率のようなものです。お相撲さんとマラソン選手は、体つきも違えば力の出し方も違います。それは、種目が異なるからです。したがって、両者を比較すること自体、意味がないのです。

逆に考えると、業種が同じであれば総資産回転率は同じような値になるはずです。ビジネスモデルが同じなら、求められる仕組みとそれが生み出す売上高のバランスは似通ったものになるはずだからです。お相撲さんどうしで見れば、皆大きな体をして、ものすごいパワーを出すのと同じです。相撲という種目が同じであれば、求められる体つきと力の出し方は似通ってくるからです。

ということは、同じ業種で比較して差が出たら、そこには何らかの問題がある可能性が出てきます。

同じ業種で総資産回転率が小さくなるのは、売上高に対して総資産が大きすぎる場合です。それは、売上高に貢献しない仕組みがたくさんある状態です。人間で言えば、パワーに貢献しない部分ということですから、贅肉ということです。**贅肉がたくさんついているような企業は、総資産回転率が低くなる**ということです。

215ページの図表5-8は自動車メーカーのROAと、それを売上高当期純利益と総資産回転率に分解したものです。総資産回転率を見ると、ずっと最下位なのは**トヨタ自動車株式会社**です。トヨタ自動車は、売上高当期純利益がずっと1位で、そのお陰でROAも高い水準ですが、総資産回転率は万年最下位なのです。

これは同じ業種の中での最下位ですから、オリエンタルランドの総資産回転率が低いのとは理由が違います。何らかの問題がある可能性があります。

■総資産回転率と規模の関係

トヨタ自動車の総資産回転率が低い原因の1つとして考えられるのは、トヨタ自動車の規模が大きいことです。

図表5-9は、総資産回転率と総資産の関係です。総資産は企業の規模を表す変数の1つですから、図表5-9からは**企業規模が大きくなると総資産回転率が低くなる**という傾向が見て取れます。

総資産回転率が規模に反比例するという傾向は、非常に多くの業種で見られます。これは理論的には説明できませんが、直感的には納得のできることではないでしょうか。企業の規模が大きくなると、必ずしも売上高に貢献しない仕組みをどうしても持ちがちです。一等地の立派な自社ビル、あまり使われない大きな会議室、高価な調度品、贅沢な役員室、骨董品や絵画――。どれも売上高にはあまり貢献しそうもありません。

図表5−8　自動車メーカーのROAとその分解

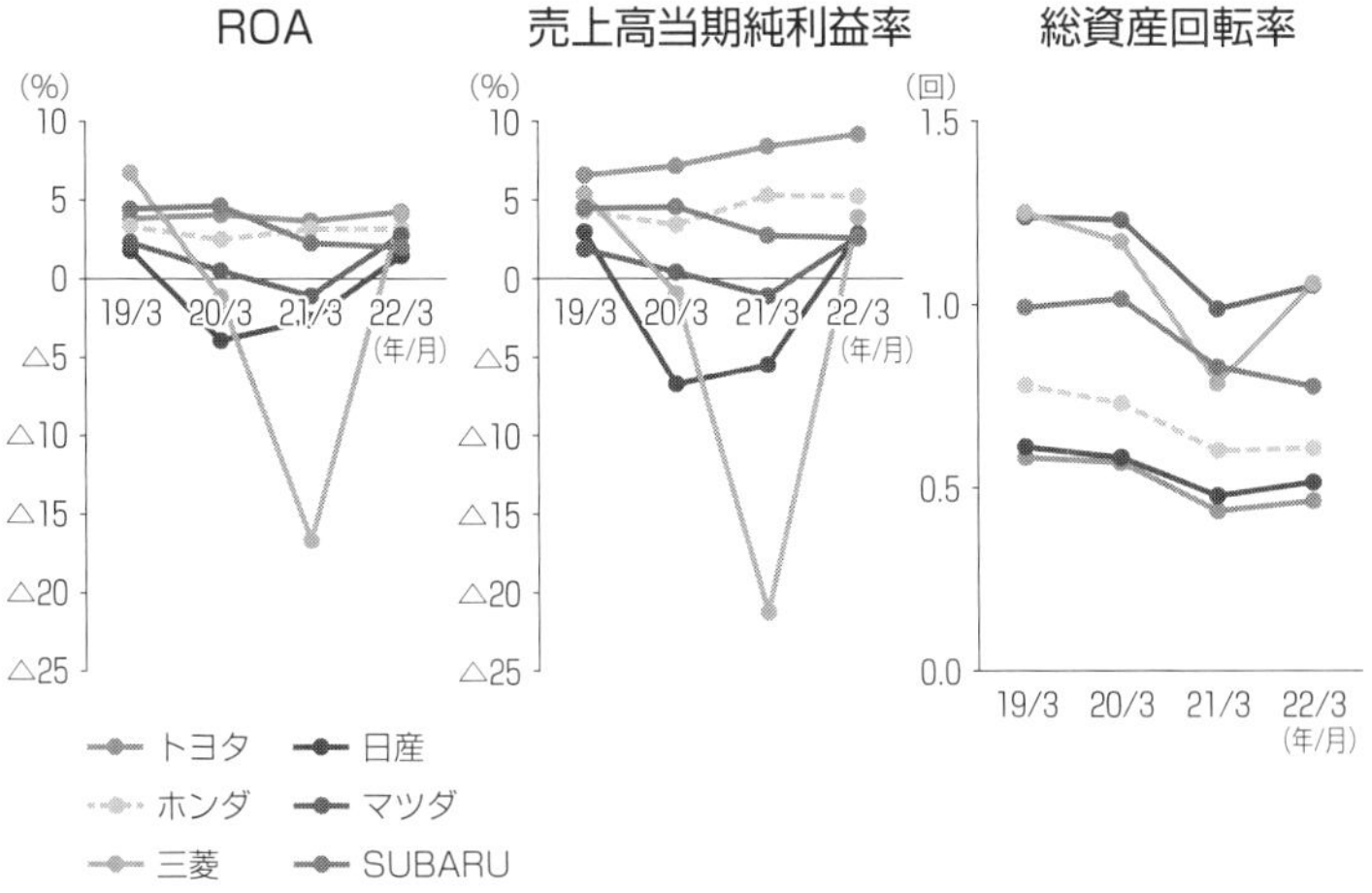

図表5−9　自動車メーカーの総資産回転率と総資産（2022年3月期）

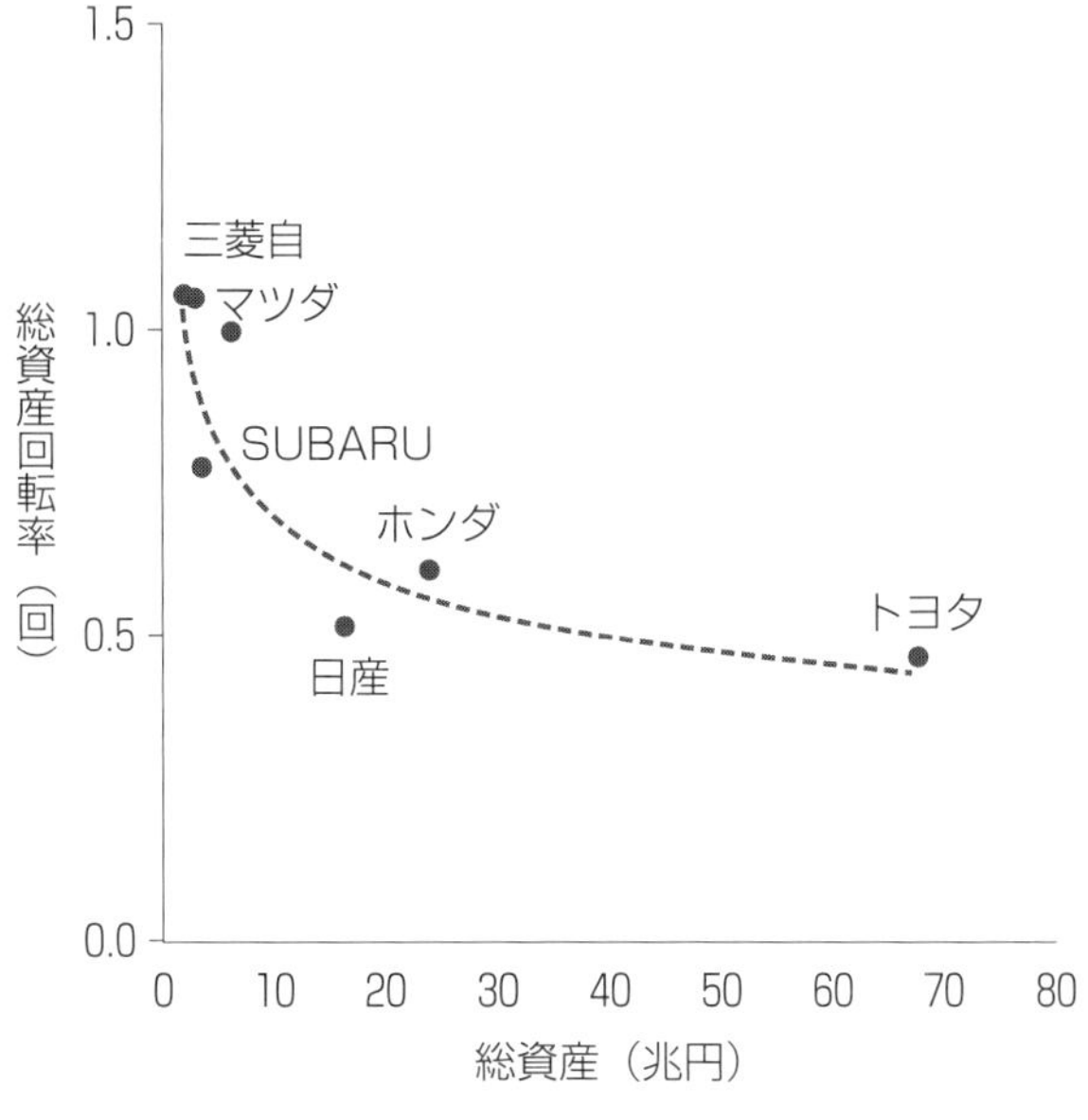

これは、人間も裕福になると、必要以上に高価な食事を必要以上に取り、肥満になっていくのと似ています。

これは、ある種のパラドックスです。企業においては誰しも利益を追求します。利益を出せば、それが内部留保される結果、貸借対照表が成長していきます。このようにして企業は規模が拡大していきます。そうやって規模を大きくした結果、自ら売上高を効率的に生み出せない体になっていくのです。

それを称して、「**大企業病**」と言うのかもしれません。

コラム　ROAは1つじゃない

実は、ROAの定義式は1つではありません。少なくとも上の4通りの定義式が存在します。違いは、分子に使う利益です。

$$\text{ROA}=\frac{\text{当期純利益}}{\text{総資産}} \qquad (5\text{-}5)$$

$$\text{ROA}=\frac{\text{事業利益}}{\text{総資産}} \qquad (5\text{-}6)$$

$$\text{ROA}=\frac{\text{経常利益}}{\text{総資産}} \qquad (5\text{-}7)$$

$$\text{ROA}=\frac{\text{営業利益}}{\text{総資産}} \qquad (5\text{-}8)$$

式（5-5）は本文で紹介した定義式です。これがグローバル・スタンダードな式です。分子の当期純利益はその期の最終利益ですから、意味としては、「すべてを含む最終結論としてのROA」ということになります。

式（5-6）は、日本で通説となっている定義式です。事業利益の詳細な説明は割愛しますが、簡単に言うと、異常な状態を除いた平均的な利益です。

式（5-7）は、書籍や実務上よく見られる式ですが、理論的な厳密性には欠けます。式（5-6）の簡便化バージョンという位置づけです。

式（5-8）も、式（5-6）の簡便化バージョンというのが基本的な位置づけですが、分子の営業利益は「本業の利益」ですから、「本業のROA」という意味に解釈することもできます。

さらに細かいことを言うと、分母が総資産ではなく総資本になっている定義式もあります。総資産は「資産の総額」という意味ですから、貸借対照表の左側の総額を指す言葉です。総資本は「投下資本の総額」という意味ですから、貸借対照表の右側の総額を指す言葉です。どちらの言葉を使っても金額は変わりませんから計算上は何の違いもありませんが、見方が異なっています。

「総資産」と言った場合は、「仕組みがどれだけ利益を生み出しているか」という見方をしています。それに対して、**「総資本」と言った場合は、「投下資本がどれだけ利益を生み出しているか」という見方**をしているので、株主と債権者という資本を投下した人の目線で見ています。

日本においては「総資本」と言われることも多いですが、Return On Assets は資産という意味ですから、本家本元のROAの分母は「総資産」です。どちらが正しいかという話ではありません。見方が異なるという話です。

ROAに限らず、財務指標は制度モノではないので、式が1つに定まっているわけではありません。それを全部「ROA」と呼ぶのが混乱の元なわけですが、不必要に混乱させられないためにも、財務指標には複数の指標が存在し得るということは知っておいたほうがいいでしょう。

財務指標は、分析者が分析目的に応じて式を使い分けたり、場合によっては修正して使ったりする必要があるのです。これもまた、財務指標の式は覚えるのではなく、意味を理解することが重要である理由です。

5-4 自己資本比率——安全性の基本指標

$$\text{自己資本比率} = \frac{\text{純資産}}{\text{総資本}} \times 100(\%) \qquad (5\text{-}9)$$

$$\text{負債比率} = \frac{\text{負債}}{\text{純資産}} \times 100(\%) \qquad (5\text{-}10)$$

自己資本比率は、安全性を見る代表的な指標です。自己資本比率の計算式は上の式（5-9）の通りです。

分母の総資本は「調達資本の合計」という意味で、貸借対照表の右側の合計です。具体的には、負債＋純資産です。したがって、**自己資本比率は、調達した資本のうち、返済不要のものがどれくらい占めているかを意味します。**

安全性とはキャッシュの支払能力のことですが、そもそも返済を要する負債が少なければ支払能力を心配する必要がありません。ですから、自己資本比率が高いほうが安全性は高いということになるわけです。

自己資本比率の裏返しは、上の式（5-10）の**負債比率**です。

負債比率の場合は、低いほうが安全性は高いということになります。

自己資本比率と負債比率は表裏一体の関係にありますが、計算式は少々異なる視点の式になっています。自己資本比率は「総資本に占める純資産の割合」

であるのに対し、負債比率は「負債が純資産の何倍か」という指標になっています。倍率なのに「負債比率」という名称はわかりにくいと以前から言われているのですが、日本では昔からこう呼ばれているので慣例に従うしかありません。

負債比率は英語では、**デット・エクイティ・レシオ**や**D／Eレシオ**と言い、日本でもこの表現は使われています。デット（debt）は負債[2]、エクイティ（equity）は純資産のことですから、これらの言い方のほうが式をそのまま表す名称になっています。

■自己資本比率の二面性

安全性の観点からは自己資本比率は高いほうがいいですが、高ければいいというわけではないところに自己資本比率の難しさがあります。

別の観点からすると、自己資本比率は低いほうがいいのです。それは、ROEの観点です。なぜならば、自己資本比率が低いほうが相対的に負債比率が高くなり、本章の5-2節で述べたレバレッジ効果が働くからです。

ここに資本構成の難しさがあります。自己資本は高ければいいというものでもなければ、低ければいいというものでもないのです。ROEのためには自己資本比率は低いほうがいいです

2　会計上の負債は本来、liabilityと言う。debtは、日常用語の負債（≒借金）のニュアンスが強いが、ここでは会計の負債を表す言葉として使われている。

が、だからと言って低すぎると、借入金の元本返済や利息の支払負担が増えますから、安全性は確実に損なわれます。

自己資本比率をどうするかは、その企業が安全性とＲＯＥのどちらを優先するかによります。かつては、「借金はないほうがいい」という感覚が支配的でした。現在でも、特に日本においてはその感覚は強く、「有利子負債」と言えば、ほぼ条件反射のように「圧縮」という言葉が続きます。**無借金経営**は、礼賛《らいさん》されることはあっても批判されることはまずありません。これは、安全性の観点です。

しかし、ＲＯＥの観点からは、負債は増やしたほうがいいのです。実際、ＲＯＥを重視する企業が、あえて負債比率を高めて自己資本比率を下げるケースも見られるようになってきています。

■自己資本比率と内部留保

自己資本比率は負債を減らすことによって上昇しますが、利益の内部留保によっても上昇します。**利益の内部留保は、利益剰余金という純資産科目に計上される**からです。

安全性の観点からは利益の内部留保が増えることは望ましいことですが、一方で、日本企業は内部留保が多すぎるという批判がよくなされます。「そんなに多くの内部留保があるんだったら賃上げに回せ」というような論調です。過剰な内部留保をさせないために、内部留保に課税すべきだという意見も聞かれます。

これらの意見は、いずれも正しいとは言えません。

根本的な間違いは、「内部留保＝お金のため込み」という誤解です。確かに、利益が内部留保されたその瞬間は、それに相当するキャッシュが社内に留保されているでしょう。しかし、そのキャッシュはその後何かに使われていきます。内部留保の額に相当するキャッシュがいつまでも社内にため込まれているわけではありません。

問題があるとするならば、それは留保されたキャッシュが何にも使われずにキャッシュのまま置かれている場合です。多くのキャッシュが手元にあるのは安全性の観点からは良いのですが、収益性の観点からは望ましくないのです。なぜならば、**キャッシュそれ自体は新たな富を生まない**からです。

キャッシュは、設備や研究開発など、何かに使って初めて新たな富を生み出します。百歩譲って銀行に預ければ利息という新たな富が生まれますが、そんなのは微々たるものです。そもそも預金して利息を得るのは誰でもできますから、その企業に期待されていることでもありません。キャッシュをそのまま持っていることは、安心感にはつながるかもしれませんが、新たな富は生まないのです。

ですから、内部留保に関して問題にするならば、貸借対照表の左側です。右側ではないのです。留保したキャッシュを有意義なものに使っているかどうかという、貸借対照表の左側が問題なのです。

なお、利益の内部留保が多いことを理由に「賃上げをしろ」とか「課税すべきだ」という主張は、そもそも理論的に間違っています。

まず、賃上げに関してですが、人件費は利益を源泉として支払われるものではありません。人件費を差し引いた後が利益ですので、話の順序が全く逆になっています。事後的に人件費を増やしたところで、今ある内部留保を減らすことはできません。

ただし、人件費を増やせば利益が減少しますから、将来に向かって内部留保の増加を抑制する効果はあります。しかし、そうだとしても、利益がプラスであり、かつ、当期純利益の全額を配当に回さない限り、内部留保は確実に増加します。

次に、「内部留保に課税すべき」という意見は、租税理論的に許容されません。なぜならば、**内部留保に課税すると二重課税になる**からです。

内部留保は、法人税等が課された後の税引後利益が留保されたものです。これに課税すると、既に課税されたものにさらに課税することになります。これが、二重課税です。

二重課税を認めると、同一の課税対象に対して際限なく課税することが可能になってしまいます。それでは担税者の利益が著しく害されるので、二重課税は租税理論的にご法度なのです。

ただ、制度的には、一定の同族会社に対しては内部留保に課税するという制度が以前からあります。これは極めて政治的な思惑によってつくられた制度です。租税理論の立場からすれば本来は禁じ手です。

実質的に考えても、内部留保に課税したら、「課税されるくらいなら使ってしまえ」というインセンティブが企業に働くでしょうから、社内に資金が留保されなくなります。そうなると、企業は長期的な事業資金を持たなくなるので、近視眼的な経営しかできなくなります。結果的に経済全体にとっても望ましいことにはならないはずですが、制度をつくる人たちはそのようには考えないようです。

$$\text{売上債権回転期間}=\frac{\text{売上債権}}{\text{売上高}/12}\ (\text{月}) \qquad (5\text{-}11)$$

5-5 回転期間——資金の回転スピードに関する指標

■売上債権回転期間

回転期間も安全性に関する指標です。その中で、まず**売上債権回転期間**を見ていきましょう。この式の意味がわかれば回転期間の意味がわかりますし、他の回転期間の意味も容易に理解できるようになります。

売上債権回転期間の定義式は、上の式（5-11）の通りです。

売上債権とは、文字通り売上に伴って発生する債権のことで、具体的には、**受取手形**と**売掛金**の合計額です。式（5-11）の分子には、その期末残高を用います。

一方、分母は年間の売上高を12で割ったものです。これは、**月平均売上高**を意味します。

さて、売上債権の期末残高を月平均売上高で割ると、どういう意味になるでしょう。**月平均売上高とは、すなわち売上債権の月平均発生額**です。なぜならば、基本的に売上高と同額の売上債権が発生するからです。売上債権の月平均発生額は、簡単に言えば**月平均取引額**です。

期末残高を月平均取引額で割っているということは、その結果は「**取引量の何カ月分の売上債権が期末に滞留しているか**」という意味になります。だから、売上債権回転期間の単位は「月」になるのです。

売上債権残高は、このように滞留期間にすることによって初めて、その良し悪しが判断できるようになります。なぜならば、売上債権の絶対額を見ても、それが多いのか少ないのかを判断する拠り所がないからです。また、前期と比べて増減があった場合も、それが良いのか悪いのかの判断もつきません。それが「取引量の何カ月分」という滞留期間に翻訳されれば、判断がつきやすくなるはずです。

安全性の観点からは、**売上債権回転期間は短いほうが望ましい**し、できることならば短くなるように努めるべきです。なぜならば、**売上債権回転期間が短いということは早期に入金が行われることを意味する**からです。

■回収サイトに等しい

売上債権回転期間は理論的には、その企業の**売上債権の平均回収サイト**に等しくなります。**回収サイト**とは、代金を回収するまでの期間です。「サイト」とはsight（見ること、眺めること）

図表5 10　売上債権の発生と消滅

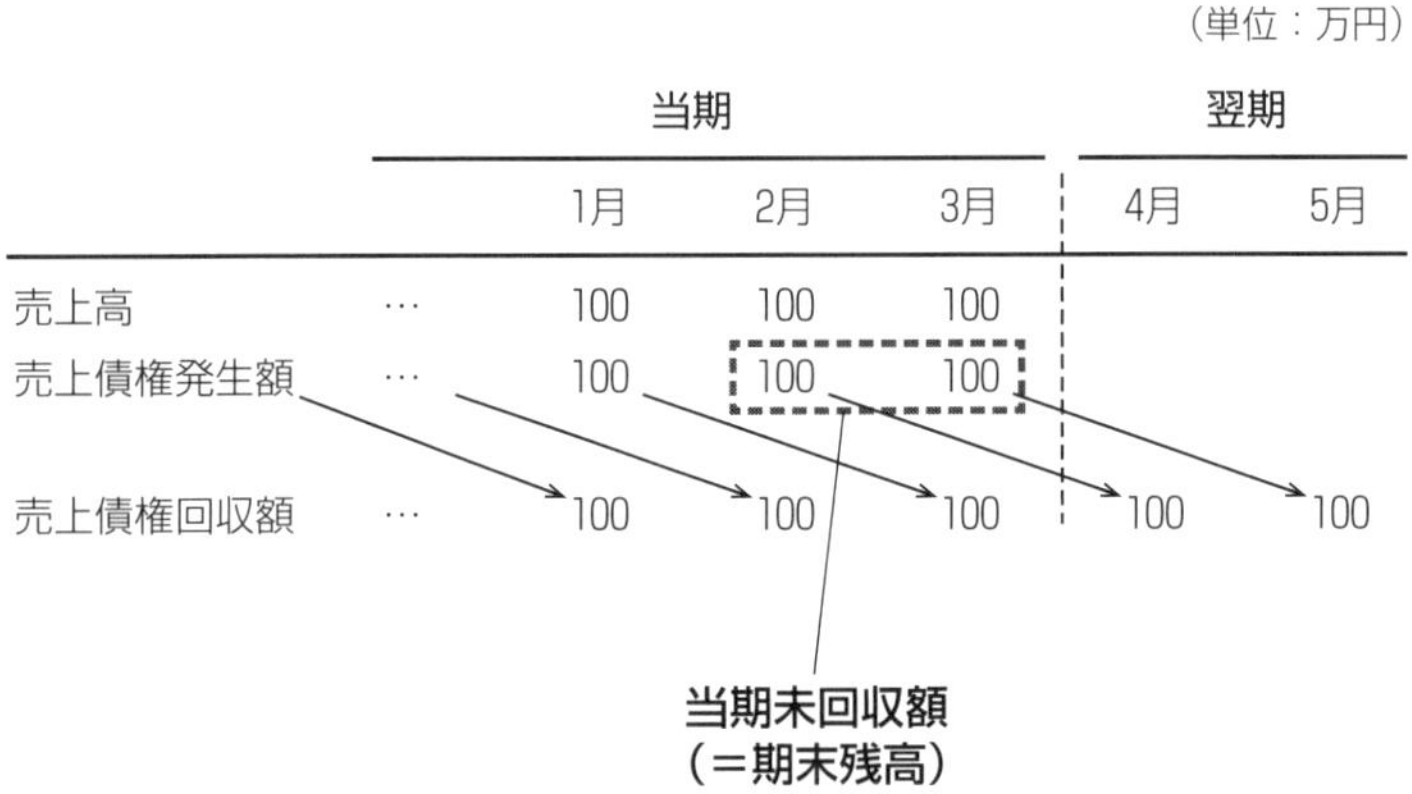

です。一定期間「眺めて放っておく」ということです。なぜ、売上債権回転期間が売上債権の平均回収サイトになるかを、図表5-10を使って説明しましょう。

今、月平均売上高が100万円、売上債権の回収サイトが2カ月、決算月が3月の会社があるとします。月平均売上高が100万円ということは、毎月平均的に100万円の売上債権が発生します。その回収サイトは2カ月ですから、売上債権は2カ月遅れで回収されて消滅します。

ということは、3月期末時点では1月に発生した売上債権までは回収されて消滅しています。一方、2月と3月に発生した売上債権の回収は翌年度になりますから、期末時点ではその2カ月分が残高として残ることになります。なぜ2カ月分が残るかと言うと、回収サイト、すなわち回収までのタイムラグが2カ月だからです。

これが、売上債権回転期間が理論的には平均回収サイトに等しくなる理由です。

■仕入債務回転期間と棚卸資産回転期間

売上債権回転期間以外でよく使われる回転期間に、**仕入債務回転期間**と**棚卸資産回転期間**があります。売上債権回転期間の式の意味がわかれば、これらの意味も容易にわかります。

計算式は、それぞれ下の式（5-12）と（5-13）の通りです。

$$仕入債務回転期間=\frac{仕入債務}{仕入高/12}（月）\qquad (5\text{-}12)$$

$$棚卸資産回転期間=\frac{棚卸資産}{売上原価/12}（月）\qquad (5\text{-}13)$$

式（5-12）の分子の**仕入債務**とは、文字通り仕入に伴って発生する債務のことです。具体的には、**支払手形**と**買掛金**の合計額です。式（5-12）の分子には、その期末残高を用います。

分母は年間の仕入高を12で割ったものです。これは月平均仕入高を意味します。それは1カ月当たりの平均取引額ですから、仕入債務回転期間は、「**取引量の何カ月分の仕入債務が期末に滞留しているか**」という意味になります。

そして、仕入債務回転期間は理論的には、仕入債務の平均支払サイトと等しくなります。**支払サイト**とは、代金を支払うまでの期間です。等しくなる理由は、売上債権回転期間が回収サイトに等しくなるのと同じです。

式（5-13）の分子は**棚卸資産**の期末残高です。分母の売上原価は販売されたものの原価ですから、それで分子の棚卸資産期末残高を割ると、「**販売量の何カ月分の在庫が期末に滞留しているか**」という意味になります。

また、棚卸資産回転期間は、商品などの棚卸資産が販売されるまでのタイムラグという意味にもなります。なぜならば、たとえば棚卸資産回転期間が2カ月ということは、2カ月経てば販売されてなくなるということを意味しているからです。

安全性の観点からは、**仕入債務回転期間は長いほうがいい**ですし、できることなら長くなるように努めるべきです。なぜならば、**仕入債務回転期間が長いということは、支払までの猶予期間が長いことを意味する**からです。

棚卸資産回転期間は短いほうがいいですし、できることならば短くなるように努めるべきです。なぜならば、**棚卸資産回転期間が長いということは在庫の滞留量が多いということであり、それだけ先に多くの現金を使っている**ということだからです。

■ **ほぼ一定という性質の利用法**

回転期間はいずれも、ほぼ一定になるという性質があります。なぜならば、売上債権回転期間や仕入債務回転期間は回収サイトと支払サイトに等しく、サイトの長さは取引先との取引条件だけで決まるからです。景気が変化しようが個別の取引量が変化しようが、売買契約等で「当月末締め翌々月払い」と定めてあるならば、サイトの期間は常に2カ月で変わりません。

「回転期間はほぼ一定」という性質を利用すると、以下のような管理指標として利用することができます。

まず、顧客からの代金の支払状況を管理する指標として売上債権回転期間が使えます。営業部門の管理者がすべての顧客からの支払状況のすべてを常に把握するのは困難です。そこで、売上債権回転期間を管理指標として定め、モニタリングします。どこかで支払の遅延が起こっている場合は、売上債権の残高が正常な場合よりも多くなっているはずですから、売上債権回転期間は長くなります。売上債権回転期間を定期的にモニタリングしていれば、それに気づけるのです。

また、「回転期間はほぼ一定」という性質を利用すると、粉飾発見のための管理指標として使うこともできます。粉飾とは人為的に数値に手を加えることですから、どうしても数値間のバランスが崩れます。数値間のバランスが崩れると、本来一定のはずの回転期間が変動する可能性があります。そのため、**回転期間は粉飾の可能性を発見する指標に使える**のです。

■キャッシュ・コンバージョン・サイクル（CCC）

キャッシュ・コンバージョン・サイクル（Cash Conversion Cycle：CCC）の計算式は、次ページの式（5-14）の通りです。

キャッシュ・コンバージョン・サイクルの単位は「日」を用いるのが普通です。したがって、

$$\mathrm{CCC}=\text{売上債権回転期間}+\text{棚卸資産回転期間}-\text{仕入債務回転期間（日）} \quad (5\text{-}14)$$

$$\text{売上債権回転期間}=\frac{\text{売上債権}}{\text{売上高}/365}\text{（日）} \quad (5\text{-}15)$$

$$\text{棚卸資産回転期間}=\frac{\text{棚卸資産}}{\text{売上原価}/365}\text{（日）} \quad (5\text{-}16)$$

$$\text{仕入債務回転期間}=\frac{\text{仕入債務}}{\text{仕入高}/365}\text{（日）} \quad (5\text{-}17)$$

売上債権回転期間、棚卸資産回転期間、仕入債務回転期間もすべて単位が「日」のものを用います。そうするためには、上の式（5－15〜5－17）のように、年額を365で割ったものを分母に用います。

重要なのは、キャッシュ・コンバージョン・サイクルの式（5－14）の意味です。それについて図表5－11を見ながら考えてみましょう。

ある商品を仕入れると、仕入れた時点で在庫になります。在庫になった商品は、理論的にはそこから棚卸資産回転期間が経過すると販売されます。なぜならば、棚卸資産回転期間は販売までのタイムラグを意味するからです。

販売されると、そこで売上高と共に売上債権が発生します。その売上債権は、理論的には販売時点から売上債権回転期間が経過すると入金が行われます。なぜならば、売上債権回転期間は平均回収サイトを意味するからです。

一方、最初に商品を仕入れた時点で仕入債務が発生しています。その仕入債務は、理論的には仕入れた時点から仕入債務回転期間

図表5－11　キャッシュ・コンバージョン・サイクル（CCC）

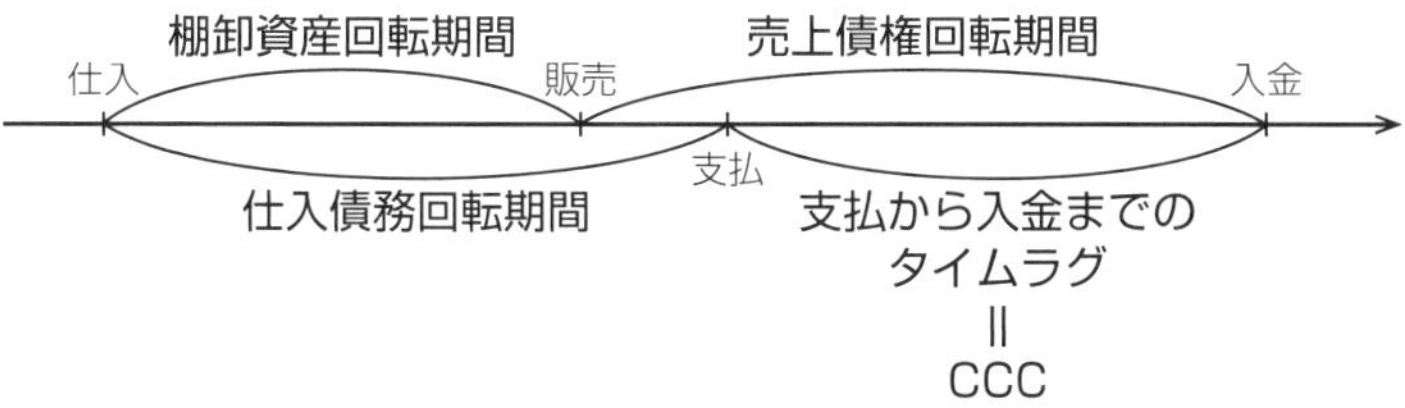

が経過すると支払日がやってきます。なぜならば、仕入債務回転期間は平均支払サイトを意味するからです。

ということは、式（5－14）で計算される**キャッシュ・コンバージョン・サイクルは、支払から入金までのタイムラグを意味する**ことになります。

なお、前受金や前渡金がある場合は、式（5－14）の売上債権と仕入債務からそれぞれ前受金と前渡金を控除します。

図表5－11からわかる重要なことの1つは、**支払が先に来て入金は後に来るというのがビジネスにおける普通の順番**だということです。

そうなると、支払から入金までの間は資金が不足する可能性があります。そのため、その期間を乗り切る資金が必要になります。それを**運転資金**と言います。手元資金の乏しい企業は、短期に借り入れをしたり、期日前に手形を割り引いたりなどの対策が必要になります。

支払が先で入金が後なのは普通なので、**キャッシュ・コンバージョン・サイクルは一般的にプラス**になります。

安全性の観点からは、**キャッシュ・コンバージョン・サイクルは当然短いほうが望ましい**ですし、短くなるように努めるべきです。

図表5−12　アップルとサムスンのCCC

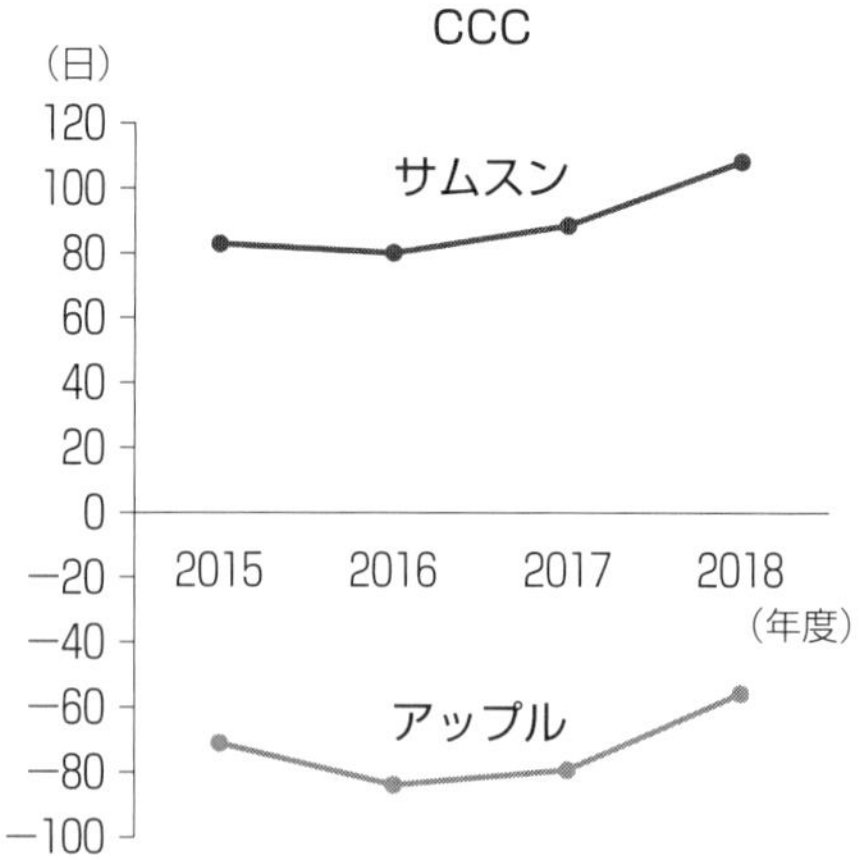

■驚異的なアップルのCCC

図表5-12は、米国**アップル**と韓国**サムスン**のキャッシュ・コンバージョン・サイクルです。

サムスンのキャッシュ・コンバージョン・サイクルは製造業として標準的な水準ですが、アップルはマイナスになっています。しかも大幅なマイナスです。

一般的に、キャッシュ・コンバージョン・サイクルはプラスになるのが普通ですから、多くの企業はなるべくそれを短くしようと頑張っています。そのような中で、キャッシュ・コンバージョン・サイクルが、これだけマイナスになるのは異例のことです。

キャッシュ・コンバージョン・サイクルがマイナスということは、先に入金があって支払は後になっているということです。その理由として考えられるのは2つです。それは、**ビジネスモデルの違い**と、**取引先との力関係**です。

まず1つ目のビジネスモデルですが、サムスンは典型的な電機メーカーです。アップルもiPhoneなどの各種製品を製造している電機メーカーですが、アップルはほとんど製造をしていません。製造は**鴻海《ホンハイ》**などの**EMS**（Electronics Manufacturing Service：電子機器受託製造サービス）にほぼ全面的に委託し、自身は企画・開発・マーケティングだけをやっているような企業です。**アップルのビジネスモデルの実態は製造業というよりもサービス業に近い**ので、棚卸資産をほとんど持っていない可能性があります。

ビジネスモデルという点では、アップルがApple StoreやiTunes Storeを通じてアプリや音楽を販売している点もサムスンとは異なります。これらのデジタルコンテンツはダウンロードされたり、ストリーミング再生されたりするだけですから、そもそも在庫というものが存在しません。また、販売量に応じて開発者やアーティストに印税のような形で報酬が支払われているとすれば、入金が先で支払が後になります。

キャッシュ・コンバージョン・サイクルがマイナスである理由として考えられる2つ目は、取引先との力関係です。一般的に、**回収サイトと支払サイトは取引先との力関係で決まります。**仕入先よりも強い立場であれば、仕入先に対する支払を遅くできます。また、顧客よりも強い立場であれば、代金の回収を早期に求めることができます。

アップルの場合、仕入先と顧客の両方に対して強い立場にあることが想像できます。仕入の面では、アップルと取引をしたい部品メーカーは世界中に山ほどいるでしょうから、少々不利な取引条件でもアップルと取引をする可能性があります。また、アップルにとっての顧客である家電量販店や電話会社は、どこでもアップルの製品を取り扱いたくてしょうがないわけですから、これも不利な取引条件を呑む可能性があります。

仮に、棚卸資産が全くなく、支払サイトが90日（3カ月）、回収サイトが30日（1カ月）とすれば、234ページの図表5-12のアップルの水準になります。

大幅にマイナスになっているアップルのキャッシュ・コンバージョン・サイクルは、単にアップルの安全性を高めているだけではありません。早期に資金回収ができるわけですから、それを次の製品の研究開発に迅速に再投資できるのです。なかなか真似のできない**マイナスのキャッシュ・コンバージョン・サイクルは、アップルのイノベーションを支える1つの理由になっている**とも言われています。

第5章　経営分析のための財務指標

チェックポイント

☑　**経営分析**の切り口として代表的なものに**収益性**と**安全性**がある。収益性とは、儲けの程度、すなわち「利益の程度」を見る切り口である。安全性とは、「倒産に対する安全性」という意味で、具体的には「キャッシュの支払能力（＝キャッシュの程度）」を見る切り口である。

☑　**ROE（自己資本利益率）**は、株主から見た収益性指標である。

☑　**ROA（総資産利益率）**は、総資産という仕組みがどれだけの利益を生み出しているかを見る収益性の最も総合的な指標である。ROEのように特定のステークホルダーを前提としていないので、中立的な収益性指標と言える。

☑　費用には、キャッシュ・アウトの原因にしかならない**悪玉コスト**と、売上の源泉となる**善玉コスト**がある。悪玉コストは徹底的に削減すべきだが、善玉コストは増やしても良い。

☑　**自己資本比率**は、安全性の基本指標で、調達した資本のうち返済不要なものがどれだけ占めているかを見る指標である。

☑　**負債比率**は、負債が純資産の何倍かを表す指標で、**デット・エクイティ・レシオ**や**D／Eレシオ**とも言われる。

☑　安全性の観点からは、自己資本比率は高く、負債比率は低いほうが望ましいが、ROEの観点からはその逆となる。

☑　**回転期間**は、安全性に関する指標で、売上債権残高の滞留期間を表す**売上債権回転期間**、仕入債務残高の滞留期間を表す**仕入債務回転期間**、在庫の滞留期間を表す**棚卸資産回転期間**が代表的である。安全性の観点からは、売上債権回転期間と棚卸資産回転期間は短いほうが望ましく、仕入債務回転期間は長いほうが望ましい。

☑　**キャッシュ・コンバージョン・サイクル（CCC）**は、支払から入金までのタイムラグを意味する指標である。支払が先で入金が後になるのが普通なので、キャッシュ・コンバージョン・サイクルは一般的にプラスになる。安全性の観点からは、キャッシュ・コンバージョン・サイクルは短いほうが望ましい。

第6章

税務と会計は似て非なるもの

6-1

企業にかかる税金の種類

図表6－1　企業の税金

	直接税		間接税
	利益に課税	利益以外に課税	
国税	法人税	印紙税	消費税 酒税
地方税	住民税 事業税	固定資産税 事業所税	地方消費税

まず、企業にかかる税金の種類を見ておきましょう。主なものをまとめると、図表6-1のようになります。

法人税や住民税などの税金の種類のことを**税目**と言いますが、税目以前に税金はその分類が重要です。税金の分類には2つの分類軸があります。

■国税と地方税

1つ目は**国税**と**地方税**です。これは税金の行先の違いです。国税は国の歳入になる税金であり、地方税は都道府県や市町村などの地方自治体の歳入になる税金です。国税には**法人税**や**消費税**があり、地方税には**住民税**や**事業税**、**固定資産税**などがあります。

この分類が重要なのは、国税か地方税かによって調べるところが違うからです。税制は非常に細かいうえに、改正も毎年行われます。そのような税制をすべて覚えることはほぼ不可能です。専門家ではない一般のビジネスパーソンであれば、覚える必要もありません。

重要なことは知っていることではなく、調べられることです。そのためには、どこを調べればいいかを知っていることが重要なのです。

法人税のことを調べたければ、これは国税ですから国税庁関連のホームページにアクセスして見ればいいということがわかります。具体的には、国税庁が提供している「**タックスアンサー**」というサイトが便利です。

ただし、「タックスアンサー」だからと言って、すべてのタックス、すなわち税金のことがここで調べられるわけではありません。たとえば、住民税のことを調べようと思ってタックスアンサーを見ても、「あれ!? どこにもない」ということになってしまいます。

住民税は地方税ですから、調べるならば地方自治体のサイトです。具体的には県や市のホームページを見れば、地方税に関するページかリンクがあるはずです。また、地方税は総務省の管轄なので、地方税の全般的なことを調べたければ、総務省のサイトで調べることができます。

ちなみに、税務署は国税に関する役所ですから、税務署に納めることができるのは国税です。相談できるのも国税です。地方税に関する相談や納付であれば県庁、市役所、区役所などです。

■直接税と間接税

税金のもう1つの分類軸は、**直接税**と**間接税**です。間接税の代表例は**消費税**です。「消費税は間接税」ということはよく聞いても、直接税と間接税の違いを一言で説明できる人は意外と少ないかもしれません。

これは、**担税者と納税者が一致しているか否かの違い**です。

担税者というのは、税金を負担する人です。納税者というのは、税務署等（地方税であれば地方自治体）に税金を納める（＝キャッシュを支払う）人です。担税者と納税者が一致しているのが直接税、一致していないのが間接税です。

たとえば、法人税は、負担するのは企業で、納付する義務があるのも企業ですから、直接税です。それに対して、消費税は、購入時に消費者が売り手に対して支払った消費税を、売り手がまとめて税務署に納付しますから、負担するのは消費者ですが、納付義務があるのは売り手です。担税者と納税者が異なっていますから、消費税は間接税ということです。

酒税も、間接税です。たとえば、ビールの価格には酒税が含まれていますので、消費者は知らないうちに酒税を払っています。それをまとめて税務署に納めるのはビール会社ですから、担税者は消費者、納税者はビール会社です。

直接税は、さらに課税対象の違いで分類できます。**課税対象が利益である税目は、法人税、**

住民税、事業税です。**課税対象が利益以外である税目には、固定資産税や印紙税などがあります。**

印紙税は、ちょっと変わった税金です。課税対象は文書です。典型例は契約書です。ある契約形態の契約書には、印紙という切手のようなものを貼って割印を押しますが、あれは印紙税という税金を払っているのです。その課税対象は、簡単に言うと契約書に記載されている金額です。

たとえ契約書に金額が記載されていても、その契約書自体がその金額で売買されるわけではないので、契約書という数ページの紙には何の経済価値もありません。それでもそれが課税対象になるというところに、税務のスタンスがよく表れています。

それを会計との対比でもう少し説明しましょう。

6-2 税務と会計の根本的な違い

税務と会計は一緒くたに捉えられている向きがありますが、両者は、関連性はあるものの、似て非なるものです。両者には根本的な違いがあるので、実務においても、「会計上は認められるが、税務上は認められない」というような言われ方がよくされます。

この「会計上は」「税務上は」という言い方に込められた意味は何なのでしょうか。

会計情報は株主、投資家、債権者などの意思決定に用いられます。したがって、**会計のミッションは、会社の経済的実態を忠実に描写すること**です。そこで重視されるのは、**合理性**です。論理的に数字を計算することに重きが置かれています。

それに対して、**税金は要するに年貢**です。お上がお上の思惑で、いかに民からガッツリ年貢を徴収するかというスタンスでつくられているのが税務です。印紙税などは、契約書という紙に書かれている、ただの数字にまで課税するわけです。

さすがに現代のお上はかつての悪代官様とは違いますから、何が何でも民から年貢を巻き上げるというわけではありません。たまには、民のことを思って減税もしてくれます。

そうだとしても、それも含めて、**税制は極めて政治的な思惑でつくられているルール**だということです。政治的思惑に基づいているから、毎年改正が行われるのです。政治的思惑が毎年変わるからです。

税務の規定には一応理論的根拠があったりしますが、そこに合理性はほとんど感じられません。毎年変わるので継続性もありません。「税金に理屈はない」と言ってしまうと関係者に怒られるかもしれませんが、でも私に言わせれば、そこに理屈はほとんどありません。すべてはお上の決め事です。コロコロ変わるルールに、論理的な理屈があるわけがありません。

「会計上は認められるが、税務上は認められない」と言うような場合、「会計上は」という一言は「経済的実態を忠実に描写する立場においては」という意味であり、「税務上は」という一言は「お上がお上の思惑で民から年貢を徴収する立場においては」という意味だということです。

図表6 2　税金の計上

損益計算書		
売上高	XXX	
売上原価	XXX	
売上総利益	XXX	
販売費及び一般管理費	XXX	
・・・		
租税公課	**XXX**	←法人税等以外の税金
・・・		
営業利益	XXX	
営業外収益	XXX	
営業外費用	XXX	
経常利益	XXX	
特別利益	XXX	
特別損失	XXX	
税引前当期純利益	XXX	
法人税、住民税及び事業税	**XXX**	
当期純利益	XXX	

6-3 税金と会計の関係

図表6-2のように、**法人税、住民税、事業税の3つの税金は、損益計算書の税引前当期純利益の下に計上**されます。これらを控除することによって最終利益である当期純利益になります。この3つの税金はまとめて**法人税等**《ほうじんぜいとう》とも言われます。

これ以外の税金を支払ったときは、**租税公課**《そぜいこうか》という科目で**販売費及び一般管理費に費用として計上**されます。

図表6-2を見ると、法人税等が税引前当期純利益のすぐ下に計上されているので、税引前当期純利益に税率を掛けて法人税等が計算され

P／L	：収益－費用＝利益	(6-1)
キャッシュ	：収入－支出＝収支	(6-2)
税務	：益金－損金＝所得	(6-3)

ているように見えるかもしれませんが、そうではありません。

その説明をする前に、まず言葉について確認していきましょう。

第3章の3-3節で、損益計算書（P／L）のプラスとマイナスはそれぞれ収益・費用と言い、その差額が利益を表すことを説明しました。また、キャッシュに関しては、入ってくることを収入、出ていくことを支出と言い、差額を収支と言うことも説明しました。

ここで、もう1つ、税務上のプラス・マイナス概念を表す言葉を紹介しておきます。税務上のプラス概念を**益金**、マイナス概念を**損金**と言います。

益金と損金は日常用語としては馴染みがないと思いますが、その差額を表す言葉は聞いたことがあると思います。この差額を**所得**と言います。所得と言うと、所得税のイメージから個人に関する言葉だと思っている人がいますが、そうではありません。個人か法人にかかわらず、**所得とは利益に相当する税務上の差額概念を表す言葉**です。

まとめると、上の式（6-1〜6-3）のようになります。

これらの言葉は、国語辞典などを引いても本当の意味はわかりません。こういう背景知識の理解があって初めてわかる言葉です。

6-4 法人税等の計算プロセス

■収益・費用・利益と益金・損金・所得の違い

法人税等は所得に税率を掛けて計算します。利益に税率を掛けるわけではありません。

法人税等を計算する際に基本となるのは、会社が会社の判断で作成した損益計算書です。その収益と費用がそれぞれ益金と損金と同じならば、利益がそのまま所得になります。しかし、一般的には収益・費用と益金・損金には違いがあるので、その違いを修正して、利益を所得に換算してから税率を掛けて納税額を計算します。

では、収益・費用と益金・損金はどのように異なるのでしょうか。

ざっくり言うと、**収益と益金には、それほど大きな違いはありません。大きな違いがあるのは、費用と損金です。費用でありながら損金**

図表6−3　収益・費用と益金・損金の違い

P/L：	収益	−	費用	＝	利益
	≒		∨		∧
税務：	益金	−	損金	＝	所得

所得 ↓ ×税率（法人税率・住民税率・事業税率） → 税額

図表6－4　利益と所得の4つの違い

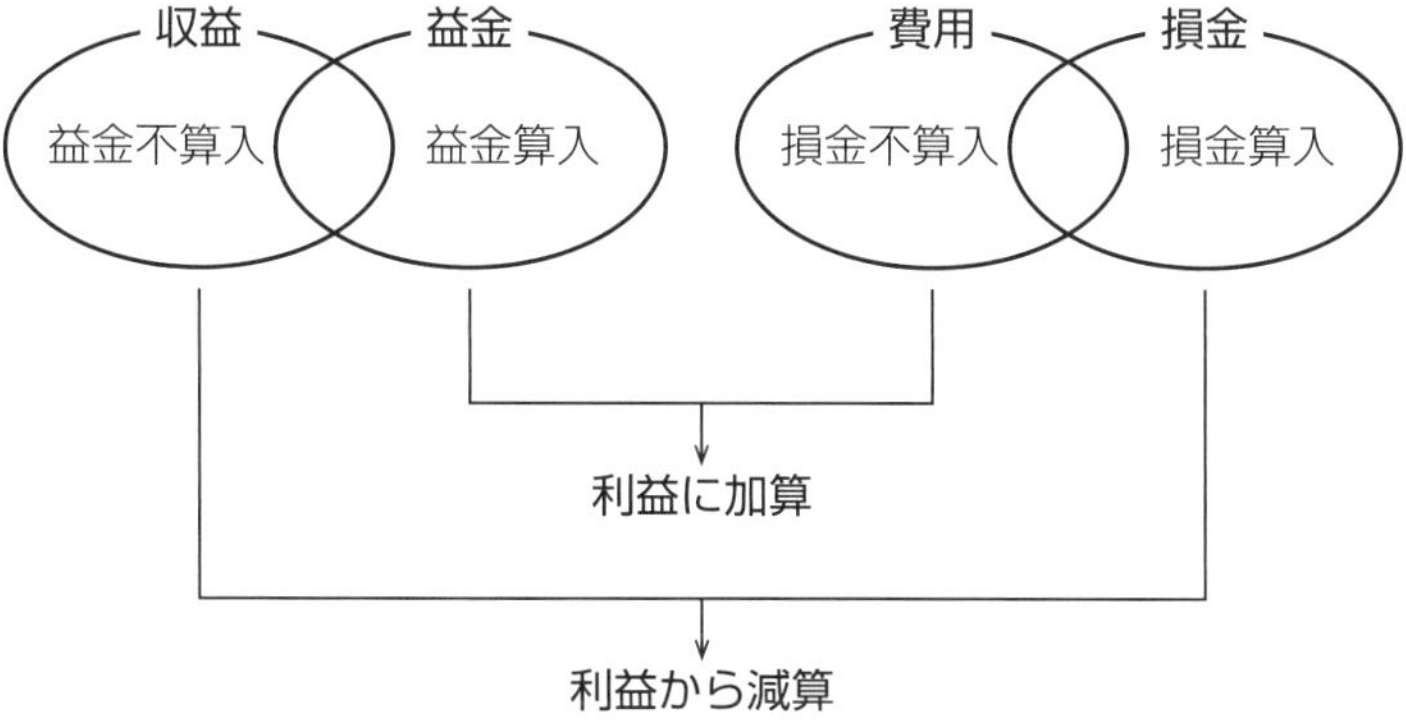

として認められる範囲が小さくなっているのです（図表6－3）。

少々乱暴に言えば、損金として認める範囲に制限をかけまくっているのが税法なのです。その結果、利益よりも所得のほうが大きくなるのが普通です。それに税率を掛けるわけですから、お上がお上の思惑通り年貢を徴収できるというわけです。

所得を計算するには益金と損金から改めて計算してもいいのですが、実際には、収益と益金との差と、費用と損金との差を、すべて利益に対して調整することによって、利益を所得に換算するという方法が採られます。

この差には、次の4パターンがあります（図表6－4）。

①**益金不算入**：収益だが益金にはならない

②**益金算入**：収益ではないのに益金に入れなければならない

図表6-5　法人税等の計算プロセス

会計の世界

損益計算書

売上高	XXX
売上原価	XXX
売上総利益	XXX
販売費及び一般管理費	XXX
営業利益	XXX
営業外収益	XXX
営業外費用	XXX
経常利益	XXX
特別利益	XXX
特別損失	XXX
税引前当期純利益	XXX
法人税、住民税及び事業税	XXX
当期純利益	XXX

税務の世界

税務申告書

税引前当期純利益		XXX
加算	益金算入項目	XXX XXX
	損金不算入項目	XXX XXX
減算	益金不算入項目	XXX XXX
	損金算入項目	XXX XXX
所得金額		XXX

×税率

実際の納付（支払）税額　法人税・住民税・事業税

③**損金不算入**：費用なのに損金として認められない（これがたくさんある）

④**損金算入**：費用ではないのに損金として認められる

この4パターンの差を利益に加減算して所得に換算します。具体的には、益金算入項目と損金不算入項目は利益よりも所得を大きくしますから、利益に対して加算調整をし、益金不算入項目と損金算入項目は利益よりも所得を小さくしますから、利益に対して減算調整をします。

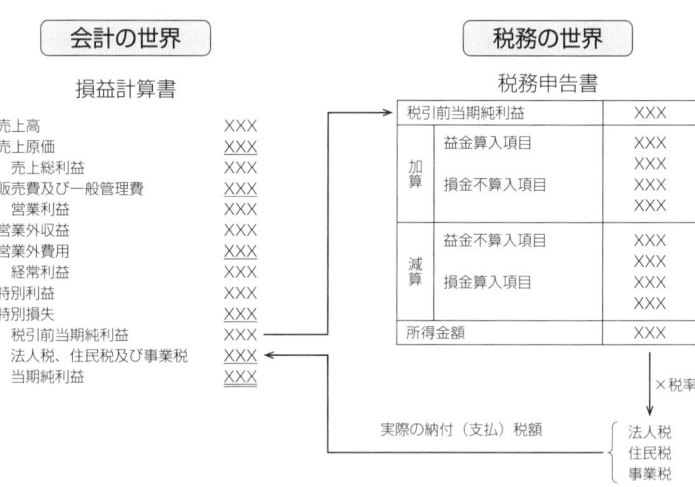

■法人税等を計算するプロセス

企業が法人税等を計算するプロセスは以下のようになります（図表6-5）。

企業は、まず決算書を作成します。これは会計の世界です。図表6-5の損益計算書で税引前当期純利益まで計算したら、図表6-5の右側に飛んでいきます。こちら側は税の世界です。

税の世界では、税引前当期純利益に対して先ほどの4パターンの違いを加減算して所得に換算し、それに税率を掛けて法人税、住民税、事業税という3つの税額を計算します。

利益を所得に換算し、税額を計算するための書類が**税務申告書**と呼ばれるものです。税務申告書は**別表**と呼ばれる20種類ほどの書類から構成されています。ちなみに、4パターンの違いを調整して、利益から所得に換算するための書類は別表4です。[3] それ以外の大半の別表は勘定科目ごとの明細書です。

税務申告書で税額を計算し終わると、図表6-5の左側に戻ってきます。これでやっと、損益計算書に法人税、住民税及び事業税が計上できるのです。

3 実際の別表4では、税引後の当期純利益に対して調整する形で記載しますが、本質的には税引前当期純利益に対する調整なので、図表6-5でも税引前当期純利益に対して調整するような書き方にしています。

6-5

「税務会計」という会計があるわけではない

■会計基準と税制の乖離《かいり》

巷では「**税務会計**」という言葉が使われることがありますが、実は税務会計という会計分野があるわけではありません。確かに、法人税等は会計情報を前提にしており、税務と会計は密接な関係にありますが、税務は会計ではありません。

会計は企業の経済的実態を忠実に描写することを旨とするものですから、合理性や一貫性を非常に重視します。しかし、税務にはそのような性格はありません。税務は民から徴収する年貢の額を決めるものですから、合理的判断ではなく政治的判断で決まり、それ故にルールは毎年変わるので一貫性もありません。

実際のところ、**会計基準と税制は乖離が広がる一方です。乖離が広がると、税務申告において調整しなければならない事項がどんどん増える**ことになります。

そういう調整は大変ですから、税務申告のためだけに決算書をつくっているような中小企業は、最初から税法を全面的に意識した決算書を作成するのです。そうすれば、税務申告における調整は必要最小限に抑えられますから、経理業務が楽になります。

この、最初から税法を全面的に意識して決算書を作成する会計業務を、俗に「税務会計」と呼んでいるのです。

■会計基準を真面目に守らなければいけない企業

税務会計的に作成された決算書は、会計基準を半ば無視していますから、会計的には不適切である可能性があります。ということは、税務会計的な決算書が容認されるのは、会計基準を真面目に守らなくてもいい会社です。

もちろん、会計基準は守るべきものではありません。ただ、会計基準を守っているかどうかをチェックするのは、現実的には監査法人しかいません。ということは、監査法人の監査を受けていない企業は、決算書が〝会計的に〟適正でなかったとしても、事実上、誰からも怒られることはなく、罰せられることもないのです。

では、監査法人の監査を受ける義務がある会社とは、どういう会社でしょうか。多くの人は「上場会社」と答えるかもしれませんが、第2章の2-2節で既に述べた通り、上場していなくても会社法上の**大会社**《だいがいしゃ》に該当すると法定監査義務が生じます。

逆に言えば、それほど大きくなく上場もしていなければ、法定監査義務はありません。それが圧倒的多数です。そういう会社は会計基準を真面目に守らなくても、誰からも怒られないのです。

このように作成された決算書は会計基準に反している部分があり得ますが、一般の人にとっては、違いがあまりわからないでしょうし、問題になることもほとんどないと思います。ただ、問題になってから大慌てで対応しなければいけない場合もあります。

典型例は、上場を目指す会社です。上場を目指す会社は、上場前の一定期間、監査法人の監査を受けて、決算内容が適正であるというお墨付きをもらわなければ上場できません。そういう会社の中には、「ウチは今までずっと税理士さんに見てもらっていますから、決算内容については大丈夫です！」という会社が結構あります。ところが、そういう会社にいざ監査が入ってみると、会計上問題だらけで、上場を前にして大慌てということが時々起こります。

税理士は税法に照らして適法であるかどうかは見ますが、会計的に適正かどうかは必ずしも見ません。税理士はあくまでも税に関する法律家であって会計の専門家ではないので、会計にはあまり詳しくない可能性がありますし、関心もないかもしれません。そのため、税務上は問題なくても、会計上は問題だらけということが起こり得るのです。

コラム

なぜ「別表」と言うのか？

法人税を申告するための書類を**別表**と言いますが、別表とは「別の表」ということですから、どこかに「本表」がありそうです。ところが本表はありません。では、なぜ「別表」などという不思議な名称になっているのでしょうか。

その由来は、法人税法の規定にあります。法人税法には、「益金・損金に算入すべき金額は、別段の定めがあるものを除き、それぞれ収益・費用の額とする」（法人税法第22条）という定めがあります。

この規定が言っていることは、「**税務上の益金・損金には、会計上の収益・費用をそのまま使うのが大前提ではあるが、税法に別段の定めがある場合は、それに従って数値を修正しなければならない**」ということです。

実際には、この「別段の定め」が税法にたくさん定められているわけです。税務申告書は、その「別段の定め」に従って修正するための書類なので、「別表」というのです。

あえて言うならば、本表は会計の世界の損益計算書ということです。

第6章　税務と会計は似て非なるもの

チェックポイント

☑　税金の種類（**税目**）は、**国税と地方税**という分類と、**直接税と間接税**という分類ができる。**国税・地方税は、税金の行き先が国か地方自治体かの違い**である。**直接税・間接税は、**税金を負担する**担税者**と税金を納付する**納税者**が一致しているか否かの違いである。一致しているのが**直接税**、一致していないのが**間接税**である。

☑　**会計**は、会社の経済的実態を忠実に描写することを旨としているため、合理性を重視するが、**税務**は、お上が民から年貢を徴収するものなので、極めて政策的なルールになっている。

☑　法人税、住民税、事業税は、まとめて**法人税等**とも呼ばれ、損益計算書の税引前当期純利益の下に計上される。これ以外の税金は、一般的に**租税公課**という科目で販売費及び一般管理費に費用として計上される。

☑　税務上のプラス概念を**益金**、マイナス概念を**損金**、両者の差額を**所得**と言う。益金と収益、損金と費用にはいずれも違いがあり、特に、**費用でありながら損金として認められないものが多い**。

☑　法人税等の計算プロセスでは、損益計算書の税引前当期純利益を元にして、収益と益金、費用と損金との違いをそれぞれ調整して**所得に換算**し、それに**税率**を掛けて計算する。この一連の計算を行うための書類を**税務申告書**と言う。

☑　税務申告のためだけに決算書をつくっているような中小企業は、最初から税法を全面的に意識した決算書を作成することが多い。最初から税法を全面的に意識して決算書を作成する会計を、俗に**税務会計**と言う。

第7章

キャッシュ・フロー計算書から見えるもの

7-1 キャッシュ・フロー計算書はなぜ必要なのか？

キャッシュ・フロー計算書は、財務諸表の1つです。貸借対照表、損益計算書と合わせて、**「財務諸表の主要3表」**と呼ばれることもあります。ただし、**キャッシュ・フロー計算書は、実質的に上場企業の連結財務諸表においてのみ義務化されています**ので、すべての企業がキャッシュ・フロー計算書を作成しているわけではありません。

キャッシュ・フロー計算書を作成しているか否かにかかわらず、キャッシュ・フロー情報の重要性は変わりませんので、キャッシュ・フロー計算書の作成義務がない会社であっても、何らかの形でキャッシュ・フロー情報は定常的に見るべきです。

なぜ、キャッシュ・フロー情報を見る必要があるかと言うと、それは**利益を見てもキャッシュのことは何もわからない**からです。おそらく、この「何もわからない」という感覚が一般の人には希薄なような気がします。

ときどき、「キャッシュ・フロー計算書を見たら何がわかるんですか？」という質問を受けることがあります。それに対して「キャッシュの状態です」と答えると、「え、それだけですか⁉」と言われることがしばしばあります。

　これだけ巷でキャッシュ・フローは重要だと言われるからには、それを見たら何かとても良いことがわかると思っていたようです。それなのに、「わかるのはキャッシュの状態」という、あまりにも当たり前すぎる答えに、多くの人は拍子抜けするようなのです。

　キャッシュ・フロー計算書で何がわかるかと聞かれたら、「キャッシュの状態」としか答えようがありません。おそらく理解すべきなのはそこではないのです。理解すべきなのは、「利益を見ても、キャッシュのことは何もわからない」という、こちらのほうなのです。

「そうは言っても、利益が出ている会社はお金もあるに決まっている」というのが、おそらく多くの人の普通の感覚です。だから、「利益を見ていればキャッシュのことは大体わかる」と暗黙のうちに思っていると思うのです。

　利益を見ても、キャッシュのことはわかりません。全くと言っていいほどわかりません。**キャッシュがなくなったら倒産です。利益がどんなに赤字でも、キャッシュがあれば倒産はしません。**たとえば、銀行からお金を借りられれば倒産はしません。逆に、利益がどんなに黒字でも、キャッシュがなくなることは十分にあり得ます。キャッシュがなくなれば利益が黒字でも倒産です。

　だから、**キャッシュ情報は直接見る必要がある**のです。

7-2 利益とキャッシュはなぜ異なるのか?

利益とキャッシュが異なる理由は3つあります。

1つ目の理由としては、第3章の3-3節で述べた**発生主義**があります。発生主義とは、「損益計算書の情報は、キャッシュの動きではなく、経済的事実の発生に基づき計上する」という考え方ですから、根本的に**損益計算書の情報はキャッシュの動きと切り離されています**。

2つ目の理由は、**投資や借入に伴うキャッシュの流出入が損益計算書に計上されない**ことです。投資をすれば多額のキャッシュが流出し、借入をすれば多額のキャッシュが流入しますが、いずれも損益計算書には計上されません。新株発行によって資本市場から資金を調達する場合も、キャッシュは増えますが、損益計算書には計上されません。

3つ目の理由は、そもそも**キャッシュの動きと全く連動しない損益項目がある**ことです。代表的なのは、**減価償却費**や**引当金繰入額**です。減価償却の元となる資産を取得したときは一切費用に計上しない代わりに、その後、何年間かにわたって減価償却費という費用を計上します。ただ、キャッシュ・アウトは既にすべて終わっていますから、減価償却費という費用が計上されるときは、キャッシュ・アウトは発生しません。

引当金繰入額は、将来起こるかもしれないキャッシュ・アウトに対して費用を前倒し計上するものですから、費用計上時にはキャッシュ・アウトはありません。また、将来のキャッシュ・アウトも単なる可能性ですから、将来においてもキャッシュ・アウトは全く起こらないかもしれません。

以上のような理由から、利益とキャッシュは異なるのです。

7-3 キャッシュ・フロー計算書の構造

それでは、キャッシュ・フロー計算書の構造を見てみましょう。図表7-1は、**イオン株式会社**の連結キャッシュ・フロー計算書です。

キャッシュ・フロー計算書の最大のポイントは、**営業活動によるキャッシュ・フロー**、**投資活動によるキャッシュ・フロー**、**財務活動によるキャッシュ・フロー**という、3つのパートから構成されていることです。これらは略して、「**営業キャッシュ・フロー**」「**投資キャッシュ・フロー**」「**財務キャッシュ・フロー**」とも言われます。

3つのキャッシュ・フローを合計したものが、図表7-1の下から3行目にある「**現金及び現金同等物の増減額**」になります。これが、フロー概念であるキャッシュ・フローです。これを計算するのが、キャッシュ・フロー計算書の役割です。なお、「現金及び現金同等物の増減額」のすぐ上にある「現金及び現金同等物に係る換算差額」は、為替の換算に伴う差額です。ここでは、あまり気にしなくていいでしょう。

最後の2行は、ストック概念であるキャッシュです。期首の残高に当期の増減額を加えるこ

図表7－1　イオン㈱の連結キャッシュ・フロー計算書（2022年２月期）

（単位：百万円）

営業活動によるキャッシュ・フロー		
税金等調整前当期純利益	122,823	
減価償却費	307,182	
のれん償却額	13,843	
貸倒引当金の増減額（△は減少）	△9,442	
受取利息及び受取配当金	△6,364	
支払利息	34,584	
固定資産売却益	△2,027	
固定資産売除却損	3,892	営業活動による キャッシュ・フロー
売上債権の増減額（△は増加）	△39,601	
たな卸資産の増減額（△は増加）	6,285	
仕入債務の増減額（△は減少）	△117,884	
その他	2,076	
小計	315,367	
利息及び配当金の受取額	8,937	
利息の支払額	△34,446	
法人税等の支払額	△85,406	
営業活動によるキャッシュ・フロー	204,452	
投資活動によるキャッシュ・フロー		
有価証券の取得による支出	△12,177	
有価証券の売却及び償還による収入	35,469	
固定資産の取得による支出	△352,521	
固定資産の売却による収入	10,050	投資活動による キャッシュ・フロー
投資有価証券の取得による支出	△3,479	
投資有価証券の売却による収入	1,770	
その他	△22,966	
投資活動によるキャッシュ・フロー	△343,854	
財務活動によるキャッシュ・フロー		
短期借入金及びコマーシャル・ペーパーの増減額（△は減少）	62,282	
長期借入れによる収入	245,836	
長期借入金の返済による支出	△289,033	
社債の発行による収入	196,967	財務活動による キャッシュ・フロー
社債の償還による支出	△111,804	
自己株式の取得による支出	△31	
配当金の支払額	△30,601	
その他	△75,823	
財務活動によるキャッシュ・フロー	△2,207	
現金及び現金同等物に係る換算差額	15,477	
現金及び現金同等物の増減額（△は減少）	△126,131	←キャッシュ・フロー
現金及び現金同等物の期首残高	1,217,054	キャッシュ
現金及び現金同等物の期末残高	1,090,923	

図表7−2　3つのキャッシュ・フロー

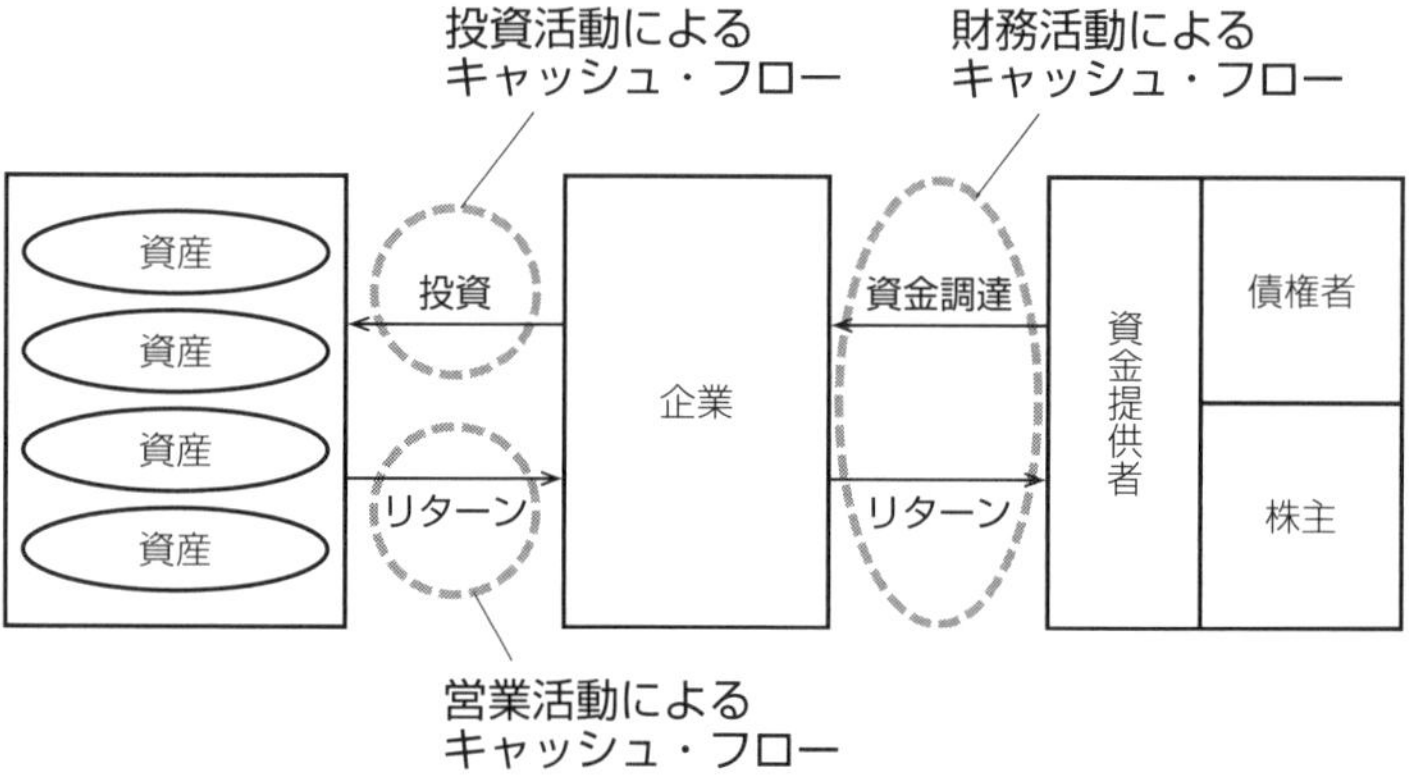

とによって、期末の残高にしています。「キャッシュ・フロー」の本来の意味からすると、最後の2行は付加的情報です。

■3つのキャッシュ・フローの意味

3つのキャッシュ・フローを図表7−2のように立体的に見てみましょう。このように捉えると、それぞれのキャッシュ・フローの意味が改めてよくわかります。

図表7−2は中心に企業があって、右側に株主と債権者という資金提供者、左側に資産があります。これは貸借対照表のイメージそのものでもあります。

キャッシュは、まず右側の資金提供者から入ってきます。その資金を元に企業は投資をし、資産という仕組みをつくります。これが、**投資活動によるキャッシュ・フロー**です。

企業は仕組みを使うことによって、日々のリターンを獲得します。これが、**営業活動によるキャッシュ・フロ**

ーです。

営業活動で獲得したキャッシュは、最終的には右側の資金提供者に還元されます。資金調達とリターンを合わせたものが、**財務活動によるキャッシュ・フロー**です。一般的に、**財務活動と**は、資金提供者とのやりとりのことを意味します。

3つのキャッシュ・フローには、それぞれに基本となる符号があります。符号とは、プラスかマイナスかです。**キャッシュ・フローがプラスとは、企業に対してキャッシュが流入してくるということです。マイナスとは流出していくということです。**図表7-2において、矢印が企業に向かって来る方向であればプラス、企業から出て行く方向であればマイナスです。

営業活動によるキャッシュ・フローの「営業」は〝**本業**〟ということです。日々の本業によるキャッシュ・フローということですから、**営業活動によるキャッシュ・フローはプラスが基本**です。

投資活動によるキャッシュ・フローの「投資」は〝**資金を投じる**〟ということです。明日の仕組みづくりのために、あえてキャッシュを使うということです。したがって、**投資活動によるキャッシュ・フローはマイナスが普通**です。

財務活動によるキャッシュ・フローの符号は、営業活動によるキャッシュ・フローと投資活動によるキャッシュ・フローによります。営業活動と投資活動は、まとめて**事業活動**と言います。

投資活動によるキャッシュの流出が営業活動によるキャッシュの流入を上回る場合は、左側の事業活動で資金が不足する可能性があります。その場合は新たな資金調達が必要になります。そうなると、資金提供者に対するリターンよりも資金調達のほうが絶対額として上回りますから、**財務活動によるキャッシュ・フロー全体としてはプラス**になります。

一方、**営業活動によるキャッシュの流入が投資活動によるキャッシュの流出を上回っている場合**は、左側の事業活動において資金は足りていますから、追加の資金調達は必要ありません。この場合は、資金提供者に対してどんどん還元できる状態です。還元とは、株主に対しては配当や自己株式取得であり、債権者に対しては社債の償還や借入金の返済です。そうなると、資金提供者に対するリターンのほうが資金調達よりも絶対額として大きくなりますから、**財務活動によるキャッシュ・フロー全体としてはマイナス**になります。

7-4 フリー・キャッシュ・フロー

ここで、もう1つのキャッシュ・フローである、**フリー・キャッシュ・フロー**を説明しましょう。フリー・キャッシュ・フローは制度的なキャッシュ・フロー計算書には出てきませんが、非常によく使われる概念です。

フリー・キャッシュ・フローの定義式にもいくつかありますが、キャッシュ・フロー計算書を前提にすれば、上の定義式（7-1）がわかりやすいでしょう。

この式を言葉で言えば、「フリー・キャッシュ・フローは、営業キャッシュ・フローと投資キャッシュ・フローの合計」ということになります。ただ、「合計」と言われるから、フリー・キャッシュ・フローの意味がよくわからなくなるのではないかと思うのです。

確かに、営業キャッシュ・フローも投資キャッシュ・フローもプラスにもマイナスにもなり得ますから、一般的には式（7-1）のように表現せざるを得ません。しかし、営業キャッシュ・フローはプラスが基本であり、投資キャッシュ・フロ

フリー・キャッシュ・フロー
　＝営業キャッシュ・フロー
　　＋投資キャッシュ・フロー　　（7-1）

フリー・キャッシュ・フロー
＝営業キャッシュ・フロー－投資キャッシュ・フロー　(7-2)

図表7-3　フリー・キャッシュ・フロー

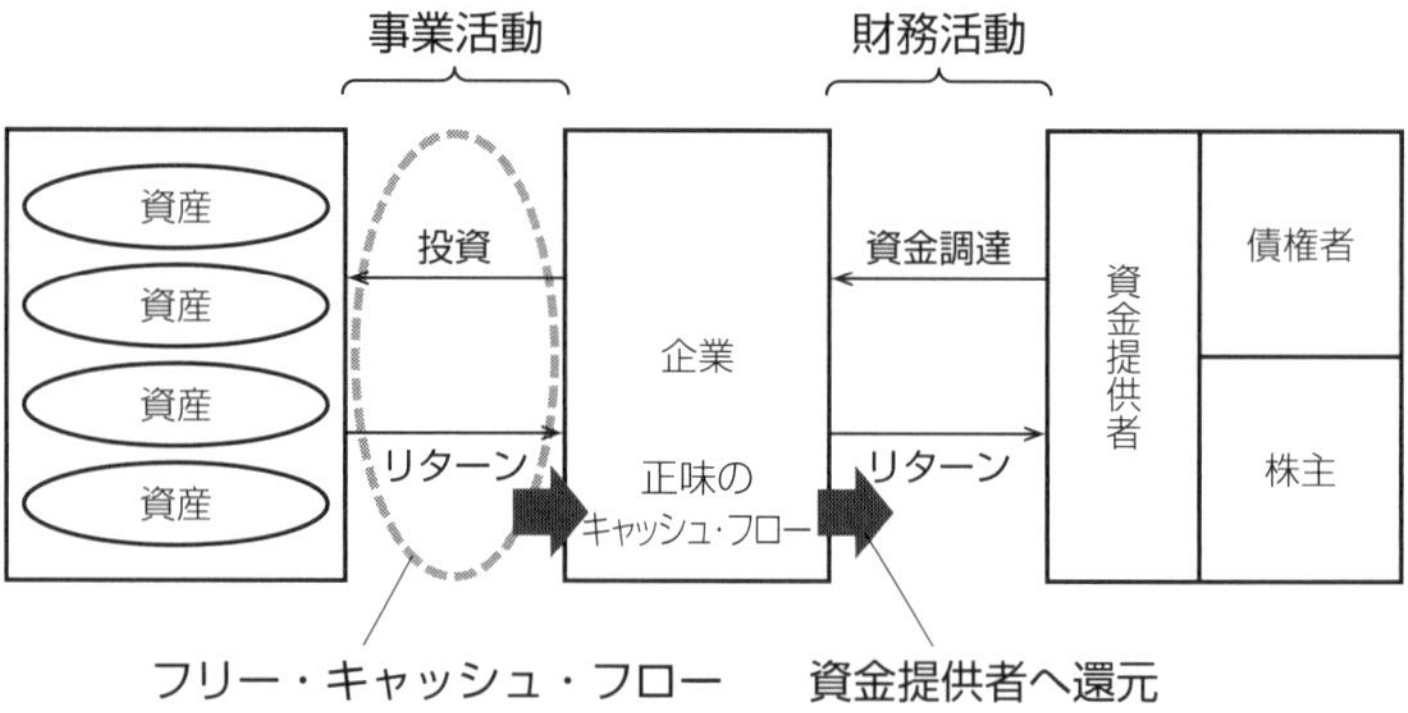

ーはマイナスが基本ですから、それを前提に、あえて正確性を犠牲にして表現すれば、フリー・キャッシュ・フローは上の式（7-2）のようになります。

これを言葉にすれば、**「フリー・キャッシュ・フローは、営業キャッシュ・フローから投資キャッシュ・フローを引いた残り**」となります。つまり、図表7-3の左側の事業活動において、キャッシュを使って取り戻して**手元に残った正味のキャッシュ・フロー**ということです。

手元に残った正味のキャッシュ・フローならば、企業が自由に使えます。これが「フリー」と言われる所以です。

誰にとってフリーかと言うと、大局的に捉えれば資金提供者です。左側の事業活動において正味の手元に残ったキャッシュ・

フローが、右側の資金提供者に対する還元原資になるからです。したがって、フリー・キャッシュ・フローは「株主と債権者に帰属するキャッシュ・フロー」という言い方もできます。

■フリー・キャッシュ・フローはプラスが基本

安全性の観点からすると、**フリー・キャッシュ・フローはプラスが基本**です。フリー・キャッシュ・フローがプラスならば、資金調達の必要はありませんから安全性が損なわれることはありません。逆に、フリー・キャッシュ・フローがマイナスになると、資金調達の必要が生じます。**フリー・キャッシュ・フローがマイナス続きになると、資金調達をし続けなければなりませんから、いつか資金繰りに行き詰まる**ことになります。

では、どうすればフリー・キャッシュ・フローをプラスにできるのでしょうか。以下、フリー・キャッシュ・フローをFCF、営業キャッシュ・フローを営業CF、投資キャッシュ・フローを投資CFと表すことにします。

投資CF＜0であることを前提にすれば、上の式（7-3）になります。

したがって、FCF＞0となるためには、上の式（7-4）が成立すればいいわけです。

FCF＝営業CF－|投資CF|　（7-3）

営業CF＞|投資CF|　（7-4）

これは「投資キャッシュ・アウトを上回る営業キャッシュ・フローを稼ぎ出す」と

図表7－4　㈱オリエンタルランドのキャッシュ・フロー

	2000年3月	01年3月	02年3月	03年3月	04年3月
営業CF	18,404	33,650	62,805	84,591	61,213
投資CF	△72,506	△171,512	△114,264	△27,807	△34,540
FCF	△54,102	△137,862	△51,459	56,784	26,673
財務CF	44,017	91,652	23,012	△33,453	△59,226

いうことです。「**使うお金よりも多くのお金を稼ぎましょう**」ということですから、直感的にも当然の話です。

投資の水準のほうに力点を置くならば、「**投資キャッシュ・アウトを営業キャッシュ・フローの範囲内に抑える**」という言い方もできます。この表現は、経営者の口からも、ときどき聞かれる表現です。これは、投資を日々の稼ぎの範囲内に抑えるということですから、「年収を上回る買い物はしないようにしましょう」ということです。年収を上回る買い物をするから、ローンという財務キャッシュ・フローに頼らなければならなくなるわけです。そういう買い物はやめましょうということです。

■オリエンタルランドはセオリーを知らない？

図表7－4は、**株式会社オリエンタルランド**のフリー・キャッシュ・フローの推移です。これを見ると、**2000年3月期から2002年3月期にかけてフリー・キャッシュ・フローがマイナスになっている**ことがわかります。特に2001年3月期は、営業キャッシュ・フローの5倍以上の投資キャッシュ・アウトにより、フリー・キャッシュ・フローが大幅にマイナスとなっています。

フリー・キャッシュ・フローはプラスにするのが基本なのに、これは一体どういうことでしょうか。

これを理解するためには、オリエンタルランドの事業特性を考える必要があります。

オリエンタルランドの主たるビジネスであるテーマパークビジネスにおいては、リピート率が非常に重要な成功要因の1つです。なぜならば、店舗展開していくようなビジネスモデルではなく、常に同じ場所にとどまっているビジネスモデルだからです。自分からは動かないため、同じお客様に何度も来てもらう必要があるのです。

物理的に同じ場所に何度も来てもらうためには、やっていることを絶えず変えて、お客様を飽きさせないようにしなければなりません。そのためには継続的な追加投資が必要となります。だから、オリエンタルランドは今でも新しいアトラクションをつくり続け、さまざまなイベントやパレードも行っているのです。

2001年は、その中でも超大型投資を完成させた年なのです。ディズニーシーの開園です。同時期にホテルを2つつくり、イクスピアリという商業施設もつくり、広くなりすぎたのでリゾートラインというモノレールまでつくりました。

アトラクションを新たに1つつくる程度であれば営業キャッシュ・フローの範囲内で可能でしょう。しかし、これだけの投資となると営業キャッシュ・フローの範囲では収まりません。それによって、フリー・キャッシュ・フローが大幅にマイナスとなっているのです。

2000年3月期から2001年3月期にかけては、財務キャッシュ・フローが2倍以上に増加しています。これは、借入の増加によるものです。

その後を見てみると、2003年3月期からは一転して力強いフリー・キャッシュ・フローを生み出しており、それと連動するかのように財務キャッシュ・フローがプラスからマイナスに転じています。フリー・キャッシュ・フローによって借入金を返済しているのです。

■FCF＞0は何のため？

オリエンタルランドは、ある特定の時期に集中してフリー・キャッシュ・フローがマイナスになっていますが、メーカーなどは時期によらず、しばしばマイナスになっている場合があります。たとえば、トヨタ自動車もそういう傾向があります。

日本の自動車メーカーは短いライフサイクルでモデルチェンジを繰り返しますから、それだけで設備の取り替えといった投資が発生すると思われます。また、絶え間ない研究開発の投資をし続けないと、競争の激しいグローバル市場で生き残れません。そのような理由から、フリー・キャッシュ・フローがしばしばマイナスになっているのではないかと思います。

オリエンタルランドやトヨタ自動車のような高収益企業が、これだけフリー・キャッシュ・フローをマイナスにしているというのは示唆深いことです。ビジネスにおいては、**キャッシュを使わないところから新たな富は生まれません。キャッシュは使うべきところには大胆に使わ**

ないと、大きな富も得られないということです。コスト削減のような節約ばかりすることが経営ではないということです。

では、「FCF＞0が基本」とは何だったのかと言うと、あれはあくまでも安全性の観点です。確かに、年収の範囲に収まる買い物だけをしていれば安全ではありますが、そんな人生が楽しいかということです。そんな人生ではつまらないから、多くの人は時にローンという財務キャッシュ・フローに頼って、家やクルマを買うわけです。

企業も成長のためには、時にはフリー・キャッシュ・フローをマイナスにしてでも思い切ってお金を使うことが重要だということです。

第7章　キャッシュ・フロー計算書から見えるもの

チェックポイント

☑ キャッシュ・フロー情報が重要なのは、**利益がどんなに黒字でも、キャッシュがなくなったら倒産する**からである。逆に、利益がどんなに赤字でも、キャッシュがあれば倒産はしない。

☑ **キャッシュ・フロー計算書は、実質的に上場企業の連結財務諸表においてのみ義務化されている**が、**利益を見てもキャッシュのことは何もわからない**ので、すべての企業は何らかの形でキャッシュ・フロー情報を定常的に見るべきある。

☑ 利益とキャッシュが異なる理由としては、①**損益計算書がキャッシュの動きと切り離されている**こと、②**投資や借入に伴うキャッシュの流出入が損益計算書に計上されない**こと、③**減価償却費や引当金繰入額などキャッシュの動きと全く連動しない損益項目がある**ことが挙げられる。

☑ キャッシュ・フロー計算書は、**営業活動によるキャッシュ・フロー**（営業キャッシュ・フロー）、**投資活動によるキャッシュ・フロー**（投資キャッシュ・フロー）、**財務活動によるキャッシュ・フロー**（財務キャッシュ・フロー）という、3つのパートから構成されている。

☑ 資産という仕組みをつくるために資金を投じる活動に伴うキャッシュの動きが**投資活動によるキャッシュ・フロー**、資産という仕組みを使って本業から得るキャッシュの動きが**営業活動によるキャッシュ・フロー**、株主と債権者という資金提供者との取引（資金調達と還元）に伴うキャッシュの動きが**財務活動によるキャッシュ・フロー**である。

☑ 「**キャッシュ・フローがプラス**」とは企業に対してキャッシュが流入してくることであり、「**キャッシュ・フローがマイナス**」とは企業からキャッシュが流出していくことである。

☑ **営業活動によるキャッシュ・フローはプラスが基本**、**投資活動によるキャッシュ・フローはマイナスが基本**である。**財務活動によるキャッシュ・フローは、資金調達が資金提供者への還元を上回ればプラス、資金提供者への還元が資金調達を上回ればマイナス**となる。

☑ **フリー・キャッシュ・フロー**は、投資活動でキャッシュを使い、営業活動でキャッシュを取り戻した結果、手元に残った正味キャッシュ・フローのことである。

☑ **安全性の観点からはフリー・キャッシュ・フローはプラスが望ましい**が、企業が成長するためには、**時にはフリー・キャッシュ・フローをマイナスにするほどの投資も必要**である。

第 8 章

経営判断に必須の管理会計

8-1 管理会計は意思決定に役立ってこそ

■マクドナルドは「売るだけ赤字が膨らむ負け戦」か？

日本マクドナルドホールディングス株式会社は、２０１５年12月期の決算短信において、直営店の売上高よりも売上原価が上回る、いわゆる原価割れの状態に陥りました。[4] 売上総利益の段階で赤字です。当時は、使用期限切れの鶏肉を使用していたことが発覚したり、異物が混入するなどの不祥事が相次いで起こった時期であり、それによって客離れが進んだことが大きな要因でした。

原価割れの状態に陥った同社に対して、当時、某有力メディアは厳しい批判を浴びせました。記事は「原価よりも安い値段で商品を売ったらどうなるか。赤字となるのは明白だ。それを実践しているグローバル企業がある。日本マクドナルドホールディングスだ。優秀な人材を多く抱え、数字には明るいはず。同社は商売の基本を踏み外しているのではないだろうか」という痛烈な皮肉から始まります。そして、「売るだけ赤字が膨らむ負け戦だ」と断じています。

売上高より売上原価が上回れば赤字になるのはその通りですし、かなりまずい状況であるもの事実です。しかし、「売るだけ赤字が膨らむ」わけではありません。ここでは、なるべく多く売るのが正しい経営判断です。基本を踏み外しているわけでも何でもありません。基本がわかっていないのは記事のほうです。

これは、決算書という財務会計の範疇《はんちゅう》だけではわかりません。こういうときに必要になるのが、**管理会計**です。管理会計はManagement Accountingですから、**マネジメントのための会計**です。マネジメントが意味するものには予算管理のような管理業務もありますが、やはり重要なのは要所要所での**経営判断**です。言葉を換えれば、**意思決定**です。

意思決定とは、複数の選択肢からいずれかを選ぶプロセスです。経営に限らず、人生はその連続です。どこの学校に行くか、どういう仕事をするか、どこの会社に入るか、転職するか、独立するか……。誰しも、それぞれの局面で複数の選択肢の中からいずれかを選んできたはずです。そして、選んだもの以外はすべて捨てる。それが、意思決定です。

■ピザ屋はいくら損をしたか？

日本マクドナルドの話は一旦置いておいて、次の問題を考えてみましょう。

4 その後、決算短信は修正され、最終的な決算では原価割れにはなりませんでした。

毎月平均2000枚のピザをつくっているピザ屋さんがあります。

ピザの販売価格は1枚800円です。このピザ屋さんでは正社員が2人働いており、人件費の合計は月40万円です。ピザの材料費は1枚300円で、それ以外に店舗家賃などの固定的な経費が毎月20万円かかっています。

このとき、ピザ1枚当たりの利益は図表8-1のようになります。

お客様はあまり多くなく、時間的には余裕があります。また、1人のお客様が食べるピザは通常1枚です。このとき、次の2つのケースが起きたとしましょう。

① ピザをお客様に出すときに1枚落としてしまったので、新たにつくり直してお客様に出した。

② お客様が入ってきたのに、怖い飼い犬がいたために、お客様は席につかずに帰ってしまった。

それぞれのケースの損失額はいくらでしょう。

参考までに、どのような答が多いかと言うと、①は「損失は、余計に消費した1枚分の原価600円」と答える人が多いです。②は「何も起こらなかったのと同じだから、損失はゼロ」という答えや、「得られたはずの利益200円を逸したことになるから、損失は200円」と

図表8－1　ピザ1枚当たりの利益

売上高	800円
売上原価（注）	600円
利益	200円

（注）材料費：		300円
人件費：	40万円÷2,000枚＝	200円
固定経費：	20万円÷2,000枚＝	100円
		600円

答える人が多いです。

このような損得の問題を正しく判断する秘訣は、以下の3つのポイントを押さえることです。

第1のポイントは、**比較対象を明確にする**ことです。

損得は、相対的な概念です。絶対的な損や得はほとんどありません。たとえば、「株を売ったら損をした」と言う場合も、暗黙のうちに買ったときの価格と比較しています。買ったときの価格と比較して、それより低い金額で売った場合に「損をした」と言うわけです。

一方、別の人は同じ株を売らずに持ち続けたとします。その結果、株価がもっと下落してから売らざるを得なくなったとします。その場合、その人は先に売った人に対して「あいつは、あのときに売って得したなぁ」と言うはずです。

このように、株を売るという全く同一の事象でも、何と比較するかによって損にも得にもなるのです。ですから、比較対象を明確にしないと損得は決まりません。

一般的に、**比較対象は何にすべきかと言うと、それは「あるべき姿」**です。

そもそも、皆さんは①のケースも②のケースも、あるべき姿はわかっているはずです。あるべき姿と違うことが起きているから、①も②も「損をしている」と認識しているはずです。ここでのあるべき姿は明らかです。「ピザは落としてはいけない」ということであり、「飲食店に犬など出てきてはいけない」ということです。それとの差分が損なのです。

第2のポイントは、**可能な限り要素に分ける**ことです。

①の答えとしてよく見られる原価の600円は、材料費、人件費、固定経費という3つの費用から計算されています。実際、製品の製造原価は、このように複数の費用から計算されています。しかし、これらの費用は性質が全く異なるので、これらを1つにまとめて扱った時点で正しい意思決定はできません。ですから、これらの費用はまとめずに、個々の要素として扱わなければなりません。

これは、言われてみれば当たり前のことなのですが、実務においては「言うは易し、行うは難し」です。なぜならば、図表8-1のような原価の内訳情報を把握することがそんなに簡単ではないからです。そもそも、原価というものは複数の費用で構成されているという認識もないかもしれません。その結果、「1枚当たり原価600円」という情報が独り歩きをします。人は目に見えている情報に基づいて考えますから、「1枚当たり原価600円」という情報を見せられたら、「1枚つくれば600円の費用がかかり、1枚つくらなければ600円節約できる」と思ってしまいます。

正しく意思決定を行うための第3のポイントは、**変化する部分と変化しない部分を見極める**ということです。費用に関して言えば、**変動費と固定費という視点で費用を捉える**ということです。

意思決定とは、複数の選択肢からいずれかを選ぶプロセスですから、最終的に重要なのは、比較している選択肢の間で変わる部分を見つけることです。そして、**変わる部分を見つけるために重要なのは、変わらないところを変わらないと認識することです**。これもまた、人は目に見えている情報で物事を考えますから、「1枚いくら」という情報の見せられ方をすると、本当は変わらないものが枚数に応じて変わるように見えてしまうのです。

■ピザを落としたケース

それでは、次ページの図表8-2を見ながら、3つのポイントに沿って考えていきましょう。

まず、①ですが、ピザを落としたことを問題視していますから、比較対象は「ピザを落とした」と「ピザを落とさなかった」です。要素は、売上、材料費、人件費、固定経費です。これらの要素それぞれについて比較対象と比べて、変化するかしないかを考えます。

まず、売上高については、落としても落とさなくてもお客様にはピザを販売しますから、どちらも800円の売上高が立ちます。したがって、差額はゼロ、すなわち変化なしです。

材料費は、落とさなければ1枚分の300円で済みますが、落としてつくり直す場合は2枚

図表8 2 ピザ屋の損失

① ピザを1枚落としたケース

	落とした	落とさなかった	差額
売上高	＋800円	＋800円	0円
材料費	△600円	△300円	△300円
人件費	△40万円／月	△40万円／月	0円
固定経費	△20万円／月	△20万円／月	0円
合計			△300円

② 犬が出てきたケース

	犬が出てきた	犬が出てこなかった	差額
売上高	0円	＋800円	△800円
材料費	0円	△300円	＋300円
人件費	△40万円／月	△40万円／月	0円
固定経費	△20万円／月	△20万円／月	0円
合計			△500円

余分の材料費がかかりますから、300円の2枚分の600円となります。したがって、差額として300円余計にかかります。

さて、問題はここからです。ピザをつくり直したら人件費と店舗家賃などの固定経費は増えるのかということです。

増えませんよね。もし、残業代が発生する場合は増える可能性がありますが、ピザを1枚つくり直すだけで残業が必要とは考えられませんし、店舗家賃に至っては何枚つくろうが月額固定です。したがって、人件費と固定経費は変わらず、差額はゼロです。

ということは、トータル300円の損ということになります。

■犬が出てきたケース

②の犬が出てきたケースも、まずは比較対象

の明確化です。ここでの比較対象は、「犬が出てきた」と「犬が出てこなかった」です。要素分解は先ほどと同じです。

典型的な答えの1つとして、「何も起こらなかったのと同じだから損失はゼロ」という答えを紹介しました。この答えは、財務会計的には正解です。財務会計は過去の事実をそのまま記録する会計ですから、最初から暇で何も起こらなかった0円も、せっかくお店に来たお客様を犬のせいで帰らせてしまって結果的に何も起こらなかった0円も、過去の事実をそのまま記録すれば、いずれも0円になるのです。

しかし、0円という情報では、悪いことが起きているということを誰も認識できず、然るべきアクションも誰も取らないでしょう。これではマネジメント上、何の価値もない情報です。

そこで、管理会計では次のように考えます。これは管理会計特有の考え方です。言葉を換えれば、比較対象、あるべき姿を明確にするからこそ初めて出てくる考え方です。

あるべき姿は飲食店に犬など出てこないことです。その場合、お客様は帰らずにピザを食べたでしょうから、800円の売上高があったはずです。それが現実には犬が出てきたことによってゼロになったわけですから、犬が出てこなかった場合と比較したら800円の売上高を取り損ねています。ですから、犬が出てこなかった場合と比較すると、売上高はマイナス800円ということになります。

後で改めて説明しますが、これは**機会費用**というものです。機会費用という概念を知っていたとしても、要素分解ができていないと、「損失は得られたはずの利益200円」という答えになります。

282ページの図表8-2②の材料費を見てください。犬が出てこなかった場合は、ピザをつくって出したはずですから、材料費は300円かかったはずです。犬が出てきた場合は、つくる間もなくお客様に帰られていますから、材料費はかかっていません。したがって、犬が出てこなかった場合と比較すると、材料費は300円節約できているのです。

人件費と固定経費は、先ほど同様、全く変化しませんから、結局、トータル500円の損ということになります。

8-2 管理会計特有の費用概念

ピザ屋のケースを使って、管理会計特有の費用概念を説明しましょう。

まず1つ目は、**変動費**と**固定費**です。

これは言葉としてはよく聞くと思いますし、普通に口にもしていると思いますが、この変動費と固定費という費用概念は財務会計、すなわち決算書の世界にはどこにもありません。正しい意思決定のための重要なポイントの1つであるにもかかわらず、財務会計にはどこにもないわけですから、この事実だけでも財務会計は意思決定には使えないということがわかると思います。

■変動費と固定費

財務会計にはない概念だということは、**費用を改めて分類しないと変動費と固定費はわからない**ということです。なぜならば、通常、社内には財務会計情報しかないからです。

会社のいわゆる管理業務は、業務フローも、帳票も、そしてシステムも、基本的に財務会計情報を集めるようにつくられています。たとえば、商品を出荷したとき、出荷伝票を起票してそれを経理に回すという業務が行われますが、この業務フローによって、売上高、売掛金、売上原価という財務会計情報が会計システムに記録されるわけです。

ERPと呼ばれるシステムは、周辺業務のシステムもモジュールとしてすべてつなぎ、財務会計モジュールという、言わば情報のハブに財務会計情報をリアルタイム、もしくはそれに近い形で集まるようにしたシステムです。

これが会社の管理業務というものですから、社内にあるのは、通常、財務会計情報だけなのです。ですから、変動費と固定費は事後的に分類する必要があります。この分類を、**固変分解**と言います。一般的には、勘定科目ごとに変動費と固定費を分ける**勘定科目法**（または**費目別精査法**）と呼ばれる方法が採られますが、場合によっては**最小二乗法**という数学的な手法によることもあります。

なお、変動費・固定費と混同されやすい費用概念に**直接費・間接費**があります。これは、費用の集計対象に対する因果会計を直接把握できるか否かによる分類です。

たとえば、製造原価の内訳によく見られる直接労務費は、その製品の製造ラインに入っている人などの労務費です。そういう人の労務費はその製品に対する因果関係を直接的に把握できるので、直接労務費です。それに対して、工場長は工場全体の管理責任を負っている人ですから、その人の労務費と特定の製品の因果関係はわかりません。こういう労務費は間接労務費です。

間接費は因果関係がわからないので、**配賦**という手続きによって製品などの集計対象に計上されます。

直接費と間接費に分類されて計算された製品の製造原価は決算書の売上原価になりますので、直接費と間接費という費用概念は財務会計にもあると言えます。

■埋没費用

2つ目の管理会計特有の費用概念は、**埋没費用**です。定義は、「**意思決定に影響を与えない費用**」です。

埋没費用を英語で言うと**sunk cost**なので、**サンクコスト**と表現されることもあります。sunkとはsink（沈める）の受身形ですので、直訳すると「沈められた費用」ということです。

ピザ屋の例で言えば、人件費や固定経費などの固定費は一般的に埋没費用になります。比較対象のそれぞれに等しく発生しているため、意思決定に影響を与えないからです。

ただし、一般的に固定費に分類される費用でも、すべてが埋没費用になるとは限りません。たとえば、人事権を握っている人にとっては、人件費は変更し得る費用ですし、店舗の賃貸契約に関する権限を持っている人にとっては、賃料は変更し得る費用です。そういう場合は、埋没費用にはなりません。

例外なく埋没費用になるのは、過去に発生した費用です。なぜならば、これからいかなる選択肢を取ろうとも、タイムマシンがない以上、過去の出来事は変えられないからです。

この、**「過去の出来事は変えられない」という当たり前の事実を人はよく忘れます。**たとえば、苦労して進めてきたプロジェクトが途中で打ち切りなどという話になると、「ここでやめたら今までの苦労が水の泡じゃないか！」と言って反対する人がいます。しかし、そのプロジェクトを続けるという選択肢を取っても、打ち切るという選択肢を取っても、今までの苦労も費用も取り戻せません。考えるべきことは、プロジェクトを続ける場合と打ち切る場合のどちらの選択肢を取ったほうが、今後のメリットが大きいか（またはデメリットが少ないか）という、これからのことだけです。

意思決定において重要なことは、**埋没費用は意思決定に含めない**ということです。埋没費用は「考えてもしようがない費用」です。考えてもしようがないものは考えないということです。

■機会費用

3つ目の管理会計特有の費用概念は、**機会費用**です。定義は、**「他の選択肢から得られたであろう利益」**です。「機会損失」とも言います。

「利益が費用」という少し変わった定義の費用です。ここでの「利益」は、他で起こっている「良いこと」というぐらいの意味で捉えればいいでしょう。イメージ的には「隣の芝生は青く見える」感覚です。

ピザ屋の例で言えば、こちらの芝生は荒れ放題で犬まで出てきています。それに対して、隣の芝生は青々として犬も出てこなくて平和そのものです。その隣の芝生をこちらから眺めて「あっちはいいなー」と羨ましがっているイメージです。

ピザ屋のケースの説明の際に、「取り損ねた利益」という言い方をしましたが、これをそのまま日本語にした**逸失利益**《いっしつりえき》という言葉もあります。ただ、これは法務系の分野でよく使われる言葉だと思います。経済や経営の分野では、反対側から見て「取り損ねたから費用」というように費用として捉えるほうが普通です。

意思決定において重要なことは、機会費用は意思決定に含めて考えなければならないということです。これを含めないと、最初から暇で何も起こらなかった0円と、犬のせいでお客様を帰らせてしまった0円を区別できないからです。

■効果は機会費用を考えないと見えてこない

機会費用の概念は、何らかの効果を測定する際にも非常に重要です。業務効率化の効果もシステム導入の効果も、機会費用の概念がないと正しく評価できません。

たとえば、新しいシステムを導入したことによって業務が効率化され、今まで10人でやっていた業務が7人でできるようになったとします。このような場合、「3人分の人件費が浮いたので、それだけシステム導入の費用対効果が出た」という〝作文〟をよく見掛けますが、これは全くのウソです。その3人をクビにするなら、この話は正しくなりますが、クビにしないのであれば人件費は全く削減されません。

「浮いた3人は他の業務を担当することになるので、効果は出るのではないですか？」と言う人がいますが、これではまだ効果は不明確です。他の業務を担当することによって、売上増加または費用削減がどれだけ見込めるかを考えなければ「効果」とは言えません。

これは、まさに機会費用相当分です。システム導入前は、今の業務を行っているために、他の業務を行ったならば得られるであろう利益を取り損ねている状態です。システム導入によって、その利益が得られるわけですから、機会費用が削減されるということです。

日本では、業務効率化の効果を機会費用まで踏み込んで明確にしようとする企業はほとんど見ませんが、アメリカでは至って普通に見られます。その差は、合理的な意思決定の浸透度の違いにもありますが、もう1つには、**メンバーシップ型とジョブ型という雇用形態の違い**があるように思います。

多くのアメリカの企業で採用されているジョブ型は、やるべきジョブがあるからそこに人をアサインするという順番です。ジョブがなくなれば、人はレイオフされます。そのような土壌では、人を他のジョブに振り向けたときの経済効果を当然のこととして考えるのだと思います。

それに対して、多くの日本の企業で採用されているメンバーシップ型は、会社というコミュニティに属していることが大前提ですので、人ありきです。人がいるからそこに仕事をアサインするという順番で考えます。野球は本来9人でやるものですが、「今15人いるので、サードは3人、センターも2人で守って」ということを普通にやるということです。

人ありきなので、誰がどういう仕事をするかによって、どういう具体的な経済効果があるかということは、明確に考えない思考が普通になっているのかもしれません。

「他の業務を担当することになるから効果が出る」という言い方に、「とにかく何か仕事をやってさえいればそれでいい」という考え方がにじみ出ています。**機会費用相当分を考えない業務効率化は何か良いことをやった気にはなれますが、経済効果はほとんど何も出ない、単なる自己満足で終わります。**

8-3 原価割れでも受注するか？

図表8-3　製品Xの1個当たり原価の内訳

直接材料費	14,000円
直接労務費	4,000円
製造間接費	2,000円
合計	20,000円

■追加受注の意思決定

次は、以下の問題を考えてみましょう。

A社は、製品Xの受注製造販売を行っています。製品Xの1個当たり原価は20000円です。その内訳は、上の図表8-3の通りです。

ここで、直接材料費は製品Xの製造に用いる材料の費用、直接労務費は製造に直接携わる正社員の人件費、製造間接費はすべて固定費です。A社では、これを通常25000円で販売しています。

今、新規の顧客Bから、製品Xを発注したいという問い合わせがありました。ただし、1個25000円は少々高いので、1個18000円で売ってくれないかと言ってきました。この顧客Bからの注文は受けるべきでしょうか。なお、A社の生産能力には余裕があり、顧客Bからの受注は現在の生産能力の範囲内で対応できるとします。

製造原価は20000円ですから、18000円で売ったら原価割れです。粗利の段階で赤字です。売れば売るほど赤字の上塗りになるだけです。多くの人は、その顧客Bからの注文は断ったほうがいいと考えます。

果たして、そうでしょうか。

これも、意思決定の3つのポイントに沿って考えてみましょう。3つのポイントは、比較対象の明確化、要素分解、そして変わる部分と変わらない部分を見極める、です。

まず、比較対象は「受注する」と「受注しない」です。要素は、売上高、直接材料費、直接労務費、製造間接費です（図表8-4）。

変わる部分と変わらない部分を考えてみましょう。

図表8-4　追加受注の意思決定

	受けない	受ける	差額
売上高	0円	18,000円	18,000円
直接材料費	0円	14,000円	14,000円
直接労務費	（総額不変）	（総額不変）	0円
製造間接費	（総額不変）	（総額不変）	0円
			4,000円

顧客Bから受注すれば、満足のいく水準ではないかもしれませんが、18000円の売上が立ちます。受注しなければ売上はゼロです。直接材料費は、受注製造なので受注すれば14000円発生しますが、受注しなければ発生しません。直接労務費と製造間接費は、生産能力に余裕がありますから、受注してもしなくても総額は変わりません。

ということは、図表8-4からわかるように、顧客Bから受注しないより受注したほうが利益は4000円増えます。

もちろん、値下げしたことが他の顧客に知られる心配や値崩れのリスクはありますが、それらを勘案しなければ、受注しないより受注したほうが確実に利益は増えるということです。

■限界利益と貢献利益

この4000円は、売上高から直接材料費という変動費だけを引いた利益です。この利益を**限界利益**と言います。式で書くと、次の式（8-1）の通りです。

売上高－変動費＝限界利益　（8-1）

限界利益の「限界」はわかりにくい日本語です。ニュアンスとしては「変動的、追加的」という意味を持たせた言葉です。重要なのは、その変動が「**売上高の変化に対して正比例する**」ということです。正比例とは売上高の変化に完全に追随するということです。売上高が10％増えれば、利益も10％増え、売上高が2倍になれば、この利益も2倍になるということです。

決算書に登場する利益はそうはいきません。営業利益も経常利益も当期純利益も、売上高の変化に対して正比例することは一般的にありません。なぜならば、どこかで知らないうちに固定費が引かれているからです。売上総利益だけは、業種によっては正比例するとみなせる場合もありますが、少なくとも製造業ではやはりダメです。売上原価の元となる製造原価に相当程度の固定費が含まれているからです。

限界利益は変動費だけを引いた利益なので、売上高が2倍になれば変動費も2倍になり、その差額の限界利益も2倍になるのです。

先ほどの追加受注のケースにおけるポイントは、その**限界利益がプラス**であることです。プラスということは、「**やらないよりやったほうが、変動的、追加的な利益がプラス**」ということです。だから、やらないよりもやったほうがいいという判断になるわけです。

売上高から変動費だけを引いた利益は、**貢献利益**とも言います。式で書くと、次の通りです。

売上高－変動費＝貢献利益　（8－2）

多くの書籍では、「売上高から変動費だけを引いた利益を限界利益または貢献利益と言う」というように、言い方として2種類あるだけのような書き方がされていますが、言葉が違う以上、概念が違います。

貢献利益とは、「**固定費の回収に貢献する利益**」という意味です。

これは、次ページの図表8－5のようなイメージです。ピザ屋の例で言えば、人を雇い店舗を借りた以上、人件費と賃料は常に発生します。固定費は、寝ても覚めても遊んでいても、組織

図表8-5　貢献利益

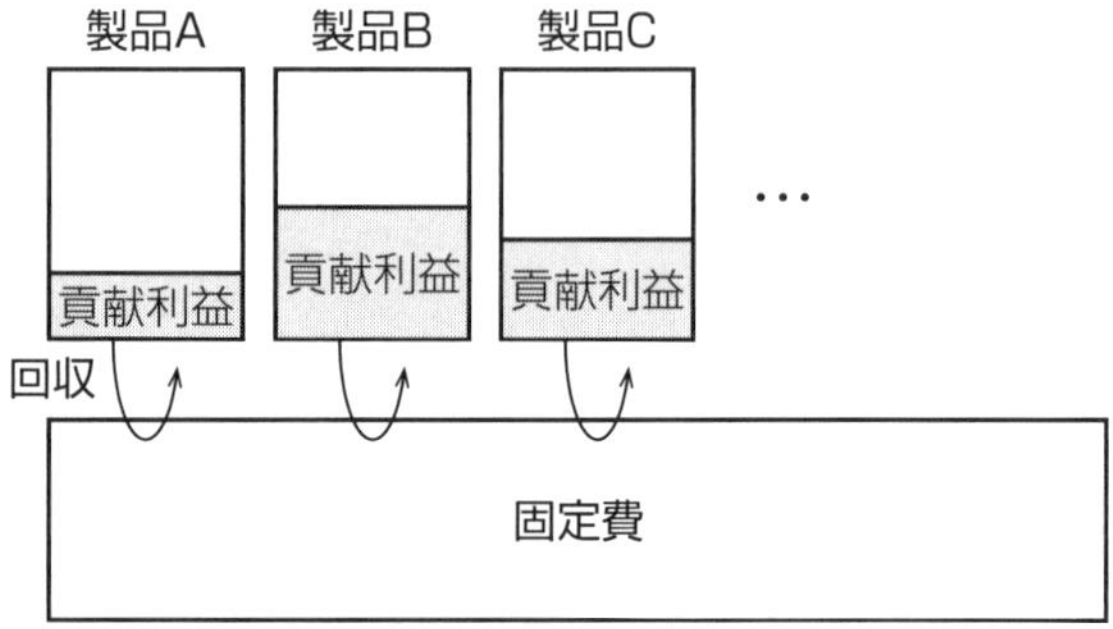

に常にドーンと横たわっています。これを、ピザをつくって売るごとに、ピザ1枚の個別利益が回収してくれるというイメージです。ピザ1枚の利益とは、ピザの売価から材料費という変動費だけを引いた利益です。

貢献利益の本来の意味に基づけば、「**何らかの費用の回収に貢献する利益はすべて貢献利益**」と言えます。したがって、貢献利益と限界利益は同じものではなく、貢献利益のほうが広い概念です。一般的に、貢献利益が回収すべき費用を固定費とすることが多いので、結果的に貢献利益と限界利益が一致することが多いだけです。

追加受注のケースを貢献利益で考えると、新たに表れたお客様の貢献利益がプラスということは、その利幅が小さかったとしても、やらないよりやったほうが固定費の回収に間違いなく新たに貢献します。ですから、やらないよりやったほうがいいという判断になるわけです。

■撤退条件の考え方と原価割れの意味

追加受注の意思決定から学べることは、**撤退条件**の考え方です。

多くの人は**原価割れ**を非常に嫌います。原価割れをしたら絶対に利益が出ないと思っているからです。粗利がマイナスと言われると、売れば売るほど赤字の上塗りと思います。粗利とは損益計算書において売上高のすぐ下に出てくる売上総利益のことですから、こんなに上にある利益がマイナスだったら、売れば売るだけ赤字が膨らむと思うのです。

だから、原価割れになったら、粗利がマイナスになったら、そのビジネスはやめるべきだと多くの人が思うわけです。

しかし、追加受注の意思決定の問題が教えてくれることは、それはまだ早いということです。実際、粗利はマイナスですが、やらないよりやったほうが利益は増えます。

では、**いつが本当のやめ時かと言うと、それは限界利益・貢献利益がマイナスになったとき**です。

限界利益の概念で説明すれば、限界利益がマイナスということは、やればやるだけ追加的・変動的な利益がマイナスということですから、これが本当の赤字の上塗り状態です。

では、原価割れとは何なのでしょうか。

次ページの図表8-6を見てください。同図表では横軸が売価になっています。売価が原価

図表8-6　原価割れの意味

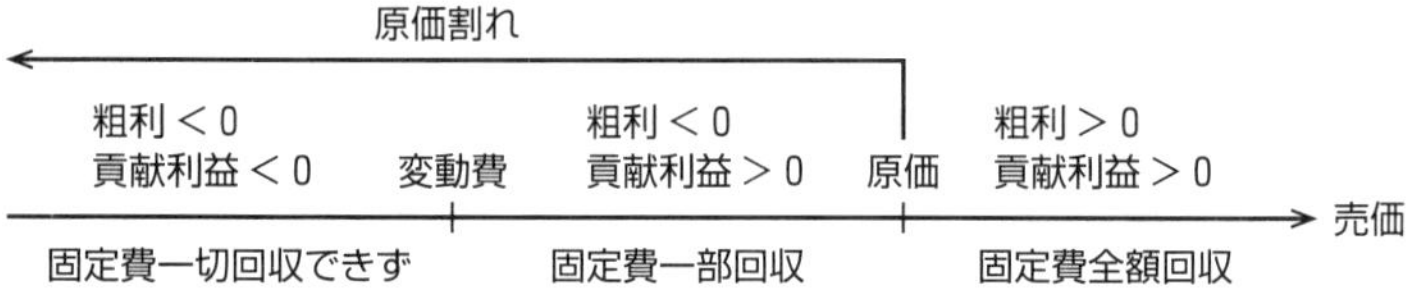

を上回っている一番右の領域が原価割れになっていない状態です。中央の領域は、原価割れにはなっているけれども、売価が変動費を上回っていて貢献利益がプラスの状態です。ここが先ほどの追加受注のケースです。一番左側は、売価が変動費を下回って、貢献利益もマイナスの状態です。

3つの領域の違いは、固定費の回収状況の違いと捉えるとわかりやすいと思います。一番右の**原価割れになっていない状態とは、当初想定した数量をすべて売り切れば固定費の全額を回収できる販売価格水準**ということです。

中央の領域は、**貢献利益がプラスですから固定費の回収には貢献しますが、当初想定した数量をすべて売っても固定費の全額は回収し切れません。**つまり、一部回収で終わるのです。貢献利益がプラスだからと言って、すべて1800円で売ったらどうなるかと言うと、確かに売れば売るほど固定費は回収できます。しかし、すべて売り切っても固定費の全額を回収し切れませんから、会社全体としては赤字で終わります。それでも、売らないよりは売ったほうがいいことに変わりはありません。売らないより売ったほうが赤字幅は縮小するからです。

一番左の領域は、**貢献利益がマイナスですから、固定費は一切回収でき**

ません。

ですから、ベストなのは原価割れをしていない状態なのです。貢献利益がプラスなら売るというのは、何らかの事情でそのベストな選択ができないときの次善の策です。

ときどき、「貢献利益がプラスだから売るべきだ」という人がいますが、これは決定的に間違った言い方です。貢献利益がマイナスの場合に「やめるべき」とは言えますが、貢献利益がプラスの場合に「やるべき」とは言えません。先ほどから「売らないよりは売ったほうがいい」という煮え切らない言い方をしているのはそのためです。

貢献利益がマイナスの場合は「やめるべき」とは言えるので、撤退条件なのです。貢献利益がプラスの場合は「やるべき」とは言えないので、継続条件にはなりません。

■マクドナルド再び

ここで改めて、冒頭の日本マクドナルドのケースを考えてみましょう。ここまで来れば、もうわかるはずです。

冒頭のケースにおける決定的な誤りは、原価割れになっていることを理由に「売るだけ赤字が膨らむ負け戦だ」と言っているところです。**原価割れで粗利がマイナスでも、限界利益がプラスであれば、売るだけ追加的な利益が発生します。それによって赤字幅は縮小します**から、限界利益がプラスであれば、なるべく多く売ったほうがいいのです。

図表8-7　日本マクドナルドの売上原価の内訳

		2015年12月期	
		金額（百万円）	原価率
直営店売上原価		143,138	100.4%
（内訳）	材料費	53,326	37.4%
	労務費	46,548	32.7%
	その他	43,263	30.4%

出所：日本マクドナルドホールディングス株式会社　平成27(2015)年12月期　決算短信

当時の売上原価は図表8－7のようになっていました。原価率とは売上高に対する比率です。売上原価総額で見ると、原価率は100・4％と100％を超えていますから、確かに原価割れになっています。

一方、売上原価の内訳のうち材料費は変動費ですが、それ以外はほぼ固定費と考えられます。売上高に対する材料費の比率は37・4％ですから、限界利益は余裕でプラスになっています。

限界利益がマイナスであれば「売るだけ赤字が膨らむ負け戦」と言えますが、それには遠く及びません。売ったほうが赤字は確実に縮小するのです。

このことは、財務会計ベースの決算書を見ているだけでは絶対にわかりません。管理会計の考え方を知らないとわからないことです。

図表8-8　強化すべき部門、撤退すべき部門はどこか？

(a) 前期　損益計算書

（単位：百万円）

売上高	3,500
売上原価	1,380
売上総利益	2,120
販売費及び一般管理費	
販売費	340
経費	380
給与	420
IT関連費	270
本社費配賦額	600
販売費及び一般管理費合計	2,010
営業利益	110
	(3.1%)

(b) 部門別損益計算書

（単位：百万円）

	部門A	部門B	部門C
売上高	1,000	1,200	1,300
売上原価	380	470	530
売上総利益	620	730	770
販売費及び一般管理費			
販売費	80	100	160
経費	80	140	160
給与	120	150	150
IT関連費	70	80	120
本社費配賦額	200	200	200
販売費及び一般管理費合計	550	670	790
営業利益	70	60	△20
	(7.0%)	(5.0%)	(△1.5%)

8-4 組織マネジメントへの応用

■強化すべき部門、撤退すべき部門はどこか？

以下の例を使って、ここまでの考え方を部門別損益管理に応用してみましょう。

X社では、売上高営業利益率5％以上を目標にしていますが、前期の売上高営業利益率は図表8-8(a)のように3・1％で、目標を達成できませんでした。

X社では、同図表(b)のような部門別損益計算書を作成しており、これに基づき、役員会では組織戦略を立てたいと考えています。組織戦略とは、販売を最も強化すべき部門と撤退すべき部門を決めることです。

それらはそれぞれ、どの部門だと思いますか。

これに対して最も多い答えは、販売を強化すべきなのは部門A、撤退すべきなのは部門Cという答えです。

部門Aの販売を最も強化すべきだと答える人の理由は、営業利益率が最も高いからです。営業利益率が最も高いということは、部門AがX社の最大の稼ぎ頭ということですから、その最も強い部門をますます伸ばしていくのがいいという発想です。

部門Cを撤退すべきだと答える人の理由は言うまでもないでしょう。営業利益が赤字だからです。営業利益は本業の儲けですから、これが赤字ならやめたほうがいいということです。

読者の皆さんも同じように考えたかもしれませんが、果たして、そうでしょうか。

■変動費と固定費を分けて限界利益が見えるようにする

改めて、販売を強化すべき部門を考えてみましょう。

販売を強化するとは、売上高を伸ばす努力をするということです。ということは、ここで解くべき命題は、同じように売上高を伸ばしたときに最も利益が増える部門を見つけることです。

それを見つけたいならば、限界利益を見れば一目瞭然です。なぜならば、**限界利益は売上高の変化に完全追随する利益**だからです。

とは言っても、限界利益は自動的にはわかりません。限界利益を知るためには、費用を変動費と固定費に分類しないといけません。社内で分析してみたところ、仮に材料費と販売費が変動費で、それ以外は固定的だということがわかったとしましょう。それに基づいて、損益計算書を図表8-9のように変形してみました。

図表8-9　強化すべき部門

（単位：百万円）

	部門A	部門B	部門C
売上高	1,000	1,200	1,300
変動費			
売上原価	380	470	530
販売費	80	100	160
変動費合計	460	570	690
限界利益	540	630	610
限界利益率	54.0%	52.5%	46.9%
固定費			
経費	80	140	160
給与	120	150	150
IT関連費	70	80	120
本社費配賦額	200	200	200
固定費合計	470	570	630
営業利益	70	60	△20

ここで、もう1つ問題があります。限界利益額で判断するか、限界利益率で判断するかです。

3部門の売上規模が違うので、規模の大小によらずに比較できる限界利益率で判断するのがいいと考える人が多いのですが、その考え方は正しくありません。

どちらで判断するかは、同じような努力の投入によって、各部門の売上高をどのように伸ばせると想定しているかによります。

同じような努力で各部門の売上高を〝同額〟増やせると考えているならば、限界利益率が最大の部門Aが最も強化すべき部門ということになります。なぜならば、そのとき増加する利益額は、売上高増加額×限界利益率だからです。売上高増加額が同じならば、限界利益率が最大の部門が最も利益は増加します。

一方、同じような努力で各部門の売上高を

〝同率〟増やせると考えているならば、限界利益額が最大の部門Bが最も強化すべき部門ということになります。なぜならば、限界利益は売上高の変化に正比例しますから、売上高を同率増やした場合に増加する利益額は、限界利益額×売上高増加率だからです。売上高増加率が同じならば、限界利益額が最大の部門が最も利益は増加します。

これは、どちらが正しいかということではありません。前提としている仮定と整合的なほうを選ぶことが重要だということです。何となくの感覚で安易に「利益率」を選んではいけません。

■配賦前の利益で判断する

次は、撤退すべき部門です。

先ほど述べたように、非常に多くの人が、撤退すべき部門はCだと答えます。その理由は営業利益が赤字だからです。

営業利益が赤字であることを理由に部門Cを撤退すべきだという人は、部門Cを撤退すれば営業利益の赤字を取り除けると考えていることになります。そうでなければ、営業利益が赤字であることを理由に撤退すべきということにはならないからです。

しかし、部門Cを撤退させても、部門Cに計上されているすべてがなくなるわけではありません。これは、勘定科目名から想像がつくところですが、実は**本社費配賦《はいふ》額は、本社の間接部**

図表8-10　撤退すべき部門

（単位：百万円）

	部門A	部門B	部門C	合計
売上高	1,000	1,200	1,300	3,500
変動費				
売上原価	380	470	530	1,380
販売費	80	100	160	340
変動費合計	460	570	690	1,720
限界利益	540	630	610	1,780
限界利益率	54.0%	52.5%	46.9%	
個別固定費				
経費	80	140	160	380
給与	120	150	150	420
IT関連費	70	80	120	270
個別固定費合計	270	370	430	1,070
部門利益	270	260	180	710
共通固定費配賦額				
本社費配賦額	200	200	200	600
営業利益	70	60	△20	110

部門利益が共通固定費を回収

門で発生した費用の総額が配賦されたものです。したがって、部門Cを撤退させても、その総額は変わりません。部門Cを撤退させても、部門Cに配賦されていたものは残された部門に追加配賦されるだけです。

それを明らかにするために、さらに図表8-10のように変形してみましょう。図表8-9からの変更点は、固定費を**個別固定費**と**共通固定費配賦額**に分けて、個別固定費を控除した後に**部門利益**という利益を設けたところです。

2つの固定費の違いは、固定費の発生源が局所的か横断的かの違いです。

個別固定費は各部門において局所的に発生する固定費です。したがって、部門が存続しているうちは固定的に発生しますが、部門がなくなれば丸ごとなくなる可能性のある固定費です。

共通固定費配賦額は、部門横断的に発生する固定費や部門外で発生する固定費が配賦されたものです。ですから、ある部門をなくしても総額は変わりません。

部門Cを撤退させたときになくなる費用は個別固定費までですから、利益で言えば部門利益がなくなることになります。

少々正確に言うと、個別固定費がなくなると言える前提は給与もなくなることですから、撤退させたときにリストラすることが前提になります。もしリストラしないとすると給与は残りますから、その分、失われる利益は部門利益の額より大きくなります。したがって、**部門利益は、「撤退したときに失われる利益の最小値」**です。少なくとも、これだけの利益が失われるということです。

さて、本ケースもそうであるように、部門別損益計算書ではどこかで配賦が行われています。ただ、ほとんどの人は、どこでどのような配賦が行われているかということはほとんど知らないまま、配賦後の最後の利益を見ます。よくわかっていない人ほど最後の1行を見ます。それは、最後は何か重要な情報、まとめ情報だと思う強い習性が人間にはあるからです。人は目に見えている情報・カタチで物を考えるのです。

多くの人が見る配賦後の利益は、配賦方法によっていくらでも変わります。配賦方法を変えれば、部門Cの営業利益は簡単に黒字にすることができます。配賦は人為的なルールに過ぎず、正解はありません。それゆえに、配賦の方法は無限にあり得ます。

そのような、いくらでも変わり得る配賦後の利益を見て、「赤字だから部門Cは撤退」と多くの人は言うのです。

こういうときは、客観的な事実に立ち返って考えるのが一番確実です。客観的な事実とは、本社で600（百万円）という本社費が発生しているという事実です。305ページの図表8‐10を見れば、その本社費を、部門利益と名づけた各部門個別の利益が協力し合って回収しているという構図で見ることができます。

この部門利益は、本社費という共通費を回収することに貢献しているので、一種の貢献利益です。

貢献利益は全部門ともプラスですから、どの部門も本社費の回収に貢献しています。それなのに、配賦後の営業利益が赤字だという理由で部門Cを撤退させたらどうなるでしょうか。

少なくとも部門利益の180（百万円）が失われます。全社の営業利益は110（百万円）ですから、ここから180（百万円）の利益が失われたら全社の営業利益はマイナス70（百万円）になります。赤字に転落するのです。

本ケースでは部門利益はすべてプラスですから、積極的に撤退すべき部門はないのです。ただし、強化したい部門に他の部門の経営資源を集中させるために、あえてどこかの部門を撤退させるということであれば、定量的にも妥当性を持つ可能性があります。そういうことを考えずに、ただ単に部門Cを撤退させたら、確実に全社利益は悪化するということです。

■望ましい配賦方法とは？

部門のような何らかの切り口で分割した損益計算書を、一般的に**セグメント別損益計算書**と言います。セグメント別損益計算書では、まず間違いなくどこかで配賦が行われています。配賦とは、セグメント共通に発生する費用をそれぞれのセグメントに割り振る手続きです。

本ケースのように、本社間接部門の費用を他の部門に配賦する場合、よく見られるのは人数比に基づいて配賦する方法です。これは、「人数が多い部門は、それだけ本社からのサービスを受けているはずだ」という考えに基づいています。他にも、各部門の専有面積比率で配賦している例もあります。また、本社費などとまとめずに、それを構成する人件費や減価償却費などの科目ごとに、配賦の基準を変えて細かく配賦する例も見られます。

果たして、どのような配賦方法が望ましいのでしょうか。

何をもって望ましい配賦方法と言うかですが、一般的には公平性・客観性が高い配賦方法を望ましいと考える人が多いようです。確かに、配賦というのは他人が発生させた費用を負担するという「嫌なこと」ですから、嫌なことはみんなで公平にしたほうがいいですし、そのためには主観によらないことが大切だということなのでしょう。

しかし、私は必ずしも公平性や客観性は必要ないと考えています。

配賦方法には絶対的な正解はないので、どのような配賦方法にするかはそれぞれの会社が考えるしかありませんが、それを考える大前提として、そもそも配賦はなぜやるのかというところを理解しておく必要があります。

会計学者などは配賦をする理由について何かと難しく言うかもしれませんが、私が思っている配賦の理由は単純です。

本ケースにおいて、本社費を本社自らは賄えません。本社間接部門はどこも売上が立たないからです。しかし、会社を会社として機能させるためには本社機能は必須ですから、本社が発生させた費用は売上が立つ部門が協力して賄ってあげる必要があります。その賄い分担額を明示するのが配賦なのです。

そうであるならば、**配賦方法としては、公平性や客観性にこだわらず、賄う能力のある部門が賄う**というやり方があってもいいはずです。

そういう考え方が特に必要なのは、新規部門を立ち上げたようなときです。新規部門は当面は利益が出ないことが多いものです。そこに本社費を配賦したら赤字の上塗りになるだけです。そして、人は配賦後の最終利益を見ますから、「大赤字じゃないか」と批判されるようになります。それで潰さるようなことにでもなったら、しばらくは利益が出ないことを承知のうえで新規事業を始めたはずなのに、本末転倒です。

こういうときは、**新規事業部門には配賦しないという〝意図的に不公平な配賦〟**のほうが、会社の競争力にとっては、はるかに意味があると思うのです。

新規事業部門は、家族の中で言えば生まれたばかりの赤ん坊と同じです。成長は一番期待できますが、経済力はゼロです。そこに配賦しようというのは、「赤ん坊だろうと、家族の一員である以上、お前も生活費を入れろ」と言っているのと同じです。これが、配賦の本質です。

多くの企業は配賦の計算技術に溺れがちですが、計算技術の前にこういう配賦の意味を考えることのほうが重要だと思います。

■〝財管一致〟は必要か？

巷では〝財管一致〟ということが言われることがあります。これは、**「財務会計と管理会計は一致させるべきである」**という考え方です。

しかし本節でわかることは、損益計算書は、限界利益や貢献利益などの管理会計の概念を組み込んだカタチにしないと、正しい意思決定には使えないということです。その証拠に、財務会計のカタチに基づいて考える多くの人の答えは、強化すべき部門も撤退すべき部門も間違っていました。

そもそも、**財務会計と管理会計は、情報の利用者もその使用目的も根本的に違います**。財務会計の主な利用者は税務当局と株主であり、その目的は税金計算と配当計算です。管理会計の利用者は会社内部の経営管理者であり、その重要な目的は意思決定です。これだけ違うものが一致するわけがありません。

管理会計の1つの目的は、財務会計という結果をマネジメントすることでもありますので、両者が有機的に連携していることは必要です。その前提で、必要に応じて一方から他方へいつでも組み替えられることが担保されていれば十分であって、常に一致している必然性も必要性もありません。

ただし、財務会計と管理会計のカタチが異なっていると、混乱が生じやすいのも事実です。会計という武器を最大限に有効活用するためには、財務会計と管理会計の違いを理解しており、それぞれで異なるカタチを用いても混乱しないだけの会計リテラシーが少なくとも経営者に必要です。

現実的にはそれがなかなか難しいので、不要な混乱を避けるために、財務会計と管理会計を常に一致させておくということが行われているような気がします。

第8章　経営判断に必須の管理会計

チェックポイント

☑ 管理会計の重要な役割は、**意思決定**である。意思決定とは、複数の選択肢からいずれかを選び、選んだもの以外はすべて捨てることである。

☑ 正しい意思決定のポイントは、①**比較対象を明確にする**こと、②**可能な限り要素に分ける**こと、③**変化する部分としない部分を見極める**こと、の3つである。

☑ **変動費**と**固定費**は意思決定上重要な費用概念であるが、財務会計にはない、管理会計特有の費用概念である。

☑ **埋没費用**とは、「意思決定に影響を与えない費用」という、管理会計特有の費用概念であり、**サンクコスト**とも言われる。考えてもしようがない費用なので、意思決定に含めてはいけない。過去に発生した費用は、例外なく埋没費用である。

☑ **機会費用**とは、「他の選択肢から得られたであろう利益」という、管理会計特有の費用概念である。正しい意思決定のためには、これは含めて考えなければならない。

☑ **限界利益**とは、売上高から変動費だけを引いた利益であり、「変動的、追加的な利益」を意味する。その特徴は、**売上高の変化に対して正比例する**ことである。

☑ 売上高から変動費だけを引いた利益は、**貢献利益**とも言う。これは、「固定費の回収に貢献する利益」という意味である。広義では、何らかの費用の回収に貢献していれば貢献利益と言えるので、限界利益よりも貢献利益のほうが広い概念である。

☑ 原価割れでも、限界利益・貢献利益がプラスであれば、売らないよりは売ったほうが利益は増えるので、原価割れは必ずしも撤退すべき理由にはならない。限界利益・貢献利益がマイナスになったときが、本当に撤退すべきときである。

☑ 部門のような何らかの切り口で分割した損益計算書を、一般的に**セグメント別損益計算書**と言う。意思決定に役立つセグメント別損益計算書にするためには、管理会計の考え方を組み込んだカタチにすることが重要である。

☑ 「財務会計と管理会計は一致させるべきである」という**"財管一致"**がよく言われるが、財務会計と管理会計は、その利用者も利用目的も異なるので、両者が常に一致する必然性も必要性もない。一方から他方へいつでも組み替えられることが担保されていれば十分である。

マ行

ヤ行

ラ行

ワ行

ナ行

ハ行

タ行

サ行

カ行

索　引

金子智朗（かねこ　ともあき）
コンサルタント、公認会計士、税理士
1965年生まれ。東京大学工学部、同大学院修士課程修了。
日本航空株式会社において情報システムの企画・開発に従事しながら公認会計士試験に合格後、プライスウォーターハウスクーパースコンサルタント（現PwCコンサルティング）等を経て独立。現在、ブライトワイズコンサルティング合同会社代表。
会計とITの専門性を活かしたコンサルティングを中心に、企業研修や各種セミナーの講師も多数行っている。名古屋商科大学大学院ビジネススクールの教授も務める（ティーチング・アウォード多数回受賞）。
『MBA財務会計』（日経BP）、『「管理会計の基本」がすべてわかる本』（秀和システム）、『ケースで学ぶ管理会計』『理論とケースで学ぶ財務分析』（以上、同文舘出版）、『ストーリーで学ぶ管理会計入門』（Kindle）など著書多数。
ホームページ：https://www.brightwise.jp
オンライン会計事典：https://www.kaikeijiten.com
YouTubeチャンネル：公認会計士・金子智朗　簿記２級講座〈商業簿記編〉

教養《きょうよう》としての「会計《かいけい》」入門《にゅうもん》

2023年４月20日　初版発行
2023年７月20日　第４刷発行

著　者　金子智朗
発行者　杉本淳一

発行所　株式会社日本実業出版社　東京都新宿区市谷本村町３－29 〒162-0845
編集部　☎03-3268-5651
営業部　☎03-3268-5161　振　替　00170－1－25349
https://www.njg.co.jp/

印　刷／堀内印刷　　製　本／若林製本

内容についてのお問合せは、ホームページ（https://www.njg.co.jp/contact/）もしくは書面にてお願い致します。落丁・乱丁本は、送料小社負担にて、お取り替え致します。

ISBN 978-4-534-06008-2　Printed in JAPAN